Dorothee Kimmich, Schamma Schahadat (Hg.)
Essen

W0313612

ZfK – Zeitschrift für Kulturwissenschaften
Hg. von Thomas Hauschild und Lutz Musner | 1/2012

Zeitschrift für Kulturwissenschaften – die Redaktionen

Redaktion Berlin
Freie Universität Berlin, Institut für Allgemeine Erziehungswissenschaft/Historische Anthropologie: Birgit Althans, Kathrin Audehm, Iris Clemens, Christoph Wulf *Humboldt-Universität zu Berlin, Institut für deutsche Literatur:* Joseph Vogl, Horst Wenzel | *Humboldt-Universität zu Berlin, Institut für Europäische Ethnologie:* Beate Binder, Moritz Ege, Alexa Färber, Wolfgang Kaschuba, Rolf Lindner *Humboldt-Universität zu Berlin, Institut für Kulturwissenschaft:* Hartmut Böhme, Christina von Braun, Ulrike Brunotte, Sebastian Gießmann, Thomas Macho *Martin-Luther-Universität Halle-Wittenberg, Seminar für Ethnologie:* Thomas Hauschild

Redaktion Konstanz/Tübingen
Universität Konstanz, Englische Literatur und Allgemeine Literaturwissenschaft: Aleida Assmann | *Universität Konstanz, Englische Literatur:* Michael C. Frank | *Universität Heidelberg, Romanisches Seminar:* Kirsten Mahlke | *Universität Tübingen, Deutsches Seminar:* Dorothee Kimmich | *Universität Tübingen, Seminar für Indologie und vergleichende Religionswissenschaft:* Burkhard Gladigow (em.) | *Universität Tübingen, Ludwig-Uhland-Institut für Empirische Kulturwissenschaft:* Reinhard Johler | *Universität Tübingen, Seminar für Japanologie:* Klaus Antoni | *Universität Tübingen, Slavisches Seminar:* Schamma Schahadat | *Universität Zürich, Kunsthistorisches Institut:* Bettina Gockel | *Universität Zürich, Slavisches Seminar:* Sylvia Sasse

Redaktion Siegen/Nordwest
Rheinisch-Westfälische Technische Hochschule Aachen, Institut für Sprach- und Kommunikationswissenschaft: Ludwig Jäger | *Universität Bochum, Sozialanthropologie:* Dieter Haller | *Universität Bonn, Institut für Orient- und Asienwissenschaften:* Christoph Antweiler | *Universität Bremen, Institut für Kulturwissenschaft:* Cora Bender | *Universität zu Köln, Historisches Seminar:* Maren Möhring | *Universität Siegen, Philosophische Fakultät:* Jörg Döring, Nacim Ghanbari, Marcus Hahn, Erhard Schüttpelz, Martin Zillinger

Redaktion Wien
Universität für Angewandte Kunst Wien, Institut für Kunst- und Kulturwissenschaften: Daniela Hammer-Tugendhat | *Kunsthochschule für Medien Köln, Bereich Medien- und Kulturwissenschaften:* Karin Harrasser | *Universität Wien, Institut für Europäische Ethnologie:* Elisabeth Timm | *Universität Wien, Institut für Geschichte:* Christina Lutter | *Universität Wien, Institut für Romanistik:* Birgit Wagner | *Universität Wien, Institut für Zeitgeschichte:* Siegfried Mattl | *Internationales Forschungszentrum Kulturwissenschaften:* Helmut Lethen, Lutz Musner

Kontaktadresse für Manuskripte:
Thomas Hauschild: thomas.hauschild@uni-tuebingen.de
Lutz Musner: musner@ifk.ac.at

Dorothee Kimmich, Schamma Schahadat (Hg.)

Essen

[transcript] ZfK – Zeitschrift für Kulturwissenschaften 1/2012

Die *Zeitschrift für Kulturwissenschaften* erscheint zweimal jährlich und kostet 8,50 €. Wir senden Ihnen Ihr Exemplar gerne portofrei zu.

So abonnieren Sie die *Zeitschrift für Kulturwissenschaften*: *bestellung.zfk@transcript-verlag.de*

Selbstverständlich ist die *Zeitschrift für Kulturwissenschaften* auch über jede Buchhandlung erhältlich und kann dort ebenfalls abonniert werden.

Bibliografische Information der Deutschen Nationalbibliothek
Die Deutsche Nationalbibliothek verzeichnet diese Publikation in der Deutschen Nationalbibliografie; detaillierte bibliografische Daten sind im Internet über http://dnb.d-nb.de abrufbar.

© 2012 transcript Verlag, Bielefeld

Die Verwertung der Texte und Bilder ist ohne Zustimmung des Verlages urheberrechtswidrig und strafbar. Das gilt auch für Vervielfältigungen, Übersetzungen, Mikroverfilmungen und für die Verarbeitung mit elektronischen Systemen.

Umschlagkonzept: Kordula Röckenhaus, Bielefeld
Umschlagabbildung: »Kopfwelten« – My Space (is) in my head,
Dörr & Irrgang Architekten, Foto: Wolfgang Schuhmann
Satz: Claudia Zilk, Sara Bangert
Druck: Majuskel Medienproduktion GmbH, Wetzlar
ISBN 978-3-8376-2023-8
ISSN 9783-9331

Gedruckt auf alterungsbeständigem Papier mit chlorfrei gebleichtem Zellstoff.

Besuchen Sie uns im Internet: *http://www.transcript-verlag.de*

Bitte fordern Sie unser Gesamtverzeichnis und andere Broschüren an unter: *info@transcript-verlag.de*

Inhalt

Vorwort: Essen

DOROTHEE KIMMICH/SCHAMMA SCHAHADAT

Krise des Essens?

Essen ist in der Krise: Das zeigen uns Nahrungsmittelskandale, Ernährungsberater und alarmierende Zahlen von übergewichtigen Kindern und Erwachsenen in den Industrienationen, gleichzeitig hungert fast eine Milliarde Menschen auf der Welt. Das Wissen über Essen, Nahrungsmittel, Anbau, Konservierung und Transport, über Inhaltsstoffe, Qualität und Gefahren hat sich rasant vergrößert. Ernährung ist zur Wissenschaft geworden, zur Herausforderung im Alltag vom Säuglingsalter bis zum Altersheim. Losgelöst von kulturellen und familiären Traditionen wird Essen zu einer globalen Aufgabe des Menschen, der nicht nur sich selbst vor allem ›gesund‹ ernähren soll, sondern auch den Welthunger bekämpfen muss. Die Krise des Essens geht von den westeuropäischen und der US-amerikanischen Gesellschaft aus und scheint sich allmählich über den gesamten Globus zu verbreiten. Auch nostalgische Aktionen wie die ›slow food‹-Bewegung[1] werden dem kaum Einhalt gebieten können.

Nicole M. Wilk geht noch einen Schritt weiter hinsichtlich der Krisenhaftigkeit des Essens: »Essen ist in die Krise geraten«, so schreibt sie (Wilk 2010: 7), und zwar nicht nur hinsichtlich seiner materiellen Beschaffenheit, sondern »als Zeichen«. Angesichts veränderten Essverhaltens und sich neu formierender Tischsitten lässt sich Essen nicht mehr als Zeichen deuten, kulturelle (kultursemiotische) Sicherheiten sind verloren gegangen, und Essen verliert seine gemeinschaftsstiftende Kraft. Gefordert wird eine »rückseitige Semiotik der Speise« (Wilk 2010: 8), die den »Wandel der Ernährungsstile« berücksichtigt und zur Kenntnis nimmt, dass nicht mehr das, was man am Essen sieht, sondern das, was man nicht sieht, seit den 1980er Jahren immer stärker in den Mittelpunkt rückt: »unsichtbare Inhaltsstoffe, mehrfach klassifizierte Fettsäuren, gute und böse

1 Vgl. http://www.slowfood.com/

 © TRANSCRIPT 2012

Cholesterine, genetisch veränderte Zutaten [...] sowie ›Negationseffekte‹, die Geschmacks und Ernährungsstile heute stärker prägen als die traditionelle Küche einer Kultur« (Wilk 2010: 15). Das Wissen vom Essen ist nicht in einer Disziplin zusammengefasst, sondern hat sich auf die verschiedensten Disziplinen verteilt. Es ist ein hybrides Gebiet, das Gesellschaftswissenschaften, Kulturwissenschaften, historische Disziplinen und Naturwissenschaften verbindet. Essen ist ein Thema für die Literaturwissenschaft ebenso wie für die Medizin, für die Ethnologie ebenso wie für die Kunstgeschichte oder die Soziologie. Essen ist gleichermaßen Teil der Natur (als physiologisches Bedürfnis) wie auch der Kultur (als Bestandteil sozialen und kulturellen Handelns) und ist damit ein Testfall für die Entstehung von Gemeinschaft, Zivilisation, sozialer Klasse, aber auch von Mode; Essen ist, in seiner gebändigten Form, ein Symbol für die Unterwerfung der Physis durch den Intellekt. Ursprünglich ein zentrales Gebiet der Anthropologie, da Essen auf die verschiedensten kulturellen Praktiken verweist (sei es, was die Nahrung selbst betrifft, sei es, die Nahrungszubereitung oder die Nahrungsaufnahme), ist Essen als Verb und als Nomen zu einem Forschungsgebiet für die unterschiedlichsten Wissenschaften avanciert, wobei es zusätzlich auch Forschung und populäres Alltagswissen verbindet.

Essen ist allgegenwärtig – etwa ein Drittel unserer Lebenszeit verbringen wir damit, Nahrung aufzunehmen (Wilke 2005: 7), und so ist die Erforschung des Essens spätestens seit den 1990er Jahren »von den Rändern ins Zentrum« gerückt (Watson/Caldwell 2008: 1; vgl. auch Mennell/Murcott/Otterloo 1992: 1). Essen ist ein genuin kulturwissenschaftliches Thema, das von den Kulturwissenschaften wie kaum ein anderes umfassend profitiert bzw. umgekehrt die Kulturwissenschaften geprägt hat. Ein eigenes Feld nennt sich heute »Food studies« (vgl. Piatti-Farnell 2011: 1ff.), das besonderen Wert darauf legt, alle Bereiche, die Essen tangiert und umfasst, zu integrieren. »Food is like sex in its power to stimulate imagination and memory as well as [the] senses – taste, smell, sight ...« (Smith 1997: 334; zit. nach Germov/Williams 2004: 4) – Essen ist damit ein zentraler Imaginations-, Erinnerungs-, Bild- und Diskursgenerator. Dies ist im Einzelnen als ein komplexes Phänomen beschreiben worden. Stephen Mennell betont, dass Essen heute gleichermaßen ein Phänomen von »diminishing contrasts« und »increasing varieties« ist (Mennell 1985: 322). Diese Formulierung trifft offenbar auf die verschiedensten Merkmale der Globalisierung zu. Essen heute – und auch das ist Teil seiner ›Krisenhaftigkeit‹, von der oben die Rede war – ist weder ethnisch noch sozial eindeutig oder signifikant. Pizza gibt es überall und bei Aldi kaufen alle ein:[2] »... it is precisely in the field of crosscultural experience where food acts have always worked most powerfully and helped to materialize, if not actually resolve, conflicts in positioning.« (Döring/Heide/Mühleisen 2003)

Im vorliegenden Heft der *Zeitschrift für Kulturwissenschaften* wird das Essen aus diversen Perspektiven betrachtet: als diskursives Feld im 20. Jahrhundert, spe-

2 Vgl. dazu die Ausstellung *I love Aldi* im Wilhelm-Hack-Museum in Ludwigshafen bis 4.3.2012.

ziell im Kontext von Semiotik und Verhaltenspoetik (siehe den Beitrag von Schamma Schahadat), aus der Perspektive der Vergänglichkeit in der Kunst (siehe den Beitrag von Sebastian Borkhardt), als Philosophie des Anderen oder Gastrosophie (siehe den Beitrag von Harald Lemke), im transkulturellen Raum globalisierter Nahrung (siehe den Beitrag von Christine Lehmann), als zentrales Moment der Moderne und des damit verbundenen Massenkonsums im Berlin der 1920er Jahre, dargestellt in Döblins Roman *Berlin Alexanderplatz* (siehe den Beitrag von Kikuko Kashiwagi), als ein Akt, der als Ausgleich des Todes bzw. des Mordes erscheint, denn Privat- und Hobbydetektive in Kriminalromanen entspannen sich ebenso wie *Tatort*-Kommissare beim Kochen und Essen (siehe den Beitrag von Julika Griem), als semantisches Geflecht, das sich aus den vielfältigsten Erscheinungen des Essens im Roman *Errötende Mörder* von Brigitte Kronauer ergibt (siehe den Beitrag von Anja-Simone Michalski), als Plädoyer für den Vegetarianismus bei Jonathan Safran Foer (siehe den Beitrag von Gwendolyn Whittacker), als Motiv (speziell: der Suppe) im polnischen Film (siehe den Beitrag von Magdalena Saryusz-Wolska) oder, lacanianisch-psychoanalytisch gedeutet, als *jouissance* im Film, von Marco Ferreris *La grande bouffe* von 1973 bis hin zu Nora Ephrons *Julie & Julia* von 1909 (siehe den Beitrag von Brendon Wocke). Und zuletzt betrachtet Rainer Grübel mit dem sich-zu-Tode-Hungern des russischen Schriftstellers Nikolaj Gogol' und den verschiedensten Erklärungsversuchen für diesen radikalen Akt die Kehrseite des Essens, seine Verweigerung.

Da Essen parasitär an allen möglichen Diskursen teilhat,[3] fehlen aber auch viele mögliche Themen: zum Beispiel die Orte des Essens, die man sehr viel ausführlicher zum Thema machen könnte. Sie werden in einigen Beiträgen – so etwa der Küchentisch bei Sayusz-Wolska oder *Aschinger* bei Kashiwagi – erwähnt, aber nicht systematisch untersucht. Die Frage nach einer geschlechtlichen Konnotation von Essen, Essgewohnheiten oder Vorlieben wird nicht thematisiert. Fragen des Geschmacks oder auch Tabuvorschriften und religiöse Verbote tauchen in den Beiträgen höchstens am Rande auf. Ein paar Stichworte sollen daher im Vorwort geliefert werden, um diese Leerstellen zumindest ansatzweise zu füllen.

Die Debatte zum Thema ›Neuro-Enhancement‹, die den Schlussteil des Heftes bildet, ist nicht als Ergänzung oder Kommentar zum Thema Essen konzipiert worden. Trotzdem hat sich ein Zusammenhang ergeben: Die Frage nach der »Selbstsorge« im Sinne Foucaults scheint die medizinische Perfektion des Menschen und ihre dramatisch werdende Problematik mit der Krise des Essens zu verbinden. In beiden Fällen stellen sich die Autoren die Frage, wie der jeweils spezifische Eingriff in die menschliche Natur zu bewerten sei. Es geht um For-

3 Piatti-Farnell sieht essen (als Verb: to eat) als universell an, Essen (als Materie: food) dagegen als etwas, das permanent diskursive Grenzen überschreitet: »Although eating is a universal activity, food is constantly crossing boundaries and shifting registers – from biological to political, from economic to sexual.« (Piatti-Farnell 2011: 1) Essen erscheint als eine Art Koordinatensystem, in dem der Essende sich – je nachdem, wo er isst, was er ist und wie er isst – soziologisch, politisch, wirtschaftlich etc. positioniert.

men von kultureller, medizinischer und ethischer Manipulation, die offenbar eine Herausforderung für die augenblicklich zur Verfügung stehenden Kategorien des Handelns und Urteilens darstellen.

Orte des Essens

Essen ist ein Feld, in dem Kontraste verschwinden und zugleich die Vielfalt zuzunehmen scheint, ethische und soziale Differenzen verschwimmen oder sich verschieben und doch ökonomische und kulturelle Grenzziehungen eine erhebliche Rolle spielen. Die Frage, wo und wie man isst, scheint immer noch existentielle Bereiche zu tangieren, obwohl die Differenzen deutlich abnehmen. Die Frage, wo man essen kann, darf oder muss, wird nicht mehr durch strikte Gebote oder Verbote geregelt. Sie scheint auf den ersten Blick weder diskriminierend noch rassistisch konnotiert und doch wird sie als aussagekräftig verstanden für einen Lebensstil und ein bestimmtes diskursives Feld.

Wo isst man? Erst gegen Ende des 17. Jahrhunderts wurde das Esszimmer eingeführt; 1755 findet sich der erste Eintrag des »dining room« in Samuel Johnsons *Dictionary of the English Language* (Bryson 2010: 271). Bis das Esszimmer eingerichtet wurde, hat man das Essen auf kleinen Tischen in verschiedenen Zimmern zu sich genommen. Das Esszimmer veränderte nicht nur den Ort des Essens, sondern auch die Art und Weise, wie gegessen wurde und in welcher Reihenfolge man die Mahlzeiten zu sich nahm: Vor 1850 wurden (zumindest in England) die Schalen mit den verschiedensten Nahrungsmitteln alle gleichzeitig auf dem Tisch platziert, so dass das Essen auf die Gäste wartete und nicht umgekehrt. Erst Mitte des 19. Jahrhunderts wurde das Essen in eine zeitliche Reihenfolge gebracht und die Gänge wurden nacheinander serviert; eine Methode, die als ›service à la russe‹ bekannt war (Bryson 2010: 272).

Das Esszimmer allerdings ist der repräsentative Raum des Essens, der Raum, in dem man Gäste empfängt. Familienessen finden in kleineren, privateren, weniger offiziellen Räumen statt, in der Küche, die nicht nur mit der Familie, sondern auch mit der Rolle der Frau assoziiert wird. Dieses *gendering* von Essen zeigt sich zum Beispiel in der Werbung, die (männliche) Phantasien der Rollenverteilung zum Ausdruck bringt.

Mit Räumen des Essens haben sich insbesondere die Vertreter der britischen Cultural Studies befasst; so hat Richard Hoggart den Pub in *The Uses of Literacy* in den 1950er Jahren als authentischen Ort englischen Alltagslebens analysiert, in dem eine solidarische Arbeiterklasse dem amerikanischen Vorschub an Milchbars Widerstand leistet, wobei diese Milchbars für Hoggart Symbol für einen »vollständigen ästhetischen Zusammenbruch« und Traditionslosigkeit sind, und ihre Kunden, junge Männer im Alter zwischen 15 und 20 Jahren, bilden eine »deprimierende Gruppe« (Hoggart 1973 [1957]: 247f.)[4]. Alltagshandlungen wie

4 Mit den britischen Cultural Studies und, unter anderem, Hoggart befassen sich Ashley/Hollows/Jones/Taylor 2004: 12-16. Sie verweisen auch auf Stedman Jones 1974, der den Pub als »exemplary space [...] for working-class leisure, largely in-

Essen oder eben den Besuch eines Pubs interpretierte Hoggart ebenso wie die französischen Alltagstheoretiker (Michel de Certeau oder Luce Giard) als eine Möglichkeit des Widerstands gegen kulturelle Dominanz, und der Raum des Essens (und Trinkens) wird zu einem Ort, an dem sich Dramen von »Mikrodominanz« und »Mikrowiderstand« abspielen:

»As we have seen in the pub and the teashop, culturalism tends to be interested in the bounded spaces which contain these dramas of mircrodomination and microresistance.« (Ashley/Hollows/Jones/Taylor 2004: 13)

Aus Gender-Perspektive erscheinen diese Räume des Widerstandes als eine »Körperzone, die jenseits des Eingriffs durch das Patriarchat liegt«.[5] Die Küche lässt sich so als Freiraum weiblichen Widerstandes interpretieren – diese Position aber kann auch leicht als ideologische Umkehrung von Machtpositionen gedeutet werden und als nostalgischer Blick, der eine Form ›authentischen‹ Widerstands imaginiert.[6] Die Privatheit, die diesen häuslichen Widerstand verspricht, erscheint aus feministischer Perspektive als Projektion männlicher Phantasien. Die Vorstellung von einer Familienmahlzeit, die auf den Schultern der Frau lastet, geht einher mit der Vorstellung, dass die Frau nicht nur verantwortlich ist für die Gesundheit ihrer Kinder – vielmehr wird der Frau die Aufgabe zugeteilt, die Familie aufrechtzuerhalten und zu organisieren. Essen ist nur ein Teil des Ganzen:

»Yes, in cooking the activity is just as *mental* as it is manual; all the resources of memory and intelligence are thus mobilized. One has to organize, decide and anticipate. One must memorize, adapt, modify, invent, combine and take into consideration Aunt Germain's likes and little Francois's dislikes, satisfy the prescriptions of Catherine's temporary diet, and vary the menus at the risk of having the whole family cry out in indignation with the ease of those who benefit from the fruit of other people's labour: ›Cauliflower *again*! […]‹« (Giard 1998: 200)[7]

Durch Kochen und die damit verbundene Logistik, so die Argumentation, »produziert« die Frau die Familie (Ashley/Hollows/Jones/Taylor 2004: 131).

Ein Raum des Essens, der seit den 1990er Jahren immer wieder untersucht, analysiert und kritisiert wird, ist das Fast Food-Restaurant, speziell: das Imperium McDonald's. Die Betonung liegt auf dem »Imperium«, und die Einführung von McDonald's in Rom (als Eroberung und Vernichtung der letzten Bastion des

accessible to those outside the class« (Ashley/Hollows/Jones/Taylor 2004: 11) interpretiert hat.

5 Sie sprechen, in Anlehnung an Luce Giard, von einer »body zone that lies beyond the intrusions of patriarchy« (Ashley/Hollows/Jones/Taylor 2004: 13). Im Folgenden referieren wir streckenweise Ashley/Hollows/Jones/Taylor 2004: 123-139 (Kapitel 8, »Eating in«).

6 Ganz ähnlich argumentieren Ashley/Hollows/Jones/Taylor: »The impression is given that a subordinate culture can live outside the master categories of the culture as a whole« (Ashley/Hollows/Jones/Taylor 2004: 13).

7 Auch zitiert bei Ashley/Hollows/Jones/Taylor 2004: 131.

guten, oder auch: lokalen, authentischen Geschmacks) oder in Moskau (als Beweis für den endgültigen Sieg des westlichen Kapitalismus über den Kommunismus) werden als »Symbol einer imperialen ökonomischen Globalisierung mit weit reichenden Folgen für die Arbeits- und Lebensverhältnisse auf der ganzen Welt« interpretiert (Römhild 2008: 7).[8] Es scheint, als sei gerade der Ort, an dem man isst oder trinkt – Speisezimmer, Küche, Pub oder McDonald's – ein kriegerisches Terrain, wo grundlegende ideologische, politische und soziale Entscheidungen getroffen und Positionen verteidigt werden.

Grenzen und Verbote, Abgrenzungen und Ausschließungen sind selbstverständlich nicht nur räumlicher Natur. Viel häufiger finden sich religiöse, ethnische oder auch ideologische Verbote und Gebote. Sie haben zum Teil radikalen Charakter und reichen in den Bereich des Tabus oder des (modernen) Mythos. Tabus gehören dem Bereich der Religion an, der Unterscheidung von Heiligem und Profanem. Das Essen allerdings erscheint als Feld, in das sich nicht nur religiöse Verbote, sondern auch moderne Gebote im Sinne von Roland Barthes' modernen Mythen einschreiben (vgl. Wrye 2007: 45-57). Barthes liefert damit eine sprachphilosophische Erklärung für ein kulturtheoretisches Problem; »mythologisch« ist bei Barthes ein Sprachverständnis, das auf idealistischen Grundannahmen und nicht auf pragmatischen oder semiologischen beruht. Barthes spricht von einer »naturalisation du concept«, das den Leser sofort überzeuge: »... le signifiant et le signifié ont, à ses yeux, des rapports de nature«. Anders ausgedrückt: »Tout système sémiologique est un système de valeur: or le consommateur du mythe prend la signification pour un système de faits: le mythe est lu comme système factual alors qu'il n'est qu'un systeme sémilogique« (Barthes 1957: 217). Bedeutung entsteht für Barthes nur durch Gebrauch bzw. durch die vielen verschiedenen Formen von Gebrauch, d.h. durch Auswahl (*valeur*) und nicht durch eine vorgängige »natürliche« Verbindung von Zeichen und Bezeichnetem. Essen produziert ständig neue Mythen.

Essen und Tabu

Ist der Geschmack mit der Lust verbunden, so gehört das Essenstabu auf die andere Seite, auf die des Verbots, der Regel, der symbolischen Ordnung, die durch Essensvorschriften gestärkt und gesichert wird. Ist das Essen alltäglich, dem Profanen zugeordnet, so gehört das Nahrungstabu in den Bereich des Heiligen und in den Bereich des Unreinen. Rituale um das Heilige und das Profane ebenso wie Tabus sind spätestens seit Émile Durkheim als Teil des Sozialen interpretiert worden. Mary Douglas zum Beispiel befreit das Tabu, in dessen Kontext auch Nahrungstabus gehören, aus einer funktionalistischen Verschränkung mit der Angst (die Angst vor dem Unreinen schafft das Tabu) und setzt stattdessen eine soziologische Erklärung für das Tabu ein: »Ich bin der Auffassung, dass manche Formen der Verunreinigung als Analogien benutzt werden, die eine allgemeine

8 Regina Römhild bezieht sich hier auf George Ritzers *The McDonaldization of Society* von 1993 und paraphrasiert Ritzers Position.

Sicht der sozialen Ordnung zum Ausdruck bringen sollen«, schreibt sie (Douglas 2008: 78). Reinheitsvorschriften und Tabus haben die Funktion, Grenzen zu setzen und damit das Chaos auszugrenzen. Mary Douglas untersucht – beispielhaft für ihre These von der Trennung zwischen Reinheit und Unreinheit – die Speisegebote im 3. und 5. Buch Mose: »Du sollst nicht essen, was dem Herrn ein Greuel ist« (Dtn 14,3). Im 3. Buch Mose wird detailliert aufgelistet, welche Tiere man essen darf und welche nicht – so ist der Frosch rein, die Maus und das Flusspferd aber nicht, unrein sind auch das Kamel, der Hase und der Klippdachs (vgl. Lev 11).

Wie nun sieht Douglas' Erklärung für diese Nahrungstabus, festgemacht am »Greuel«, aus? Gegen ältere Erklärungsversuche, die entweder von einer Willkürlichkeit der Nahrungsgesetze im 5. Buch Mose ausgehen oder aber die »Greuel« als Allegorien für Laster deuten, setzt Douglas einen Konnex zwischen Nahrungstabu und Heiligkeit: Die Speisevorschriften, so Douglas, sind so aufgebaut, dass sie die Kategorie der Reinheit erfüllen. Reinheit bedeutet Ordnung, und die Tiere, die gegessen werden dürfen, müssen dieser Ordnung entsprechen. So gilt zum Beispiel für reine Tiere, dass sie für das Element, in dem sie sich bewegen (Erde, Wasser, Himmel) das angemessene Fortbewegungsorgan haben: Tiere, die fliegen, müssen zwei Füße und Flügel haben; Tiere, die im Wasser schwimmen, müssen Schuppen und Flossen haben; Tiere, die sich auf der Erde bewegen, müssen vier Füße haben – alle Tiere, die dagegen verstoßen, sind unrein. So zum Beispiel die Tiere, die auf der Erde krabbeln, kriechen oder wimmeln – sie sind unrein, wie der Wurm.

Douglas kommt zu einer Schlussfolgerung, die die Speisegesetze aus dem Bereich des Sozialen in jenen des Religiösen erhebt und das eine dennoch an das andere koppelt:

> »Wenn die vorgeschlagene Interpretation der verbotenen Tiere zutrifft, dann waren die Speisegesetze wie Zeichen, die in jedem Moment zum Nachdenken über die Einheit, Reinheit und Vollkommenheit Gottes anregten. [...] So gesehen, erscheint die Einhaltung der Speisegesetze als bedeutungsvoller Teil des großen liturgischen Aktes der Anerkennung und Anbetung, der im Tempelopfer kulminierte.« (Douglas 2008: 95)[9]

Neben den Ausschließungs- und Begrenzungsmechanismen gehört zum Essen auf der anderen Seite eine ebenso signifikante und nachhaltige Form des Zusammenschlusses und der Gemeinsamkeit, die in vielen Publikationen zum Essen in der Kulturgeschichte betont wird. Das sind nicht nur die rituellen Formen des gemeinsamen Essens, wie etwa bei Festmählern oder auch beim christlichen Abendmahl, sondern ganz besonders auch alle Formen der Gastfreundschaft, die Gemeinsamkeit gerade mit dem Fremden herzustellen in der Lage sind: »Zu den ältesten und zugleich gegenwärtigsten, den vielleicht unverwüstlichsten und weltweit verbreitetsten Institutionen, Gelegenheiten und Riten, die in diesem

9 Sabine Wilke untersucht die gegenwärtigen Esstabus, wobei sie eine Verschiebung von der Kategorie des Heiligen hin zu sozialer Normierung und kultureller Bewertung feststellt (vgl. Wilke 2005: 12).

Sinne als sozialitätsstiftend angesehen müssen, gehören die Praktiken der alimentären Gabe und Gastfreundschaft.« (Därmann 2008: 17, vgl. auch Tannahill 1979) Gerhard Neumann hält das Gastmahl für eine spezifische Inszenierung kultureller Identitäten (vgl. Neumann 1997).

Geschmack

Geschmack, wie Essen, gilt als niedere Fähigkeit, verglichen mit den intellektuelleren Sinnen des Hörens und Sehens.[10] Andererseits ist gerade der Geschmack oft als besonders komplexer und unmittelbarer Sinn gelobt und erforscht worden:

»Some classify taste as a ›lower‹ bodily sense, along with smell and touch; others consider it as complex and informative as vision and hearing. Approches to taste may be ascetic or sybaritic, dismissive or obsessed – and all attitudes in between.« (Korsmeyer 2005: 1)

Bewertung und Zuordnung von Geschmack ist eine philosophische und wahrnehmungstheoretische Frage, aber natürlich immer auch eine ästhetische. Spontaneität und Unmittelbarkeit von Geschmacksempfinden werden dabei einer »Kultur« des Geschmacks und verschiedenen Konzepten der Geschmacksbildung entgegengesetzt.

Geschmack, wie Essen, ist also eine natürliche Fähigkeit, zugleich aber kulturell und sozial kodiert – der Geschmack wird buchstäblich verkörpert, wie Carolyn Korsmeyer (2005: 4) schreibt, indem Essen aufgrund eines bestimmten Geschmacks konsumiert wird und sich daraus »Körpertypen« (»body types«) ergeben. Ebenso wie beim Essen kommt es zu einer Auflösung dieser kulturellen Präferenzen, (kulturelle) Geschmacksrichtungen werden vermischt oder, wie beim Genuss von *fast food*, vereinheitlicht und simplifiziert. Auch hier wieder spielt der soziale Status eine Rolle: Kommt es zu einer Verkomplizierung des Geschmacks, zum Raffinement und zur Kultivierung in sozial höheren Schichten oder aber auch bei Menschen, die dem Jugendalter entwachsen sind, so neigen niedere Schichten oder jüngere Menschen zu einem globalisierten, simplifizierten Geschmack. Silke Bartsch hat die Jugendesskultur untersucht und dabei festgestellt, dass es, erstens, eine Bewegung von der Tischgesellschaft hin zum »Snacking« gegeben hat, d.h. man hält sich nicht mehr an regelmäßige Mahlzeiten, sondern man isst, wann immer man Hunger hat, und, zweitens, dass es weniger um den Geschmack des Essens geht als um den Symbolwert der Nahrung (Bartsch 2010). Bartsch geht bei ihrer Jugendesskulturstudie vom »Zugang zum Kühlschrank« (161) aus, an dem sich zeige, wie die Esskultur sich seit den 1960er/70er Jahren verändert habe: »War in den 1960er und 1970er Jahren ein Kühlschrank meist unter der Regie der Mütter für die anderen Familienmitglieder tabu, so ist er heute der Ort der Selbstbedienung« (Bartsch 2010: 161).

10 Diese und die folgenden Überlegungen finden sich zum Teil in Korsmeyer 2005.

Darüber hinaus sind auch Gewürze bzw. Zucker und Salz beliebte Untersuchungsgegenstände: Salz fungiert als Zeichen der Gastfreundschaft (Korsmeyer 2005: 5), ist gleichermaßen verführerisch und, bei der ersten Bekanntschaft, auch gefährlich (Visser 2005: 106f.); Zucker wiederum gilt als Symbol für Wohlstand und ein hohes Lebensniveau – Roland Barthes beginnt seinen Essay über die Psycho-Soziologie des Essens mit der Feststellung, dass die Amerikaner doppelt so viel Zucker verbrauchen wie die Franzosen (Barthes 1982: 65). Damit verwandelt sich Zucker als Zeichen von Wohlstand in ein Skandalon, das zu einem »Zuckerexzess« wird (ebd.) und zu einem – von Barthes ideologiekritisch hinterfragten – Symbol für Müßiggang und Freizeit, dafür, dass man es nicht nötig hat, zu arbeiten. Ernährungsphysiologisch wiederum nimmt dieser Geschmack für das Süße bedrohliche Formen an, indem er Übergewicht und damit auch einen Kontrollverlust suggeriert, der den Sieg des Körpers über den Intellekt (dessen Zeichen die Askese wäre) zur Schau stellt.[11]

Nicht nur das Essen selbst, sondern auch die Rede vom Essen erschließt eine Geschichte kultureller Praktiken. Sie verbindet das Essen mit dem Gespräch und damit auch mit der Erzählung und der Literatur. Die literarischen Texte, die Essen und Mahlzeiten zum Thema, zum Anlass oder als szenische Ausgestaltung enthalten, sind nicht überschaubar. Vom antiken »Symposion« bis zur modernen »Currywurst« (vgl. Timm 1993) liest man von Knusperhäuschen, von Schlaraffenländern und Suppenkaspern in Märchen und Bildergeschichten, von protestantischen Stullen und Familienfrühstücken bei Heine, Fontane, Thomas Mann und Erich Kästner; von den pantagruelischen Festen bei Rabelais bis zum Hungerkünstler bei Kafka findet sich in der Erzählliteratur und im Drama alles, was man vom Essen weiß. Bilder und vor allem der Film entwickeln eine komplexe Ästhetik des Essens, der Mahlzeit, der Speisen und des Verzehrs. Einsame Mahlzeiten vor dem Fernseher, romantische Dinner für zwei oder große Familienessen, bei dem lauernde Konflikte zu Tage treten – in Filmen wimmelt es geradezu von Szenen, in denen gegessen wird. Sie können in Typologien eingeordnet werden, die vom ›erotisch-verführerischen Essen‹ (wie in Fellinis *Casanova*) über die Pastorale (wie in Fatih Akins *Solino*) bis hin zum *›heiligen Mahl‹* (wie in Gabriel Axels *Babettes Fest*) reichen (vgl. Escher/Koebner 2009).

Essen im Film oder im Text ist nicht simple Kalorienzufuhr, sondern markiert mehr oder weniger gelingende oder mehr oder weniger misslingende Verständigung. Essen symbolisiert einen Raum der Praxis oder besser den Raum der Praktiken, wie es offenbar keine andere menschliche Tätigkeit komplexer könnte: der Mensch ist »ein Tier, das kocht« (vgl. Boswell 1832: 330).

11 »Obesity, and with it long-term health consequences of over-consumption, is fast becoming the hot-button issue of lobal health«, schreiben Watson und Caldwell (2005: 7) und verschieben den Geschmack für das Süße und Fette damit in den Bereich der (Gesundheits-)Politik.

Wir danken vor allem Sara Bangert und Claudia Zilk für die Korrektur, Bearbeitung und Einrichtung aller Manuskripte, aber auch Katharina List, Anja-Simone Michalski und Eduard Voll, die einzelne Arbeitsschritte begleitet haben.

Literatur

Ashley, Bob/Hollows, Joanne/Jones, Steve/Taylor, Ben (2004): »Food-cultural studies – three paradigms«. In: Dies. (Hg.): *Food and Cultural Studies*, London/New York 2004, 1-25.

Barthes, Roland (1982): »Für eine Psycho-Soziologie der zeitgenössischen Ernährung«. In: *Freiburger Universitätsblätter* 75, 65-73.

Barthes, Roland (1957): *Mythologies*, Paris.

Bartsch, Sabine (2010): »Jugendesskultur – von der Tischgemeinschaft zum ›Dauersnacken‹?«. In: Nicole M. Wilk (Hg): *Esswelten. Über den Funktionswandel der täglichen Kost*, Frankfurt a.M./Berlin/Bern, 159-173.

Boswell, James (1832): *The life of Samuel Johnson, including A journal of a tour to the Hebrides*, Band 1, hg. v. John Wilson Croker, Boston.

Bourdieu, Pierre (1982): *Die feinen Unterschiede. Kritik der gesellschaftlichen Urteilskraft*, Frankfurt a.M.

Bryson, Bill (2010): *At Home. A Short History of Private Life*, London.

Därmann, Iris (2008): »Die Tischgesellschaft. Zur Einführung«. In: Dies./Harald Lemke (Hg): *Die Tischgesellschaft. Philosophische und kulturwissenschaftliche Annäherungen*, Bielefeld, 15-42.

Döring, Tobias/Heide, Markus/Mühleisen, Susanne (Hg.) (2003): *Eating Culture. The Poetics and Politics of Food*, Heidelberg.

Douglas, Mary (2008): »Ritual, Reinheit und Gefährdung«. In: Andréa Belliger/David J. Krieger (Hg.), *Ritualtheorien. Ein einführendes Handbuch,* Opladen/Wiesbaden, 77-96.

Escher, Anton/Koebner, Thomas (Hg.) (2009): *Ist man, was man isst? Essrituale im Film*, München.

Giard, Luce (1998): »›Doing cooking‹«. In: Michel de Certeau/Luce Giard/ Pierre Mayol (Hg.): *The Practice of Everyday Life.* Bd. 2: *Living and Cooking*, Minneapolis.

Hoggart, Richard (1973 [1957]): *The Uses of Literacy. Aspects of working-class life*, Harmondsworth.

Kant, Immanuel (1974): *Kritik der Urteilskraft. Werkausgabe Band X,* hg. v. Wilhelm Weischedel, Frankfurt a.M.

Korsmeyer, Carolyn (2005): »Introduction. Perspectives on Taste«. In: Dies. (Hg.): *The Taste Culture Reader. Experiencing Food and Drink*, Oxford/New York, 1-13.

Mennell, Stephen/Murcott, Anne/Otterloo, Anneke H. van (1992): *The Sociology of Food: Eating, Diet and Culture*, London/Newbury Park/New Delhi.

Mennell, Stephen (1985): *All Manners of Food. Eating and Taste in England and France from the Middle Ages to the Present*, Oxford.

Gerhard Neumann (1997): »Das Gastmahl als Inszenierung kultureller Identität: Europäische Perspektiven«. In: Ders./Hans Jürgen Teuteberg/Wierlacher, Alois (Hg.): *Essen und kulturelle Identität. Europäische Perspektiven*, Berlin, 37-68.

Piatti-Farnell Lorna (2011): *Food and Culture in Contemporary American Fiction*, New York/London.

Römhild, Regina (2008): »Fast Food. Slow Food. Diskurse, Praktiken, Verflechtungen«. In: Regine Römhild/Christian Abresch/Michaela Nietert/Gunvor Schmidt (Hg.): *Fast Food. Slow Food. Ethnographische Studien zum Verhältnis von Globalisierung und Regionalisierung in der Ernährung*, Frankfurt a.M., 7-18.

Smith, Joan (1997): *Hungry for you. From Cannibalism to Seduction – A Book of Food.*

Stedman Jones, Gareth (1974): »Working-class Culture and Working-class Politics in London, 1870-1900: notes on the remaking of a working class«. In: Bernard Waites/Tony Bennett/Graham Martin (Hg.): *Popular Culture: past and present*, London, 92-121.

Tannahill, Reay (1979): *Kulturgeschichte des Essens. Von der letzten Eiszeit bis heute*, München.

Timm, Uwe (1993): *Die Entdeckung der Currywurst*, Köln.

Watson, James L./Caldwell, Melissa L. (2008): »Introduction«. In: Dies. (Hg): *The Cultural Politics of Food and Eating. A Reader,* Malden/Oxford/Carlton, 1-10.

Visser, Margaret (2005): »Salt. The Edible Rock«. In: Carolyn Korsmeyer (Hg.): *The Taste Culture Reader Experiencing Food and Drink*, Oxford/New York, 105-109.

Wilk, Nicole M. (2010): *Esswelten. Über den Funktionswandel der täglichen Kost*, Frankfurt a.M./Berlin/Bern.

Wilke, Sabine (2005): *Die verspeiste Esskultur. Nahrung und Nahrungstabus*, Marburg.

Wrye, Jen (2007): »Should I eat meat? Vegetarianism and Dietary Choice«. In: Fritz Althoff/Dave Monroe (Hg.): *Food and Philosophy. Eat, Drink, and Be Merry*, Oxford, 45-57.

Essen: »gut zu denken«, gut zu teilen. Das Rohe, das Gekochte und die Tischsitten

SCHAMMA SCHAHADAT

»Food touches everything. Food is the foundation of every community. It is a central pawn in political strategies of households. Food marks social differences, boundaries, bonds, and contradictions. Eating is an endlessly evolving enactment of gender, family, and community relationships.« (Counihan/Van Esterik 1997: 1)

Spätestens seit Lévi-Strauss' Untersuchungen zum Rohen und zum Gekochten ist bekannt, dass Nahrung nicht nur gut zu essen ist, sondern vor allem auch zu denken.[1] Lévi-Strauss hat Essen in sein strukturalistisches Denkmodell integriert und im kulinarischen Dreieck, das sich aus dem Rohen, dem Gekochten und dem Verfaulten zusammensetzt, die Opposition zwischen und den Übergang von Natur zu Kultur markiert. Damit hat er das Essen aus dem Bereich des Materiellen (vom Körper) in den des Kulturellen (der Zeichen, oder, wie es bei Lévi-Strauss heißt, des »begrifflichen Werkzeugs«, 1980: 11) verschoben. Zugleich ist Essen – und das ist die zweite Verschiebung – Teil gesellschaftlichen Verhaltens, eine gemeinschaftsstiftende »Tischsitte«, die ebenfalls bei Lévi-Strauss als »Ursprung der Tischsitten« (*Mythologica 3*) beschrieben ist.

Im Folgenden möchte ich Essen als Gegenstand (als Nomen) und essen als Tätigkeit (als Verb) im Kontext von Körper, Kultur und Gesellschaft genauer betrachten: Essen als etwas, das »gut zu denken« ist (Claude Lévi-Strauss), Essen als Produktion von Signifikaten, im Rahmen derer Essen als sekundäres semiolo-

1 Ich wandle hier ein berühmtes Zitat von Lévi-Strauss aus seinem Totemismus-Buch ab: Totems sind nicht gut zu essen, sondern gut zu denken (»Endlich begreift man, daß die natürlichen Gattungen [für die Totems] nicht ausgewählt werden, weil sie ›gut zu essen‹ sind, sondern weil sie ›gut zu denken‹ sind«, heißt es da: Lévi-Strauss 1981: 116).

 © TRANSCRIPT 2012

gisches System, als Mythos fungiert (Roland Barthes), Essen als Produzent und Garant von Zivilisation (Norbert Elias) bzw. von Gemeinschaft (Georg Simmel) sowie von Intimität und Nähe (Mary Douglas).[2]

Geht es Lévi-Strauss und Barthes vor allem um Essen als Zeichen im Rahmen eines strukturalistisch-anthropologischen bzw. strukturalistisch-semiologischen Systems, so konzentrieren sich Simmel und Elias auf den sozialen Rahmen des Essens, der zur Zivilisierung und Vergemeinschaftung des Menschen führt. Die Sozialanthropologin Mary Douglas verbindet diese beiden Richtungen: Essen ist bei ihr ein Zeichensystem, das soziale Prozesse befördert, sie nicht nur abbildet, wie bei Lévi-Strauss und Barthes. Essen ist somit Teil eines komplexen Zeichensystems bzw. eines sozialen Systems, Teil eines Ensembles körperlich-kulturell kodierter Phänomene: Essen ist, wie das Totemtier, gut zum Denken. Essen ist, wie die Kleidung, ein semiologisches System. Essen ist, wie die Gabe, ein sozialer Akt. Mit der strukturalistischen und der soziologischen Theoriebildung ist dem Essen sowohl als physiologischer Handlung als auch als scheinbar unbedeutender Materie Sinn verliehen worden.

Essen ist gut »zu denken«: Claude Lévi-Strauss

Zunächst also: Essen und Denken. In seiner vierbändigen *Mythologica* setzt Claude Lévi-Strauss sich zum Ziel herauszufinden, wie Menschen denken, genauer: wie Mythen im Menschen denken.[3] Lévi-Strauss will aufgrund der Strukturanalyse von 813 Mythen aus Süd- und Nordamerika zeigen, dass alle Menschen strukturell gleich denken; was sich unterscheidet, ist der Inhalt dieses Denkens. Die Mythen wiederum handeln im Wesentlichen vom Essen: vom Rohen, vom Gekochten, vom Verfaulten. Vom Feuer, auf dem das Essen gekocht wird, und vom Menschen (Kultur) oder vom Jaguar (Natur), die dieses Essen zu sich nehmen.[4] Die Nahrung selbst, von der die Mythen erzählen, ist damit prädiskursiv, besteht vor jedem Code und unterliegt in der Erzählung einer mehrfachen sprachlichen und gedanklichen Aneignung. Bereits das Erzählen über die Materie, die Nahrung, ist ein Akt der Abstraktion, eine Transformation aus dem Bereich des ›Realen‹ oder Materiellen in jenen des Diskurses.[5] Das Essen (wie

2 Ich lasse hier weitere Bezugssysteme für Essen außer Acht, wie zum Beispiel psychologische (z.B. Essstörungen; vgl. dazu z.B. Vandereycken 2003) oder ökologische und ökonomische Dimensionen (vgl. dazu z.B. Singer 2006) oder auch ideologische (Vegetarismus, vgl. dazu den Beitrag von Gwendolyn Whittacker in dieser Zeitschrift) oder Nahrungstabus (vgl. dazu Wilke 2005).

3 »Wir behaupten also nicht, zeigen zu können, wie die Menschen in Mythen denken, sondern wie sich die Mythen in den Menschen ohne deren Wissen denken.« (Lévi-Strauss 1980: 26)

4 Zu Mensch und Jaguar bei Lévi-Strauss als die polaren Gegensätze von Natur und Kultur vgl. Yalman 1973: 117f.

5 »Zu Beginn dieser Einführung erklärten wir, daß wir versucht hätten, den Gegensatz von Sinnlichem und Verständlichem zu transzendieren, indem wir uns von vornherein auf die Ebene der Zeichen stellten.« (Lévi-Strauss 1980: 28) – Paul Ricoeur bezeichnet diese Denkweise Lévi-Strauss', sich auf die Ebene der Zeichen

auch das Kochen und das Feuer) ist Teil des menschlichen Lebens, das sich in allen Kulturen findet und deshalb die Übersetzbarkeit von einer in eine andere Kultur (oder auch von einem in den anderen Mythos) ermöglicht (Yalman 1973: 125).

In seinem Aufsatz »Das kulinarische Dreieck« (»Le triangle culinaire«, frz. Original 1965) setzt Lévi-Strauss die linguistische Basis, auf der seine strukturalistische Arbeit mit und an der Kultur beruht, am Beispiel der Küche praktisch um. In einem Nachdruck des Aufsatzes in einer Sondernummer der Zeitschrift *Le Nouvel Observateur* von November/Dezember 2009 heißt es: »[Le] maître explique comment la méthode structurale peut s'appliquer à tous les domaines de la culture. Y compris, et peut-être d'abord, la cuisine.«[6] Der Ausgangspunkt für Lévi-Strauss' Überlegungen zum Essen ist, dass die strukturalistische Grundopposition jeder Sprache zwischen Vokalen und Konsonanten ein Vokaldreieck (bestehend aus a, u und i) und ein Konsonantendreieck (bestehend aus k, p und t) hervorbringt. Dieses aus Oppositionen bestehende linguistische Dreieck lässt sich, so die Argumentation, als methodologisches Prinzip auch auf andere Bereiche übertragen, zum Beispiel auf das Kochen, das, wie die Sprache, eine universelle menschliche Handlung ist.

Um vom Vokal- und Konsonantendreieck zum kulinarischen Dreieck zu gelangen, wendet Lévi-Strauss die Methode an, auf der sein gesamtes strukturalistisches Denken beruht: die Transformation. Er transformiert zunächst das linguistische Dreieck in ein kulinarisches; aus a, u und i (bzw. k, p und t) werden das Rohe, das Gekochte und das Verfaulte. Dabei ist das Rohe unmarkiert, während das Gekochte eine kulturelle Transformation des Rohen darstellt, das Verfaulte dahingehend eine natürliche Transformation.

> »Für sich genommen sind diese Kategorien nur leere Formen, die uns nichts über die Küche einer bestimmten Gesellschaft mitteilen. Nur die ethnographische Beobachtung kann genauer angeben, was eine jede unter ›roh‹, ›gekocht‹ oder ›verfault‹ versteht, und es gibt keinen Grund dafür, daß es für alle dasselbe sei.« (Lévi-Strauss 1972: 1)

Ebenso wenig »dasselbe« sind a, u und i bzw. k, p und t. Eine weitere Transformation findet statt, indem Lévi-Strauss das kulinarische Drcieck des Rohen, des Gekochten und des Verfaulten in das Dreieck der Zubereitung transformiert: das Braten, das Kochen und das Räuchern.

Nahrung und ihre Zubereitung aber sind für Lévi-Strauss nicht nur deshalb interessant, weil sie »gut zu denken« sind, sondern weil sie sich, angesiedelt zwischen Natur und Kultur, in ständiger Transformation befinden und damit natürlicherweise das vollziehen, was Lévi-Strauss in seiner *Strukturalen Anthropologie* nur mit einer komplexen Denkanstrengung bewältigt. So zum Beispiel in seiner

zu beschränken, als eine »Art kantische [...] Philosophie ohne transzendentales Subjekt«, als »absoluten Formalismus«. (Ricoeur 1973: 68; auch zit. in Yalman 1973: 124, die wiederum Lévi-Strauss' Antwort auf Ricoeur, »Réponses à quelques questions«, in: *Esprit* Nr. 322, November 1963, berücksichtigt.)

6 Zitiert nach http://palimpsestes.fr/textes_philo/levi_strauss/triangle_culinaire.pdf, 10.12.2011.

faszinierenden, aber nicht unangreifbaren Interpretation des Ödipus-Mythos in *Die Struktur der Mythen*: Mythen, so seine Argumentation, sind dazu da, unlösbare Konflikte des menschlichen Daseins in lösbare Konflikte zu transformieren und so das Leben erträglich zu machen. Eigentlich erzähle der Ödipus-Mythos von dem religiösen Konflikt zwischen der Autochthonie des Menschen (Ödipus als Klumpfuß) und seinem nicht-autochthonen Ursprung (Ödipus tötet die Sphinx und verneint, indem er ein autochthones Wesen tötet, seine eigene Autochthonie), oder genauer: von dem Konflikt zwischen der Unsterblichkeit und der Sterblichkeit des Menschen, denn nur autochthone Wesen sind unsterblich. Dieser religiöse Konflikt, so Lévi-Strauss, ist unlösbar: Entweder ist der Mensch unsterblich oder er ist sterblich. Um diesen unlösbaren Konflikt zumindest gedanklich zu lösen, transformiere der Mythos ihn in einen lösbaren Widerspruch, in diesem Fall in einen sozialen: Er erzählt uns auch, dass Ödipus in einem zu nahen Verwandtschaftsverhältnis zu seiner Mutter steht (die er heiratet) und in einem zu fernen Verwandtschaftsverhältnis zu seinem Vater (den er tötet). Dieser Konflikt zwischen zu nahem und zu fernem Verwandtschaftsverhältnis ist lösbar. Die Aufgabe des Mythos liege nun darin, den unlösbaren Konflikt (Un-/Sterblichkeit des Menschen) in einen lösbaren (ein Verwandtschaftsverhältnis, das weder zu nah noch zu fern ist) zu transformieren. Der Mythos funktioniert als logisches Modell für unüberwindbare Schwierigkeiten. Indem der Mythos einen unlösbaren Widerspruch in einen lösbaren transformiert, vermittelt er den Trost, dass es überhaupt Lösungen für Probleme gibt. Der Ödipus-Mythos dient mithilfe der Transformation als eine Art logische Brücke.

Doch zurück zum Essen: Was für Lévi-Strauss in der *Struktur der Mythen* eine anstrengende Denksportaufgabe ist, ergibt sich im Bereich Essen auf natürliche Weise, denn Essen befindet sich in einem ständigen Zustand der Transformation: Entweder man bereitet es zu und übergibt es damit dem Bereich der Kultur, oder man bereitet es nicht zu, dann verfault es. Essen, so ließe sich behaupten, ist die Materialisierung von Lévi-Strauss' strukturalistischem Verfahren, der Transformation.

Die Transformationen, die Lévi-Strauss in Bezug auf das Essen vorführt (vom Rohen zum Gekochten, vom Rohen zum Verfaulten), spaltet er in eine weitere Basisopposition auf: Hat sich der Mensch zur Zubereitung der Nahrung entschlossen, somit zur Kultur, entscheidet er sich entweder für das Kochen oder für das Braten. Kochen steht der Kultur näher, weil dazu ein Behälter erforderlich wird, während das Braten der Natur näher steht, weil das Essen direkt mit dem Feuer in Kontakt kommt. Zugleich aber ist Kochen endogen (Lévi-Strauss spricht hier von »endo-cuisine«), weil gekochte Speisen für Freunde und Verwandte vorgesehen sind, Braten ist exogen (»exo-cuisine«), denn mit Gebratenem bewirtet man Gäste. In einem nächsten Schritt gliedert Lévi-Strauss den Kannibalismus in dieses Modell ein; er unterscheidet zwischen »Endo-Kannibalismus« und »Exo-Kannibalismus«, wobei Verwandte eher gekocht, Feinde eher gebraten werden.[7]

7 Diese Passage über den Kannibalismus fehlt in der deutschen Übersetzung, findet sich aber in der englischen Übersetzung (Lévi-Strauss 1997: 30f.).

Essen, so das Fazit, ist nicht nur »gut zu denken«, sondern verkörpert auch das grundlegende strukturalistische Verfahren: Essen ist der Transformation unterworfen, die der Strukturalist immer wieder aufsuchen oder aber konstruieren muss.

Essen ist ein (semiologischer) Mythos: Roland Barthes

Essen ist auch im intellektuellen Universum Roland Barthes' – ähnlich wie die Mode, das Auto oder der Boxkampf – immer mehr als nur Essen: Es ist Teil einer ideologisch und mythologisch aufgeladenen Metasprache, »eine zweite Sprache [...], in der man von der ersten spricht« (Barthes 1964: 94). Wie, so fragt Barthes, der in den *Mythen des Alltags* das französische Alltagsleben untersucht, produzieren Alltagsphänomene mythologische Zeichen bzw. wie werden sie zum Mythos?[8] Essen ist in diesen Fragekomplex eingebunden, denn ebenso, wie »der Citroën DS«[9] Barthes nicht als Transportmittel interessiert, sondern als »Äquivalent der großen gotischen Kathedralen« (Barthes 1964: 76), so interessiert ihn auch nicht das Essen als Essen, sondern als eine Art »Mythos des Alltags«.

Ausgehend von der Tatsache, dass die Amerikaner doppelt so viel Zucker verbrauchen wie die Franzosen,[10] führt Barthes in sein Thema ein:

»Zucker ist nicht nur ein, wenn auch verbreitetes, Nahrungsmittel; er ist, wenn man so will, eine ›Haltung‹ (attitude); er ist an Gebräuche gebunden, an ›Protokolle‹, die nicht mehr nur von der Ernährung bestimmt werden [...].« (Barthes 1982: 65)

Essen ist, wie andere Akte oder Elemente des Alltagslebens auch, Motor einer mythologischen Zeichenproduktion. Detailliert vorgeführt hat Roland Barthes diesen Prozess in *Die Sprache der Mode* (*Le Système de la mode*, 1957-1963), die für Barthes ganz ähnlich funktioniert wie das Essen. »Die Mode«, so schreibt der Barthes-Exeget Ottmar Ette, »ist nur eines unter mehreren Forschungsbereichen, deren Vielfalt sich bis zum Interesse Barthes' in den *Mythologies* für die unterschiedlichsten kulturellen Praktiken und Ausdrucksformen zurückverfolgen lässt.« Für Barthes ist die Mode ein »privilegiertes semiotisches Feld« (»un champ sémiologique privilégié«, Barthes 1993: 749); und sind bereits Mode und Literatur vergleichbare Zeichensysteme (Ette 1998: 204), so lässt sich in dieses

8 Womit nicht Mythen im Sinne des antiken Mythos gemeint sind, sondern Mythen als semiologische Systeme zweiten Grades, eine Botschaft (Barthes 1964: 85), eine politische Aussage (ebd. 134); Barthes schreibt dazu: »Alles kann also Mythos werden? Ich glaube, ja, denn das Universum ist unendlich suggestiv. Jeder Gegenstand der Welt kann von einer geschlossenen, stummen Existenz zu einem besprochenen, für die Aneignung durch die Gesellschaft offenen Zustand übergehen [...].« (ebd. 85f.)

9 DS = »Déesse«, also Göttin, was auf die (mythologische) Verherrlichung des Autos verweist.

10 Barthes' Aufsatz ist von 1961, bezieht sich also auf Statistiken dieser Zeit.

semiologische Feld der verschiedensten Phänomene auch das Essen einreihen.[11] »Ideen und Themen [interessieren Barthes] weniger [...] als die Art und Weise, wie sich die Gesellschaft ihrer bemächtigt, um daraus die Substanz einer gewissen Zahl signifikanter Systeme (*systèmes signifiants*) zu machen«, zitiert Ottmar Ette Roland Barthes in seiner *Intellektuellen Biographie* (Ette 1998: 199)

Wie also beschreibt Barthes die Mode und das Essen? Die Mode, so Barthes, ist erstarrt, sie ist keine Tätigkeit, sondern sie evoziert Tätigkeiten und mit diesen eine Atmosphäre.[12] Die Besonderheit der Mode liegt darin, dass sie, erstens, dem Körper Bedeutung verleiht, ihn mit einem Signifikat ausstattet, dass, zweitens, ihre Signifikationskraft unendlich ist[13] und dass ein Kleidungsstück, drittens, ganze Geschichten entstehen lässt: Ein Blazer kann Landleben, England, Proust hervorrufen und damit einem »wohlbekannten literarischen Ort« (Barthes 1987: 253) eine neue Bedeutung verleihen:

> »der Strand der Normandie, Balbec, die kleine Schar junger Mädchenblüte. So entsteht ein Ensemble von Objekten und Situationen, die weniger von einer Logik der Verwendung oder der Zeichen zusammengehalten werden als vielmehr von den Zwängen einer ganz anderen Art, nämlich denen der Erzählung.« (Ebd.)[14]

Ähnlich wie die Kleidungs-Mode funktioniert bei Barthes auch die Nahrungs-Mode, genauer: der Geschmack. Wie die Mode, die nichts tut, sondern ihren Träger »gegenüber einem Milieu« situiert (Barthes 1987: 255), ist das Essen, oder genauer: der Zucker, eine »Substanz des Überflusses« (Barthes 1982: 66), enthält (wie übrigens für die Franzosen der Wein) »Bilder, Träume, Tabus, Neigungen, Vorentscheidungen und Werte.« (Ebd.) Anders aber als die Mode, die zwar vielleicht für trivial, nie aber für unbedeutend gehalten wird, erscheint das Essen bedeutungslos, und Barthes möchte es aus diesem Status der Evidenz, wie er selbst es nennt (ebd.), herausholen, es bedeutend, *signifiant*, machen. Essen partizipiert an einer »kollektiven Einbildungskraft« (Barthes 1982: 67) und verfügt über eine »ins Bild- und Zeichenhafte erweiterte Nahrungsrealität« (ebd.). Nahrung – wie die Mode – schafft eine »Situation«.

Barthes, ähnlich wie Lévi-Strauss, nutzt Nahrung dazu, um das Funktionieren des (sozialen) Denkens (Lévi-Strauss) bzw. einer von Alltagsmythen durchsetzten Gesellschaft zu zeigen. In beiden Fällen ist Essen markiert, und es wird ihm eine Aufgabe zugewiesen, die über die reine Funktion der Nahrungszufuhr hin-

11 Auch Ette sind die Parallelen zwischen der Mode und dem Essen aufgefallen (Ette 2004: 215).

12 »Das Tun ist in der Mode gleichsam verkümmert; alle Gedanken des Handelnden richten sich im Augenblick des Handelns auf eine Vorstellung von Wesensmerkmalen.« (Barthes 1987: 255)

13 »[D]ie Mode vermag jedes beliebige sinnliche Objekt in das von ihr gewählte Zeichen zu verwandeln; ihre Macht zu bedeuten stößt auf keine Grenzen.« (Barthes 1987: 266)

14 Barthes analysiert in *Die Sprache der Mode* zwar Modetexte, aber die Kleidung selbst wird mit diesen atmosphärischen Bedeutungen und im Endeffekt auch mit den Erzählungen besetzt.

ausgeht: Ist Essen für Lévi-Strauss eine Möglichkeit, die Welt und das Dasein zu denken (den Menschen gegen das Tier abzusetzen, die Kultur gegen die Natur), so ist Barthes' Semiologie dieser metaphysische Anspruch fern, sie ist stärker im Alltag verankert. Ihm geht es um kollektive Phantasien, die eine Kultur mithilfe bestimmter Nahrungsmittel – sei es Zucker, wie in den USA, oder Wein, wie in Frankreich – ausagiert. Bei Barthes scheint es fast ein Zufall zu sein, dass er das Essen wählt, denn Essen ist für ihn nur ein Beispiel unter anderen für die Zeichenproduktion, für die Umwandlung vom Körper in ein mythologisches Zeichen.

Essen ist gut für die Gemeinschaft: Norbert Elias und Georg Simmel

Wenn Lévi-Strauss endogenen und exogenen Kannibalismus unterscheidet, dann baut er eine Brücke zu einem anderen Thema, im Rahmen dessen Essen signifikant wird: zur Gemeinschaft, denn gemeinsames Essen ist ein »test d'humanité«: »Im Raum und am Tisch des Anderen zu essen ist ein untrüglicher Beweis und *marker* dafür, dass man nicht den je konkret Anderen isst, wenn man mit ihm isst.« (Därmann 2011: 213)

Dabei sind zwei Aspekte zu beachten, die die Entwicklung der Tischsitten mit sich bringt: zum einen sind die Tischsitten Teil eines Zivilisationsprozesses im Elias'schen Sinne, zum anderen sind sie gemeinschaftsstiftend. Der zivilisatorische Bruch fand, folgt man Norbert Elias, in der Renaissance statt – aufgrund von »Manierschriften« (z.B. Erasmus von Rotterdams *De civilitate morum puerilium libellum* von 1529, publiziert 1536) weist Elias nach, dass die Gesellschaft sich zu jener Zeit in einem Übergangsstadium von mittelalterlichen zu neuzeitlichen Verhaltensformen befand: Zwar aß man das Fleisch noch immer mit den Händen und von demselben Teller wie alle anderen, doch wurden Regeln über das Spucken, das Schnäuzen, das Händewaschen im Kontext der »Probleme der Menschenformung und des Anstands« (Elias 1997: 182) wieder eingeführt. Elias interpretiert die Benutzung getrennten Geschirrs als Veränderung des »Affekthaushalts« (ebd.: 180); die Tischsitten zeugen davon, in welcher Beziehung die Essenden zueinander stehen, wie nah sie sich kommen oder wie weit sie zueinander Distanz halten. Ist bei Lévi-Strauss die Nahrung selbst ein Zeichen für die Beziehung zwischen den Essenden, so sind es bei Elias die Tischsitten.

Georg Simmel interessiert am Essen vor allem das Gemeinsame: »Von allem nun, was den Menschen gemeinsam ist, ist das Gemeinsamste: daß sie essen und trinken müssen.« (Simmel 2001: 140) Simmel geht es um die »sozialisierende Kraft des Essens« (ebd.: 141), das primitive Physiologie und eine »höhere Ordnung« (ebd.: 142) zusammenzwingt. In der gemeinsamen Mahlzeit wird der Feind zum Freund, deshalb regeln Tischverbote die Freund- und Feindschaften und schließen unerwünschte Fremde vom gemeinsamen Tisch aus, bevor sie ungewollt Freunde werden können.[15] Während für Elias die zunehmende Zivilisierung das Interesse an den Tischsitten begründet, ist es für Simmel zunächst die Sozialisierung, das gemeinsame Zusammenfinden am Esstisch, in einem nächsten Schritt aber etwas, was darüber hinaus geht: die Ästhetisierung des Essens, die den Menschen über die »Hässlichkeit des physischen Essvorgangs« (ebd.: 144) erhebt. Simmel geht es darum, den Essvorgang aus den »Niederungen des organischen Lebens« (ebd. 145) zu befreien.

Simmels *Soziologie der Mahlzeit* ist von 1910; bereits 1905 hatte er eine Abhandlung über die *Philosophie der Mode* geschrieben. Vergleicht man die beiden Aufsätze, so lassen sich – ganz ähnlich wie im Fall von Roland Barthes – einige Parallelen feststellen: Die Mode, wie die Nahrungsaufnahme, setzt soziale Mechanismen der Inklusion und Exklusion ein; Mode wie Essen sind gleichermaßen gruppenbildend wie individualisierend, wobei die Individualisierung sich beim Essen nicht auf den Einzelnen, sondern – wie in der Mode auch – auf die Gruppe bezieht; mithilfe besonderer Kleidung oder Esssitten setzen sich höhere soziale Schichten von den niederen ab. Dabei unterscheidet die Nahrungsaufnahme, das Essen, sich von der Mode darin, dass sie mit einer sakralen Dimension belegt wird: Gerade weil das Essen den »Niederungen des organischen Lebens« entstammt, muss es umso stärker erhöht werden, um diese zu überwinden:

»Wäre es nicht etwas so Niederes, so hätte es die Brücke nicht gefunden, über die hin es zur Bedeutsamkeit des Opfermahles, zu der Stilisierung und Ästhetisierung seiner schließlichen Formen aufsteigt.« (Simmel 2001: 147)

Es kommt zu einer »ästhetischen Versöhnlichkeit« (ebd.: 144), und diese Verbindung zwischen Gemeinschaft und Ästhetik, die im Opfermahl, an der »Tafel Gottes« (ebd.: 141), ihren höchsten Ausdruck findet,[16] geht sowohl über die soziale Bedeutung der Mode hinaus, wie Simmel selbst sie bestimmt hat, als auch über die zivilisatorische Bedeutung, die Norbert Elias einige Jahrzehnte nach Simmel für das Essen untersucht hat.

15 Simmel nennt hier verschiedene Beispiele: So darf im 11. Jahrhundert laut der Cambridge Guild kein Gildemitglied mit dem Mörder eines Gildebruders essen, und 1267 verordnete das Wiener Konzil, dass Christen nicht mit Juden gemeinsam Nahrung zu sich nehmen dürfen (Simmel 2001: 141).

16 In neuester Zeit hat Iris Därmann die Verbindung zwischen den Tischsitten und der Anthropophagie hergestellt. Ausgehend davon, dass gemeinsames Essen Gemeinschaft, Sozietät stiftet (Därmann 2011: 213), stellt sie den Weg von den antiken Mythen, frühen Reiseberichten und ethnographischen Texten zur Anthropophagie dar, um schließlich bei Nietzsche zu landen, der die »Essgemeinschaft zur Sakralgemeinschaft« erklärt (ebd.: 229). Iris Därmann zitiert hier Nietzsche aus dem Nachlass 1887-März 1881, 11 [292], KSA 13, 113.

Essen erzeugt Nähe oder Distanz: Mary Douglas

Die Sozialanthropologin Mary Douglas verbindet in ihrem Aufsatz »Deciphering a Meal« die verschiedenen Linien, die Lévi-Strauss, Barthes und Simmel bzw. Elias verfolgt haben: Sie hat Essen (linguistisch) als Code untersucht und diesen Code mit sozialen Beziehungen verbunden. Essen, so ihre Argumentation, enthält eine Botschaft, und diese Botschaft lässt sich nur im Zusammenhang mit sozialen Beziehungen verstehen. Die Besonderheit des Essens wird in der Regel darin gesehen, dass es alle Menschen betrifft und dass es ein natürliches Bedürfnis ist – so wie die Tatsache, dass der Mensch sich ankleidet. Douglas stellt aus dieser Perspektive eine Verbindung zwischen Essen und Sex her und schafft damit, ähnlich wie Lévi-Strauss, eine Mischung aus natürlichen und sozialen Komponenten: »Like sex, the taking of food has a social component, as well as a biological one.« (Douglas 1997: 36) Essenskategorien, so die zentrale These, kodieren soziale Ereignisse und Beziehungen.

Douglas' Essay über den Code des Essens ist ein Versuch, Lévi-Strauss' Ansatz aus *Das Rohe und das Gekochte* zu überwinden, indem sein strukturalistischer Binarismus aufgelöst wird und der Fokus vom universellen Anspruch (Wie denken die Menschen?) auf einen lokalen, familiären Raum verschoben wird. Als eine Gesellschaft mit einer strengen sozialen Hierarchie und einer strengen Hierarchie des Essens bietet sich Indien an – dabei ist die Reinheit des Essens ein Marker für die Position eines Nahrungsmittels in dieser Hierarchie. Mit dem Aspekt der Reinheit knüpft Douglas an ihr Hauptwerk an, *Purity and Danger* (1966), in dem sie untersucht hat, wie die Kategorien des Reinen und Unreinen zur Herstellung und auch zur Beschreibung einer sozialen Ordnung genutzt werden. Die Abgrenzung von Reinheit und Unordnung in Form von Vorschriften und Tabus, so argumentiert Douglas, ist dazu da, um Grenzen zu setzen in einer chaotischen Welt, die dadurch beherrschbar gemacht wird.

Eine ordnende Funktion kommt auch den Mahlzeiten zu, wobei diese – wie schon bei Simmel – die Aufgabe haben, Nähe und Distanz zum Anderen zu regulieren. Die eindeutigste Grenze wird durch die Unterscheidung zwischen Getränken und Essen gezogen: Während man mit Fremden trinken kann, isst man nicht mit ihnen. Eine andere Schwelle wird durch die Differenzierung zwischen kalten und warmen Mahlzeiten gesetzt: »those friends who have never had a hot meal in our home have presumably another threshold of intimacy to cross.« (Douglas 1997: 41) Dabei ist ein Punkt entscheidend, den Douglas nicht berücksichtigt: die Tatsache, dass diese warme Mahlzeit zu Hause, »in our home«, eingenommen wird. Das bedeutet, dass nicht nur die Art der Mahlzeit Nähe und Distanz und somit die Trennung von Freund und Feind (oder, weniger dramatisch: von den nahen Freunden und den entfernteren Bekannten) markiert, sondern auch der Ort, an dem diese Mahlzeit eingenommen wird – womit wir wieder beim Anfang wären, bei Lévi-Strauss, der ja ganz ähnlich in Bezug auf Endo- und Exo-Kannibalismus argumentiert.

Douglas sieht jede Mahlzeit als einen Träger aller anderen Mahlzeiten, »each meal carries something of the meaning of the other meals« (Douglas 1997: 44), zugleich ist jede Mahlzeit ein durchstrukturiertes soziales Ereignis, das andere soziale Ereignisse spiegelt. Als Beispiele führt Douglas Neuguinea und Thailand an, wo sexuelle und gastronomische Konsumption nach einem ähnlichen Muster funktionieren, da beiden Bereichen dieselben Restriktionen auferlegt sind. Das geordnete System einer Mahlzeit, so das Fazit, repräsentiert alle anderen geordneten Systeme, die mit der Mahlzeit in Verbindung stehen. Eine Mahlzeit, fordert Douglas, soll wie ein Gedicht gelesen werden, das eine ganz ähnliche, ordnende Funktion hat: »The rules of the menu are not in themselves more or less trivial than the rules of verse to which a poet submits.« (Douglas 1997: 53)

Essen ist in allen Fällen in das Gesamtgedankengebäude der jeweiligen Forscher eingebunden, ist nur ein Paradigma, um eine zentrale These zu untermauern: Claude Lévi-Strauss führt seine Totemismus-These weiter, dass Essen gut zu denken ist, Roland Barthes findet im Essen einen weiteren Beleg für ein semiologisches System, das als »Mythos des Alltags« eingesetzt wird, Norbert Elias belegt am Beispiel der Tischsitten die fortschreitende Zivilisierung des Menschen, Georg Simmel und Mary Douglas finden im Essen Beispiele für Strategien der Inklusion und Exklusion bzw. einer Regulierung der Nähe oder Distanz. Sie alle machen den Versuch, das Essen aus der Sphäre niederer Materialität zu befreien, indem es einen bedeutungstragenden oder sogar ästhetischen Index erhält.

Literatur

Barthes, Roland (1982 [1962]): »Für eine Psycho-Soziologie der zeitgenössischen Ernährung«. In: *Freiburger Universitätsblätter* 75, 65-73.

Barthes, Roland (1964): *Mythen des Alltags*, Frankfurt a.M.

Barthes, Roland (1987): *Die Sprache der Mode*, Frankfurt a.M.

Barthes, Roland (1993): »Histoire et sociologie du vêtement«. In: Ders.: *Œuvres complètes. Tome 1: 1942-1965*. Hg. v. Éric Marty, Paris, 741-752.

Counihan, Carole/Van Esterik, Penny (1997): »Introduction«. In: Dies. (Hg.): *Food and Culture. A Reader*, New York/London, 1-7.

Därmann, Iris (2011): »9. Kapitel: Anthropophagie«. In: Harun Maye/Leander Scholz (Hg.): *Einführung in die Kulturwissenschaft*, München, 213-237.

Douglas, Mary (1997 [1972]): »Deciphering a Meal«. In: Carole Counihan /Penny Van Esterik (Hg.): *Food and Culture. A Reader*, New York/London, 36-54.

Elias, Norbert (1997): *Über den Prozeß der Zivilisation. Soziogenetische und psychogenetische Untersuchungen. Erster Band. Wandlungen des Verhaltens in den weltlichen Oberschichten des Abendlandes*, Frankfurt a.M.

Ette, Ottmar (1998): *Roland Barthes. Eine intellektuelle Biographie*, Frankfurt a.M.

Lévi-Strauss, Claude (1972): »Das kulinarische Dreieck«. In: Helga Gallas (Hg.): *Strukturalismus als interpretatives Verfahren*, Darmstadt/Neuwied, 1-24.

Lévi-Strauss, Claude (1980): *Mythologica I. Das Rohe und das Gekochte*, Frankfurt a.M.

Lévi-Strauss, Claude (1981): *Das Ende des Totemismus*, Frankfurt a.M.

Lévi-Strauss, Claude (1997): »The Culinary Triangle«. In: Carole Counihan/ Penny Van Esterik (Hg.): *Food and Culture. A Reader*, New York/London, 28-35.

Ricoeur, Paul (1973): »Struktur und Hermeneutik«. In: Ders.: *Hermeneutik und Strukturalismus*, München, 37-97.

Simmel, Georg (2001): »Soziologie der Mahlzeit«. In: Ders.: *Aufsätze und Abhandlungen 1909-1918, Band 1.* Hg. v. Rüdiger Kramme und Angela Rammstedt, Frankfurt a.M., 140-147.

Singer, Peter (2006): *The Way We Eat. Why our Food Choices Matter*, Emmaus/Pa.

Vandereycken, Walter (2003): *Wundermädchen, Hungerkünstler, Magersucht. Eine Kulturgeschichte der Ess-Störungen*, Weinheim.

Wilke, Sabine (2005): *Die verspeiste Esskultur. Nahrung und Nahrungstabus*, Marburg.

Yalman, Nur (1973): »›Das Rohe : das Gekochte :: Natur : Kultur‹. Beobachtungen zu Le Cru et le Cuit«. In: Edmund Leach (Hg.): *Mythos und Totemismus. Beiträge zur Kritik der strukturalen Analyse*, Frankfurt a.M., 109-131.

Essens-Zeit. Zur Temporalität in Früchtebildern

SEBASTIAN BORKHARDT

> »Warum greifst du also nicht schnell nach den baumreifen Oliven, die hier aufgehäuft in einem andern Korb liegen? Weißt du nicht, daß du sie bald nicht mehr so frisch bekommen wirst, sondern schon ihres Schmelzes beraubt?«
> (Philostrat, *Eikones* II, 26, zit. nach: König/ Schön 1996: 135)

Die Trauben des Zeuxis und der ›ungefegte Boden‹ des Sosos

In seiner *Naturalis historia* (XXXV, 65) berichtet Plinius d.Ä. († 79 n. Chr.) über den Athener Maler Zeuxis, er habe Trauben so täuschend echt dargestellt, dass Vögel von ihnen angelockt worden seien. Was diese Episode veranschaulicht, ist das mimetische Prinzip des *Trompe-l'œil*, bei dem Gegenstände vor den Augen des Betrachters greifbar erscheinen. Zwar ist das Werk des Zeuxis nicht erhalten, doch können Fresken aus Pompeji und Herculaneum einen Eindruck von der illusionistischen Wiedergabe von Früchten in der Antike vermitteln (vgl. De Caro 1990; Junker 1996). Ein weiteres Beispiel für antike Augentäuschung ist der in Mosaiktechnik ausgeführte *asárotos oíkos* (Abb. 1), der ›ungefegte Boden‹ mit den Überbleibseln eines Festmahls, darunter »Traubenstiele, von denen fast alle Beeren abgezupft sind« (Hagenow 1978: 260). Bis heute fasziniert die originelle Idee, Speiseabfälle in der Kunst dauerhaft zu konservieren. Plinius (*Nat. hist.*

 © TRANSCRIPT 2012

XXXVI, 184) zufolge stammt sie von einem gewissen Sosos, der vermutlich im 2. Jh. v. Chr. in Pergamon wirkte.

Abbildung 1: »Ungefegter Boden« (Detail), 2. Jh. n. Chr.

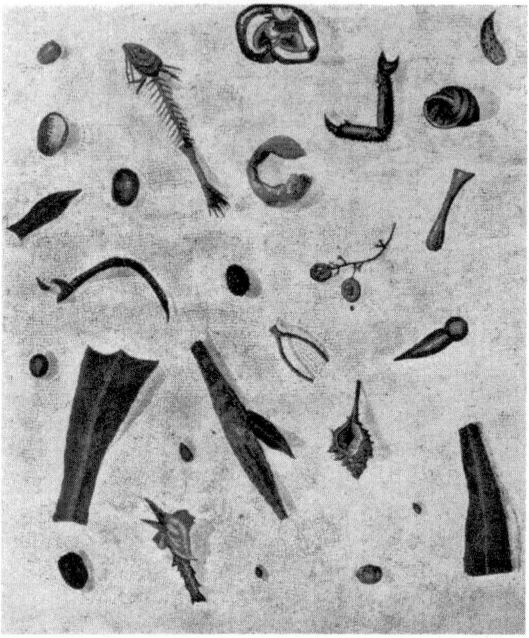

Sowohl bei Zeuxis' Trauben als auch beim *asárotos oíkos* wird durch den illusionistischen Kunstgriff die Raum-Zeit des Gezeigten mit der des Betrachters zu einer einzigen *Präsenz* kurzgeschlossen, die sich erst mit der Erkenntnis ihrer bildhaften Vermitteltheit dissoziiert.[1] In beiden Fällen erweist sich der Illusionismus als geeignete Methode, um eine Reflexion über das Verhältnis von Bild und Abbild, von Sein und Nicht-Sein in Gang zu setzen. Richtet man seine Aufmerksamkeit jedoch allein auf das *Motiv*, so ist nur für den *asárotos oíkos* eine darüber hinausgehende *Bewusstmachung* von Zeitlichkeit feststellbar: Zum einen verweisen die Essensreste ex negativo auf ihre ursprüngliche Ganzheit und stellen damit eine Vorher-Nachher-Relation her. Diese Überlegung wird evident, wenn man das reale Gastmahl, das in diesen Räumen stattfand, als ›lebendes Bild‹ (im unspezifischen Sinne) mit einbezieht. Zum zweiten ist die Situation, die das Bodenmosaik repräsentiert, eine flüchtige, exzeptionelle, da der Speisesaal nach einem Gelage für gewöhnlich gereinigt wurde. Die Wirkung des *asárotos*

1 Die Pointe besteht bei Plinius freilich darin, dass Zeuxis mit seinen Trauben ›nur‹ Vögel zu täuschen vermag, während es seinem Konkurrenten Parrhasios gelingt, Zeuxis von der Realität eines gemalten Vorhangs zu überzeugen. Dieser an sich bedeutsame Unterschied spielt für meine Zwecke keine erhebliche Rolle, da es mir an dieser Stelle allein um die Erläuterung des *Trompe-l'œil*-Effekts geht – weshalb im Übrigen ein nur schriftlich überliefertes Bild herangezogen werden konnte.

oíkos basiert auf dem Wissen des Betrachters, wie der Fußboden eines solchen Raumes im Normalzustand auszusehen habe, nämlich gekehrt (worauf in der griechischen Bezeichnung das Negationspräfix *a-* hindeutet).

Die Trauben des Zeuxis und der ›ungefegte Boden‹ des Sosos stehen beispielhaft für zwei Tendenzen, von denen der vorliegende Aufsatz handelt: Speisen können in Darstellungen als zeitlose Vergegenwärtigung oder als Zeichen der verrinnenden Zeit erscheinen. Dabei setzt das Bewusstwerden über die Zeitlichkeit eines Bildgegenstandes das Vorhandensein einer Vorstellung von seiner Ganzheit voraus, zu der sie in Kontrast gesetzt werden kann. Demnach verkörpern die verführerischen Trauben des Zeuxis das statische *Sein*, die Traubenstiele des Sosos die dynamische *Zeit*. Im Folgenden soll das wechselseitige Verhältnis dieser beiden Tendenzen anhand der Gattung des Früchtestilllebens nachvollzogen werden.[2] Die Konzentration auf Früchte beruht auf der Feststellung, dass sich in diesem Motiv die grundlegenden Fragen nach der Zeitlichkeit, der Sinnlichkeit und nach dem Wesen der Malerei auf besonders anschauliche Weise miteinander verbinden.

Das Früchtestillleben zwischen Voluptas und Vanitas

Das Stillleben besitzt eine äußerst problematische Rezeption (vgl. König 1996: 54-75). Der *Trompe-l'œil*-Effekt, die detailgetreue und lebensnahe Wiedergabe von Oberflächen und Volumina, die für die meisten Käufer wohl den besonderen Reiz dieser Bildgattung ausmachte, wurde in der gelehrten Meinung nicht selten als Zeichen mangelnder *imaginatio* gewertet. Die Verbindung von *imitatio* und Sinnlichkeit stand im Konflikt mit schöpferischen und intellektualistischen Tendenzen der Kunstproduktion und -rezeption.[3] Doch es bestand in der Zeit um 1600, als das Stillleben einen autonomen Status erlangte, eine Möglichkeit, die illusionistische Darstellung von Früchten auch theoretisch zu untermauern: Man konnte sie auf antike Traditionen zurückführen, die bei Autoren wie Vitruv, Plinius und Martial überliefert sind und die man nun wiederzubeleben suchte (vgl. Gombrich 1978: 182-187; Ebert-Schifferer 2002: 5f.). Neben diesem sozusagen innerkünstlerischen Problem existierte aber noch ein zweites, von religiös-moralischer Art. Die im Stillleben evozierte körperliche Präsenz von Objekten

2 Als Thema der Kunstwissenschaft war die »Zeit« bis vor wenigen Jahrzehnten stark unterrepräsentiert, was auf die Unterscheidung von Zeitkünsten und Raumkünsten in der Tradition von Lessings Schrift *Laokoon oder über die Grenzen der Mahlerey und Poesie* (1766) zurückzuführen ist. – Seit Dagobert Freys grundlegendem Artikel »Das Zeitproblem in der Bildkunst« (1955, vgl. Frey 1976) sind in diesem Bereich jedoch einige interessante Studien erschienen, so etwa Gombrich 1984, Holländer 1984 und Boehm 1987.

3 Hinzu kommt, dass man den auf Stillleben gezeigten Gegenständen, Pflanzen und Insekten *per se* eine geringere Bedeutung zusprach als etwa Personen (Porträt) oder Ereignissen (Historie) und ihre malerische Umsetzung aufgrund der fehlenden Figurenbewegung als weniger anspruchsvoll galt. Innerhalb der akademischen Gattungshierarchie, wie sie André Félibien im 17. Jh. festschrieb, stand das Stillleben daher auf der untersten Stufe.

der Lust und des Genusses (Voluptas), von appetitiven Reizen wie Pfirsichen oder Trauben konnte den Betrachter leicht dazu verführen, sich der Schöpfung mehr als dem Schöpfer zuzuwenden. Eine Lösung hierfür bestand darin, den dargestellten Dingen durch die Beigabe von Uhren die eigene Hinfälligkeit (Vanitas) einzuschreiben und damit paradoxerweise ihre Verewigung zu legitimieren (vgl. Gombrich 1978: 186f.; Białostocki 1981: 280). Ernst Gombrich stellt die Notwendigkeit solcher »emblematische[r] ›Alibis‹« jedoch in Frage, wenn er postuliert:

»[J]edes gemalte Stilleben verkörpert *eo ipso* das *Vanitas*motiv für die, die es sehen wollen. Die Sinnesfreuden, die es bietet, sind ja nicht wirklich, sie sind nur eine Illusion. Versuche nur, die köstliche Frucht oder den lockenden Becher mit der Hand zu fassen – du findest nur eine kalte, harte Bildtafel. Je raffinierter die Illusion, desto eindringlicher die Moral vom Gegensatz zwischen Schein und Sein. Jedes gemalte Stilleben ist *ipso facto* auch eine *Vanitas*.« (Gombrich 1978: 187)

Gombrich macht hier implizit zwei Aussagen, die konstitutiv für die Analyse der Temporalität im Stillleben sind. Erstens auf der Ebene der *Rezeption*: Das Betrachten ist ein zeitlicher Vorgang, in dem sich die Bedeutung eines Werks entfaltet.[4] Und zweitens auf der Ebene der *Produktion*: Es sind neben der Zeitsymbolik noch andere Wege denkbar, um Vanitas zu veranschaulichen. – Indes will ich den Fokus hier weniger auf das von Gombrich angeführte mediale Spiel von Sein und Schein legen, das dem Illusionismus inhärent ist. Es geht mir vielmehr um die Frage, wie innerhalb des motivischen Bereiches Früchte zu Trägern von Zeit qua Vergänglichkeit werden und inwieweit sich Künstler dabei die Polarität von *Simultaneität* und *Sukzession* der Bildwahrnehmung zu eigen machen (vgl. Boehm 1987: 20f.).

Ein Topos, der diesbezüglich häufig ins Spiel gebracht wird, ist das fragile Arrangement der Bildgegenstände. Caravaggio hat dieses Prinzip bei seiner *Fiscella* aus der Mailänder Pinacoteca Ambrosiana (Abb. 2) angewandt, einem der frühesten autonomen Stillleben überhaupt (vgl. Ebert-Schifferer 2002). Auf den ersten Blick handelt es sich um einen ereignislosen Bildraum: Nichts ist zu erkennen, was eine Eigenbewegung besitzen würde. Und doch fordert Caravaggio die Statik seines Gegenstands heraus, indem er ihm eine innere Dynamik verleiht: So reicht das Korbgeflecht nicht aus, um die überbordende Fülle an Früchten festzuhalten, wodurch der Eindruck entsteht, als könnten die Quitte, die Trauben und die Feigen jeden Augenblick herabstürzen. Die ›Bedrohlichkeit‹ der Lage wird durch die Positionierung des Korbs am äußersten Rand eines Simses noch gesteigert, über den er leicht hinausragt. Das Motiv des bevorstehenden Falls birgt aber nicht nur ein Handlungsmoment (und damit ein Zeitlichkeitsmoment) in sich, sondern ist mit dem Motiv des *Ver*falls aufs Engste verknüpft (vgl. Graham-Dixon 2010: 135).

4 In seinem später erschienenen Aufsatz »Moment and Movement in Art« (dt.: »Der fruchtbare Moment«, vgl. Gombrich 1984) arbeitete Gombrich diesen Aspekt weiter aus.

Abbildung 2: Caravaggio, »Früchtekorb« (»Fiscella«), um 1595

Niemand hat es versäumt, auf die Virtuosität hinzuweisen, mit der Caravaggio in der *Fiscella* Farbtöne und Texturen wiedergibt. Er präsentiert die Früchte »in their full sensuous splendor, with gleaming surfaces and solid corporeality« (Friedlaender 1955: 144) und mit winzigen Tautropfen benetzt, als habe er sie »soeben gepflückt, arrangiert und bildlich gebannt« (Rosen 2009: 52). Umstritten ist vor dem Hintergrund des caravaggesken Naturalismus' jedoch, wie man die sichtbaren Spuren der Zersetzung auf diesem Gemälde zu deuten hat: Der Apfel ist an exponierter Stelle wurmstichig, einige Trauben sind verdorrt und ihre Blätter welk. Hat Caravaggio die Früchte darstellen wollen, wie er sie sah, oder besitzen sie eine negative Semantik? Ohne auf die mannigfachen Deutungsvarianten der *Fiscella* eingehen zu können, lässt sich für den Moment festhalten, dass sie gleichsam zwischen zwei Polen oszillieren – in Abhängigkeit davon, ob man in diesem Gemälde mehr den zeitlosen Reichtum und die Schönheit der Natur erkennt oder ihre schnelle Vergänglichkeit. Beide Sichtweisen schließen einander jedoch nicht aus, sie verhalten sich vielmehr komplementär. Dies legt auch Sybille Ebert-Schifferer nahe, wenn sie schreibt: »Der dargestellte beginnende Verfallsprozeß unterstellt ein Davor und Danach, das dem Stilleben die zeitliche Dimension einer Historie verleiht« (2010: 100). In der Simultaneität der *Fiscella* erscheinen die Früchte in einem transitorischen Moment als *nicht mehr* ganz frisch, aber auch als *noch nicht* verdorben. Berücksichtigt man nun die Sukzession der Bildwahrnehmung, so gilt dieses »Davor und Danach« gleichermaßen für den Prozess des Betrachtens: Zunächst erblickt man den Korb mit seinen saftigen und prallen Früchten als *Gesamtstruktur* (was durch sein kleines Format und die deutliche Abhebung vom Hintergrund erleichtert wird), die vereinzelten fauligen Stellen geben sich erst bei näherem Hinsehen, *im Detail* zu erkennen.

Die Differenz von Schein und Sein, die Gombrich im obigen Zitat zwischen dem bezeichneten Gegenstand (»die köstliche Frucht«) und dem bezeichnenden Medium (»eine kalte, harte Bildtafel«) feststellte, lässt sich somit innerhalb des Motivbereichs auf die Differenz von Attraktion und Aversion, von Voluptas und Vanitas übertragen. Dabei korreliert die Bildanlage mit der Prozessualität des Sehens, will heißen: Reife und Vergehen rücken nicht gleichzeitig, sondern *sukzessive* in den Fokus. Diese Erfahrung ist derjenigen an der Obsttheke eines Supermarktes vergleichbar: Ist man zunächst von der appetitlichen Präsentation vegetabiler Üppigkeit angezogen, erweist sich auf den zweiten Blick Vieles als nicht frisch, mit Druckstellen versehen oder gar verschimmelt. – Die Aufgabe eines guten Händlers ist es daher, die Verderblichkeit seiner Ware vor den Augen seiner Kunden zu verbergen.

Die Vermarktung der Sinne

Norbert Schneider (1979; 1980) sieht das Changieren zwischen Voluptas und Vanitas, das so zahlreiche Früchtestillleben kennzeichnet, in der Übergangssituation vom mittelalterlichen Feudalismus zum neuzeitlichen Kapitalismus begründet. Ihm zufolge war die Ausrichtung auf sinnliche Reize von einer »neuen, die Konsumsphäre nachhaltig verändernden Produktionsweise geprägt«, während die Vanitasthematik, also die Entlarvung dieser Reize als vergängliche Trugbilder, noch der alten »klerikale[n] Ideologie des Feudalismus« verpflichtet war (1980: 19). Ausgehend davon entwickelt Schneider seine These, der Illusionismus sei »eine symbolische Form, die die Interdependenz von Zeit und Sinnlichkeit zum Ausdruck bringt«. Demnach führten kapitalistische Strukturen zu einem veränderten Verständnis der Zeit »als ›linea‹ einer unendlichen Kette von Zeitpunkten«, was sich etwa in dem Bestreben der Porträtmaler äußerte, »das Sosein des Porträtierten mit allen Akzidentien und Zufälligkeiten zu einem bestimmten Zeitpunkt zu erfassen«. Im Unterschied dazu sei die mittelalterliche Typisierung »indifferent gegen zeitliche Prozesse, gegen Veränderung« gewesen (ebd.: 21). Letzteres bestätigt Stephen Nichols, der anhand einer Lektüre mittelalterlicher Texte zu dem Schluss kommt, dass dort Nahrungsmittel anders als in antiken Texten grundsätzlich als potenzielle Versuchung betrachtet wurden, weshalb man ihre konkret-sinnliche Gestalt im Zuge einer abstrakt-geistigen Lesart ausblendete: »Food became a symbolic or allegorical language of exemplarity, a parable as it were, analogous to the parable of the Last Supper with its translation of bread and wine« (1991: 849).

Schneider setzt seine Argumentation fort, indem er darlegt, dass am Übergang zur Neuzeit die Sinnlichkeit und die Leidenschaften erneut ins Zentrum des gelehrten Diskurses rückten – allen voran die Begierde (Cupiditas):

»Die ›Cupiditas‹ drängt auf Besitzenwollen, auf gänzliche Aneignung der Wirklichkeit und ihre Konsumtion durch die Sinnlichkeit. Diese Begierde findet ihren Ausdruck im Illusionismus der Kunst, die das Medium ist, im Bilde eine konsumierbare Realität festzuhalten, die der Vergänglichkeit unterliegt. So sind die Stilleben zu erklären, die im 16. und 17. Jh. gemalt worden sind, die ein Höchstmaß an Ähnlichkeit mit dem dargestellten Gegenstand zu erreichen trachten und [...] etwas Transitorisches, Nichtkonservierbares in den Zustand der Unverrückbarkeit der reinen Dauer überführen wollen.« (Schneider 1980: 25)

Die »Unverrückbarkeit der reinen Dauer« führt Bartolomeo Bimbi in seinen *Kirschen* (Abb. 3) vor Augen, an denen man – anders als bei Caravaggio – keine Spuren von Vergänglichkeit ablesen kann. Das Gemälde, das Bimbi im Kontext einer Früchteserie für Cosimo III. de' Medici anfertigte, besitzt vielmehr *klassifikatorischen* Charakter (vgl. Schneider 1979: 282). Es zeigt »eine Mustersammlung aller in der Toskana angebauten Kirschsorten« (Gregori 1994: 424), die nummeriert und auf einem Sockel am linken Bildrand namentlich aufgelistet sind. Diese ›wissenschaftliche‹ Herangehensweise steht im Zusammenhang mit der Systematisierung der Botanik seit dem späten 16. Jh. (vgl. Schneider 1979: 282) und findet ihren visuellen Ausdruck in der mimetisch genauen Wiedergabe der einzelnen Kirschsorten, die auf die Naturstudie als eine Quelle der Stilllebenmalerei verweist (vgl. Schütz 2002). Illusionismus darf hier aber nicht mit Naturalismus verwechselt werden: Denn die Kirschen, die uns Bimbi zum Verzehr darbietet – man beachte den silbernen Teller im Vordergrund –, sind Idealtypen. Sie befinden sich im Stadium der vollen Reife: nach dem Werden und vor dem Verwesen, und erscheinen dabei als überzeitliche Evidenz (im Kontrast zu der ruinösen Brunnenanlage). In ihrer Makellosigkeit entsprechen sie einer klischeehaften Vorstellung von Kirschen als schön, saftig, prall und von zumeist roter Farbe, wie sie die Werbe- und Verpackungsindustrie bis heute kolportiert.

Im Gegensatz zu Caravaggio zeigt Bimbi *nicht* »das Sosein [...] mit allen Akzidentien und Zufälligkeiten zu einem bestimmten Zeitpunkt« (s.o.). Denn es sind eben solche »Akzidentien« wie der Fraßgang im Apfel oder die verdorrten Trauben, die uns beim Betrachten der *Fiscella* an die Endlichkeit gemahnen. Bimbi hingegen ›läutert‹ seine Kirschen, um sie als vollkommene Exempla zu präsentieren und Gelüste zu wecken. In der Malerei kann dieser zeitlos-appetitive Charakter die alleinige Rolle spielen, meist kommt aber auf einer sekundären Ebene der Zeitlichkeitsaspekt hinzu. Dabei rückt der Vanitasgedanke bisweilen allerdings fast bis zur Unkenntlichkeit in den Hintergrund. Dies mag nicht sonderlich überraschen, denn die Vermarktung der Sinne ist nicht nur künstlerischer Reflexionsgegenstand, sondern berührt die Malerei in ihrem innersten Wesen, welches uns anzieht wie Zeuxis' Trauben die Vögel:

»So wie auf dem Markt die als Waren produzierten landwirtschaftlichen Güter feilgeboten werden, sie aber, damit der Tauschwert realisiert, also Gewinn erzielt wird, eines schönen Scheins bedürfen, so umwirbt auch in der bildenden Kunst, wenngleich fiktiv, die Ästhetik der Produkte den Betrachter. Mimetisch schafft so die bildende Kunst die Ästhetik des Marktes nach.« (Schneider 1979: 278)

Freilich funktioniert der Genuss gemalter Früchte anders als der Genuss ihrer außerbildlichen Korrelate. So kann, wie beim *Trompe-l'œil*, gerade die *Ent*täuschung in der malerischen Fiktion zu einer Verwirklichung oder Steigerung der Schau-Lust führen (vgl. Kleinmann 2002: 112). Desgleichen verlangen die Spuren des Verfalls auf Caravaggios Früchten uns höchste Bewunderung für die Delikatesse ab, mit der er die Stofflichkeit der Dinge zu erfassen vermochte. Anders als an der Obsttheke besitzt die Fäulnis in Caravaggios Kunst eine ästhetische Qualität, sie verleiht der *Fiscella* eine subtile Tiefe, eine »dramatic quality« (Graham-Dixon 2010: 136), die von Bimbis prall glänzenden Kirschen unerreicht bleibt.

Abbildung 3: Bartolomeo Bimbi, »Kirschen«, 1699

Die Sinnlichkeit des Essens und der verführerische Körper

Mit Blick auf niederländische Marktszenen aus dem 16. Jh. stellt Norbert Schneider eine »mitunter chaotisch erscheinende Fülle des Warenangebots« fest, »mit dem der Betrachter der Bilder fiktiv umbuhlt wird« (1979: 270), – und schließt mit dem Begriff des *Buhlens* die zwischenmenschliche Verführungskunst mit ein. Tatsächlich werden die auf Marktstillleben gezeigten Waren nicht selten von jungen Frauen feilgeboten, die – wie im Falle von Joachim Beuckelaers Kasseler *Marktfrau* (1564) – »erotische Ambitionen« (Wieczorek 2002: 249) erkennen lassen. Die sinnliche Verführung in Früchtebildern umfasst somit dreierlei Bereiche: den Kunstgenuss, die Gaumenfreuden und die Sexualität. »In allen Sinnlichkeitsäußerungen«, konstatiert Schneider an anderer Stelle, ist »stets eine erotische Komponente enthalten«. Das Cupiditas-Motiv beziehe sich »sowohl auf Gegenstände (Luxuswaren) als auch auf den Liebespartner« (1980: 26).

In der Kulturgeschichte hat die Trias *Frau – Verführung – Frucht* eine lange Tradition: Ihre prominenteste Ausprägung ist wohl Eva mit dem Apfel, Prototyp des Weibs, das ›ewig lockt‹. Inkunabeln der Moderne wie Manets *Frühstück im Freien* (1863), Cézannes *Moderne Olympia* (1869/70), Picassos *Demoiselles d'Avignon* (1907) oder Tom Wesselmanns Serie der *Great American Nudes* (beg. 1961, vgl. McCarthy 1990) legen beredt Zeugnis vom topischen Charakter des ›Frau-Frucht-Motivs‹ ab. Interessanterweise gibt es aber daneben eine Reihe von Früchtestillleben, die ohne den Zusammenhang mit einer Aktdarstellung deutlich libidinöse Züge aufweisen.

Abbildung 4: Caravaggio (?), »Stillleben mit Früchten auf einer Steinplatte«, um 1603

Als Höhepunkt solcher erotisierender Stillleben führt John Varriano ein um 1603 datiertes Gemälde an, in dem er die Handschrift Caravaggios erkennt (Abb. 4).[5] Das Arrangement der Früchte – so der auf eine geöffnete Feige gerichtete Melonenstiel – trägt für Varriano die unzweifelhafte Bedeutung von »sexual tumescence and receptiveness to penetration« (2005: 11). In Analogie zu Ebert-Schifferers Interpretation des Stilllebenmotivs bei Caravaggio als einer »umgekehrten Ekphrase« (2002: 19), das heißt als Versuch, schriftlich überlieferte Meisterwerke der Antike in die Malerei rückzuübersetzen, könnte man das *Stillleben mit Früchten auf einer Steinplatte* mit den *Xenia* (›Gastgeschenken‹, I, 31) aus Philostrats *Eikones* (vor 245) in Verbindung bringen. Dort heißt es:

»Dunkle Feigen, triefend von Saft, sind hier auf Weinlaub gehäuft und samt den Rissen in ihrer Haut gemalt. Die einen lassen nur durch einen dünnen Riß ihren Honig hervorquellen, die anderen sind vor Reife beinahe geplatzt. Neben ihnen liegt ein Zweig, wahrlich nicht ohne Ertrag und Frucht; nein der Schatten seiner Blätter liegt auf Feigen,

5 Diese erstmals von John T. Spike (1995) vorgenommene Zuschreibung hat sich bislang nicht durchsetzen können. So bezeichnen Ebert-Schifferer (2002; 2010), Schütze (2009) und Graham-Dixon (2010) die *Fiscella* als Caravaggios einzig erhaltenes autonomes Stillleben.

teils grünen Spätlingen, teils verschrumpften und überreifen; andere davon klaffen ein wenig auf und zeigen den glänzenden Saft [...].« (Zit. nach: König/Schön 1996: 134)

In seiner 1578 erschienenen Philostrat-Ausgabe bemerkt Blaise de Vigenère eine »versteckte Tollheit« (*quelque follastrerie cachée*) in den *Xenia*, bei deren Offenlegung man Gefahr laufe, »zarte und anständige Ohren zu beleidigen« (zit. nach: König/Schön 1996: 137f.). In jüngerer Zeit verzichtete Stephen Nichols auf diese Rücksichtnahme und äußerte sich ungehemmt über die »frenetic sexuality of the images that the food register simultaneously veils and reveils«: »Philostratus transforms the vision of natural plenitude into one of sexual bounty ripe for the plucking« (1991: 834f.). Philostrats Ekphrasis ist mehr als die Beschreibung eines Bildes, denn sie versucht, einen sinnlich-erotischen (Seh-)Eindruck verbal auf den Leser zu übertragen. Die Suggestion üppiger Fülle kommt dabei einem sublimierten Schwelgen gleich. »Denn über den Genuß sprechen«, liest man bei Michel Onfray, »ist Genuß selbst; ihn beschreiben, von ihm erzählen, ihn in Worte kleiden, ihn anderen anbieten, bedeutet ihn zu beeinflussen, zu modulieren, seine Kraft zu vervielfachen« (1996: 22). Dies gilt, mutatis mutandis, auch für die Malerei: Der Gedanke liegt nicht fern, dass der Meister des *Stilllebens mit Früchten auf einer Steinplatte* darauf abzielte, die affektive Wirkung von Philostrats Worten erneut in das bildnerische Medium zu transferieren.

Womit aber lässt sich die Liaison von Frucht und Eros begründen? Man kann hier auf die an Genitalien erinnernde Form von Früchten verweisen (vgl. Varriano 2005), auf ihre vermeintlich aphrodisierenden Kräfte oder auf die Fruchtbarkeitsmetaphorik, die den teils geöffneten, Samen spendenden Gewächsen eignet. Es sind aber auch sinnlich-assoziative, ›malerische‹ Qualitäten, die zu dieser Bezugnahme einladen, wie Meyer Schapiro betont: »Through its attractive body, beautiful in color, texture and form, by its appeal to all the senses and promise of physical pleasure, the fruit is a natural analogue of ripe human beauty« (1978: 6).[6]

Es wurde verschiedentlich – oft vor dem Hintergrund oder in Auseinandersetzung mit psychoanalytischer Theorie – auf die Verwandtschaft von Nahrungsaufnahme und Geschlechtsverkehr hingewiesen (vgl. Rath 1993; Ruhs 1996; Beil 2002: 58-71; Schulz 2007). Beide Male handelt es sich um einen *intimen Akt*, bei dem sich das Subjekt im Zustand des grenzenlosen Eins-Seins mit einem Anderen befindet. Eine plastische Beschreibung dieses Sachverhalts findet man bei Michail Bachtin:

6 Eine hyperbolische Beschreibung dieser Analogie fand Schapiro in Émile Zolas Roman *Der Bauch von Paris* (*Le Ventre de Paris*, 1873), wo der sexualisierte Blick auf eine junge und eine alte Obstverkäuferin mit dem Blick auf ihre Waren in eins fällt: »Sie [die Sarriette] war es, mit ihren Armen und ihrem Nacken, welche diesen Früchten das verliebte Leben, die sammtweiche Wärme verlieh. Neben ihr hatte eine alte, abscheuliche Säuferin nichts als runzelige Äpfel feil und Birnen, die so schlapp waren, wie leere Busen, und faule Aprikosen, gelb und welk wie eine Hexe. Unter den Händen der Sarriette hingegen wurde die Auslage zu einer einzigen großen, wollüstigen Nacktheit« (Zola 1893: 309).

»Das im geöffneten, zubeißenden, kauenden Mund vollzogene *Treffen von Welt und Mensch* ist eines der ältesten und wichtigsten Sujets des menschlichen Denkens [...]. Hier erfährt der Mensch die Welt, spürt ihren Geschmack, führt sie in seinen Körper ein und macht sie zum Teil seiner selbst.« (Bachtin 1995: 323)

Die sexuelle Handlung erzeugt eine Situation der Vereinigung, die der Einverleibung von Welt während des Essens strukturell ähnelt. Beides hängt mit Trieben, Genuss und Sättigung zusammen. Der Genuss aber ist – phänomenologisch betrachtet – zeitlos im Augenblick seines Empfindens (vgl. Onfray 1996: 22). Die Zeitlichkeit der Lust offenbart sich erst mit dem *Ver*lust. Es ist diese traurige Erkenntnis, zu der das lyrische Subjekt einer Ode von Christian Hoffmann von Hoffmannswaldau (1616-1679) gelangt:

»Wo sind die stunden/ Der süssen zeit,/ Da ich zu erst empfunden,/ Wie deine lieblichkeit/ Mich dir verbunden?/ Sie sind verrauscht, es bleibet doch dabey,/ Daß alle lust vergänglich sey.// [...]// Das angedencken/ Der zucker-lust,/ Will mich in angst versencken./ Es will verdammte kost/ Uns zeitlich kräncken,/ Was man geschmeckt, und nicht mehr schmecken soll,/ Ist freuden-leer und jammer-voll.// Empfangne küsse,/ Ambrirter safft,/ Verbleibt nicht lange süsse,/ Und kommt von aller krafft;/ Verrauschte flüsse/ Erquicken nicht. Was unsern geist erfreut,/ Entspringt aus gegenwärtigkeit.« (Zit. nach: Rotermund 1972: 183)

Es fällt auf, dass Hoffmannswaldau die Liebe mit dem luxuriösen Speisen, dem süßen Geschmacksempfinden assoziiert (»süsse[n] zeit«, »zucker-lust«). Der Augenblick der Freude ist als reine Präsenz beschrieben (»Was unsern geist erfreut,/ Entspringt aus gegenwärtigkeit«). Jedoch nimmt das lyrische Subjekt eine rückblickende Perspektive ein, aus der heraus es die in der Vergangenheit präsente Liebe als verloren erlebt. Die »verdammte«, einst süße Kost schmeckt bitter in dem Moment, da man das Nachsehen hat. Schneider, der das Gedicht in seiner Studie anführt, notiert: »Die Einsicht in die Unerfüllbarkeit des Wunsches nach Anhalten der dahinsausenden Zeit ist es, die dazu führt, daß in fast allen Stillebenbildern und Barockgedichten der Vanitasgedanke eine herausragende Rolle spielt« (1980: 26). Dies gilt auch für Hoffmannswaldaus mehr satirische denn elegische *Grab-Schrifft* »Einer unkeuschen Jungfrau«, in der er den Tod als Ereignis beschreibt, das eine Inversion, eine verkehrte Welt zur Folge hat:

»Die vor geschencktes Gold entblöste Schoß und Brust,/ Macht der ergrimte Tod zu des Gewürmes Kost,/ Jhr Buhler last allhier die Thränenströme fliessen,/ So kan noch mancher Wurm bey speise tranck geniesse[n].« (Hoffmannswaldau 1993: 512)

Das morbide Bild, das Hoffmannswaldau hier entfaltet, beruht ebenfalls auf dem spannungsreichen Kontrast zwischen Vergangenheit und Gegenwart. Die semantische Nähe der »Brust« zur »Kost« (als Gegenstand männlicher Begierden) wird durch den Paarreim formal unterstrichen. Der weibliche Körper ist auch noch im

Tode eine reich gedeckte Tafel, an der nun aber nicht mehr Männer sitzen, sondern Würmer. Das sexuelle Verzehren hat sich in ein nutritives verwandelt.[7]

Im Kontext dieser Verse stellt sich die Frage, ob die bildliche Darstellung faulenden, von Würmern penetrierten Obstes nicht als ästhetisierte Variante des verwesenden, einst begehrten Körpers aufgefasst werden kann. Zwar wird immer wieder auf die Vanitassymbolik von Motiven wie Insekten oder schimmligen respektive fauligen Früchten hingewiesen. Doch hier allein von einem ›Symbol‹ als einer *konventionellen* Kodierung zu sprechen, scheint mir unzureichend angesichts der Analogie, in der Früchte zum menschlichen Körper dargestellt wurden. Ist die Inszenierung ihres Verfalls nicht eine *empirisch-sinnfällige* Erinnerung daran, dass auch wir einmal den Würmern zur Speise gereichen werden?[8] Als zentral erweist sich dabei die Einsicht, dass die überreife bzw. faulige Frucht ein anschauliches Sinn-Bild für den vergänglichen Eros liefert.

Essens-Rest: Chronos frisst seine Kinder

Das Wort ›Frucht‹ leitet sich vom lateinischen Verb *fruor* her, das nichts anderes bedeutet als *genießen, sich erfreuen, schwelgen* (vgl. Schapiro 1978: 5f.). Der Genuss, der von Früchtestillleben ausgeht, bezieht sich aber nicht nur auf die dargestellten Gegenstände, sondern auch auf die Malerei als solche: »Das Frische, Saftige, Duftige, Markige, Sammetne, Pikante der Farben und des Lichts würkt nicht blos auf das Auge, sondern auch mittelbar auf die Sinne des Geschmacks, des Geruchs, und sogar des betastenden Gefühls« (Ramdohr 1793: 98). Wenn die Vanitas es nun aber auf die Sinnlichkeit abgesehen hat und sie folglich die Objekte menschlichen Begehrens als ›eitel‹ demaskiert – wie verhält sie sich dann zur Kunst, die den Vanitasgedanken zwar transportiert, zugleich aber den Anspruch vertritt, den Augenblick zu überdauern? Jan Białostocki wies darauf hin, dass einige Gemälde den Anschein erwecken, »als ob die Vergänglichkeit der dargestellten Dinge durch die Vollkommenheit der menschlichen Kunst [...] überwunden sei« (1981: 286). In der Tat ist jedes der hier vorgestellten Werke von dieser Idee durchdrungen – angefangen beim *asárotos oíkos*, der das flüchtige Erscheinungsbild eines Fußbodens nach einem Gelage über die Jahrhunderte hinweg bewahrt hat. Die Überzeugung, das Endliche für die Ewigkeit festhalten zu können und damit die dahinwelkende Natur zu besiegen, war konstitutiv für das künstlerische Selbstverständnis – bis sie in der Moderne durch

7 Eine dezidiert weibliche Perspektive auf den begehrlichen, fruchtbaren, versehrten und zerfallenden Körper eröffnen die Blumen- und Früchtestillleben der mexikanischen Malerin Frida Kahlo (1907-1954) (vgl. Prignitz-Poda 1988: 44-48; Grimberg 2004).

8 Dieser Gedanke findet sich auch in einem Gedicht von Daniel Casper von Lohenstein (1635-1683): »DJs Leben ist ein Kürbs, die Schal' ist Fleisch und Knochen;/ Die Kerne sind der Geist, der Wurmstich ist der Tod;/ Des Alters Frühling mahlt die Blüthe schön und roth,/ Jm Sommer, wenn der Saft am besten erst sol kochen,/ So wird die gelbe Frucht von Kefern schon bekrochen,/ Die morsche Staude fault, der Leib wird Asch' und Koth« (Lohenstein 1992: 442).

das Vordringen des Ephemeren allmählich zersetzt wurde (vgl. Wagner 2002: 169f.). Seit den 1960er Jahren ist das Vergängliche nicht mehr nur Thema, sondern zugleich *Material* der Kunst, unter dem auch Essen subsumiert wird: »Verderbliche Nahrungsmittel lassen den tradierten Ewigkeitsanspruch an Kunstwerke als dauerhafte Werte unzeitgemäß erscheinen« (Rübel 2002: 184).

Abb. 5: Dieter Roth, »Taschenzimmer«, 1987

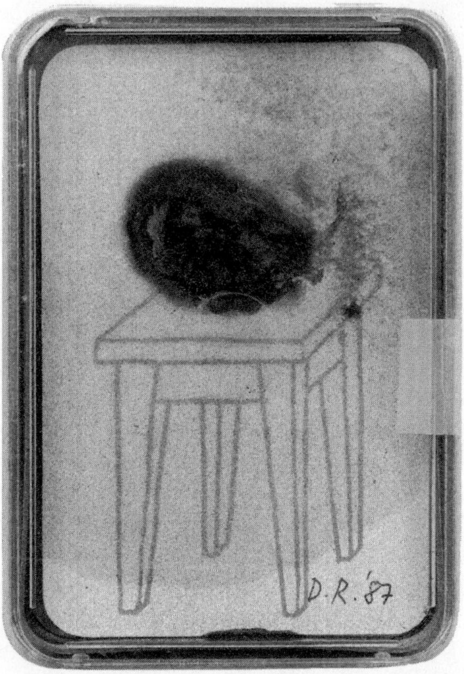

Ein Beispiel hierfür ist das *Taschenzimmer*-Multiple von Dieter Roth (Abb. 5), das von 1968 an über einen Zeitraum von 20 Jahren »als preiswertes Stück transportabler Verfallskunst« (Dobke/Walter 2003: 114) produziert wurde. Es besteht aus einem auf Papier gedruckten Tisch in einer Spielkartenschachtel, auf den eine frische Bananenscheibe montiert wurde. Nicht ohne Ironie reiht sich Roths *Taschenzimmer* in das traditionsreiche Genre des Früchtestilllebens ein. Doch im Unterschied zu seinen Vorgängern stellt Roth die Zeit nicht einfach dar, sondern verleiht ihr die Rolle einer Künstlerin, die schaffend ihr eigenes Werk verzehrt (vgl. Wagner 1997; Beil 2002: 164-209). Die Materie des *Taschenzimmers* befindet sich in steter Veränderung: Werden (der kreative Prozess der Schimmelbildung) und Vergehen (die Zersetzung von Fruchtfleisch und Papier) sind miteinander identisch und werden performativ vor Augen geführt. Verstärkt durch den Geruch der Fäulnis schlägt die Cupiditas in ihr Gegenteil um: Was früher einmal hätte munden können, ruft nun Ekel hervor.[9] Der natürliche Zerfall organischer Materie wird so zum Index der verstrichenen Zeit, deren Zahn auch am Betrachter nagt: »Kunstwerke«, erklärte Roth einmal, »sollten sich ändern wie der Mensch selber, alt werden und sterben« (zit. nach: Conzen 2000: 33). Die biologische Realität hat die mimetische Repräsentation im wahrsten Sinne des Wortes ›hinfällig‹ gemacht.

Zeit kann auf vielerlei Wegen und auf mehreren Ebenen zugleich ins Bild gelangen. Worauf es mir in dem vorliegenden Text ankam, ist die *unmittelbar abbildende* Inszenierung der Vergänglichkeit in der ›an sich‹ statischen Gattung des Früchtestilllebens. Dabei beschränkte ich mich auf die Untersuchung einer primären Sinnschicht, die Sam Segal folgendermaßen charakterisiert: »A material or physical level in which the content can be taken at its face value, or by which one is reminded of what the senses are familiar with, or of sensual pleasures« (1983: 19). Die sich daran anschließenden Stufen der emblematisch-symbolischen Interpretation wurden hier ebenso wenig betreten wie jenes Terrain der Bildanalyse, auf dem die Bedeutung des Gegenstands im Stillleben zugunsten reiner ›Formfragen‹ für nichtig erklärt wird (vgl. die Kritik bei Schapiro 1978: 15f.).

Früchte, so sollten die vorangegangenen Ausführungen zeigen, eröffnen aufgrund ihrer spezifischen (syn-)ästhetischen, organischen und assoziativen Qualitäten die Möglichkeit, Begehren und Vergehen *in einem Motiv* zu visualisieren, durch dessen Identität (die in der Rezeption in ein Vorher und Nachher getrennt werden kann) die Doppelwertigkeit, die allem Irdischen anhaftet, auf besondere Weise sinnfällig wird.[10] Die Lust kann dabei auf den zweiten Blick als Laster erscheinen, da sie nur mehr auf Temporalia hin ausgerichtet ist. Doch die Einsicht in die Zeitlichkeit alles Sinnlichen muss nicht zwangsläufig zur Abstinenz führen, im Gegenteil: Man kann sie auch gemäß der eingangs zitierten Aufforderung Philostrats verstehen, die dem verbreiteten Selbstdisziplinierungswillen zum Trotz so manchem Gourmand aus Leib und Seele sprechen mag: Greife nach den Oliven, wenn sie noch frisch sind. Oder mit anderen Worten: *Genieße, so lange du kannst!*

---

9 Der Verfallsprozess des *Taschenzimmers* ist freilich selbst Veränderungen unterworfen: So verliert sich der unangenehme Geruch im Laufe der Zeit, während die verschimmelte Bananenscheibe eintrocknet und auf dem Papier dunkle Flecken hinterlässt.

10 Demgegenüber wird die Simultandarstellung von Eros und Thanatos anhand des menschlichen Körpers in Sujets wie *Der Tod und das Mädchen* auf zwei Figuren aufgeteilt, die jeweils *einen* der beiden Begriffe repräsentieren.

Literatur

Bachtin, Michail (1995): *Rabelais und seine Welt. Volkskultur als Gegenkultur*, hg. v. Renate Lachmann, Frankfurt a.M.

Beil, Ralf (2002): *Künstlerküche. Lebensmittel als Kunstmaterial von Schiele bis Jason Rhoades*, Köln.

Białostocki, Jan (1981): »Kunst und Vanitas«. In: Ders.: *Stil und Ikonographie. Studien zur Kunstwissenschaft*, Köln, 269-317.

Boehm, Gottfried (1987): »Bild und Zeit«. In: Hannelore Paflik (Hg.): *Das Phänomen Zeit in Kunst und Wissenschaft*, Weinheim, 1-23.

Conzen, Ina (2000): »Dieter Roth. Die Haut der Welt«. In: Dies.: *Dieter Roth. Die Haut der Welt*, Ausst.-Kat. Staatsgalerie Stuttgart 2000, Köln, 9-47.

De Caro, Stefano (1990): »Zwei ›Gattungen‹ der pompejanischen Malerei: Stilleben und Gartenmalerei«. In: Giuseppina Cerulli Irelli et al. (Hg.): *Pompejanische Wandmalerei*, Stuttgart/Zürich, 263-272.

Dobke, Dirk/Walter, Bernadette (2003): »Chronologie und Werkkommentare«. In: Theodora Vischer/Bernadette Walter (Hg.): *Roth-Zeit. Eine Dieter Roth Retrospektive*, Ausst.-Kat. Schaulager Basel 2003, Baden, 16-267.

Ebert-Schifferer, Sybille (2002): »Caravaggios *Früchtekorb* – das früheste Stilleben?«. In: *Zeitschrift für Kunstgeschichte* 1, 1-23.

Ebert-Schifferer, Sybille (2010): *Caravaggio. Sehen – Staunen – Glauben. Der Maler und sein Werk*, München.

Frey, Dagobert (1976): »Das Zeitproblem in der Bildkunst«. In: Ders.: *Bausteine zu einer Philosophie der Kunst*, hg. v. Gerhard Frey, Darmstadt, 212-235.

Friedlaender, Walter (1955): *Caravaggio Studies*, Princeton, NJ.

Gombrich, Ernst H. (1978): »Das Stilleben in der europäischen Kunst. Zur Ästhetik und Geschichte einer Kunstgattung«. In: Ders.: *Meditationen über ein Steckenpferd. Von den Wurzeln und Grenzen der Kunst*, Frankfurt a.M., 171-188.

Gombrich, Ernst H. (1984): »Der fruchtbare Moment: Vom Zeitelement in der bildenden Kunst«. In: Ders.: *Bild und Auge. Neue Studien zur Psychologie der bildlichen Darstellung*, Stuttgart, 40-61.

Graham-Dixon, Andrew (2010): *Caravaggio. A Life Sacred and Profane*, London.

Gregori, Mina (1994): *Uffizien und Palazzo Pitti. Die Gemäldesammlungen von Florenz*, München.

Grimberg, Salomon (2004): »Frida Kahlo's Still Lifes: ›I Paint Flowers So They Will Not Die‹«. In: *Woman's Art Journal* 2, 25-30.

Hagenow, Gerd (1978): »Der nichtausgekehrte Speisesaal«. In: *Rheinisches Museum für Philologie* 3/4, 260-275.

Hoffmannswaldau, Christian Hoffmann von (1993): *Gesammelte Werke*, Bd. 2: *Curriculum studiorum und andere gedruckte Werke*, hg. v. Franz Heiduk, Hildesheim/Zürich/New York.

Holländer, Hans (1984): »Augenblicksbilder. Zur Zeit-Perspektive in der Malerei«. In: Christian W. Thomsen/Hans Holländer (Hg.): *Augenblick und Zeitpunkt. Studien zur Zeitstruktur und Zeitmetaphorik in Kunst und Wissenschaften*, Darmstadt, 175-197.

Junker, Klaus (1996): »Antike Stilleben«. In: Eberhard König/Christiane Schön (Hg.): *Stilleben*, Berlin, 93-105.

Kleinmann, Ute (2002): »Naturnachahmung und Augentäuschung, Täuschung und *Ent*-Täuschung. Der Wettstreit zwischen Kunst und Natur«. In: *Das flämische Stillleben 1550-1680*, Ausst.-Kat. Kulturstiftung Ruhr Essen und Kunsthistorisches Museum Wien 2002, Lingen, 110-115.

König, Eberhard (1996): »Stilleben zwischen Begriff und künstlerischer Wirklichkeit«. In: Eberhard König/Christiane Schön (Hg.): *Stilleben*, Berlin, 13-92.

König, Eberhard/Schön, Christiane (Hg.) (1996): *Stilleben*, Berlin.

Lohenstein, Daniel Casper von (1992): *Lyrika*, hg. v. Gerhard Spellerberg, Tübingen.

L'Orange, Hans Peter/Nordhagen, Per Jonas (1960): *Mosaik. Von der Antike bis zum Mittelalter*, München.

McCarthy, David (1990): »Tom Wesselmann and the Americanization of the Nude, 1961-1963«. In: *Smithsonian Studies in American Art* 3/4, 102-127.

Nichols, Stephen G. (1991): »Seeing Food: An Anthropology of Ekphrasis, and Still Life in Classical and Medieval Examples«. In: *Modern Language Notes* 4, 818-851.

Onfray, Michel (1996): »Fixer des Vertiges«. In: Annemarie Hürlimann/Alexandra Reininghaus (Hg.): *Mäßig und gefräßig*, Ausst.-Kat. Österreichisches Museum für Angewandte Kunst Wien 1996, Wien, 22-31.

Prignitz-Poda, Helga (1988): »Wissenschaft und Pflanzen, Liebe, Tod und Teufel. Bemerkungen zu einzelnen Motiven im Werk von Frida Kahlo«. In: Helga Prignitz-Poda/Salomón Grimberg/Andrea Kettenmann (Hg.): *Frida Kahlo. Das Gesamtwerk*, Frankfurt a.M., 35-70.

Ramdohr, Friederich Wilhelm Basilius von (1793): *Charis oder Über das Schöne und die Schönheit in den nachbildenden Künsten*, Bd. 2, Leipzig.

Rath, Claus-Dieter (1993): »Zur Psychoanalyse der Eßkultur«. In: Alois Wierlacher/Gerhard Neumann/Hans Jürgen Teuteberg (Hg.): *Kulturthema Essen. Ansichten und Problemfelder*, Berlin, 151-176.

Rosen, Valeska von (2009): *Caravaggio und die Grenzen des Darstellbaren. Ambiguität, Ironie und Performativität in der Malerei um 1600*, Berlin.

Rotermund, Erwin (1972): *Affekt und Artistik. Studien zur Leidenschaftsdarstellung und zum Argumentationsverfahren bei Hofmann von Hofmannswaldau*, München.

Rübel, Dietmar (2002): »Nahrung«. In: Monika Wagner/Dietmar Rübel/Sebastian Hackenschmidt (Hg.): *Lexikon des künstlerischen Materials. Werkstoffe der modernen Kunst von Abfall bis Zinn*, München, 182-186.

Ruhs, August (1996): »Der Wurm im Apfel«. In: Annemarie Hürlimann/Alexandra Reininghaus (Hg.): *Mäßig und gefräßig*, Ausst.-Kat. Österreichisches Museum für Angewandte Kunst Wien 1996, Wien, 17.

Schapiro, Meyer (1978): »The Apples of Cézanne. An Essay on the Meaning of Still-life«. In: Ders.: *Selected Papers*, Bd. 2: *Modern Art. 19th & 20th Centuries*, New York, 1-38.

Schneider, Norbert (1979): »Wirtschafts- und sozialgeschichtliche Aspekte des Früchtestillebens«. In: Gerhard Langemeyer/Hans-Albert Peters (Hg.): *Stilleben in Europa*, Ausst.-Kat. Westfälisches Landesmuseum für Kunst und Kulturgeschichte Münster und Staatliche Kunsthalle Baden-Baden 1979/80, Münster, 266-292.

Schneider, Norbert (1980): »Zeit und Sinnlichkeit. Zur Soziogenese der Vanitasmotivik und des Illusionismus«. In: *Kritische Berichte* 4/5, 8-34.

Schulz, Heiko (2007): »Die Sinnlichkeit der Sünde. Über das Verhältnis von Nahrungs- und Geschlechtstrieb im Christentum«. In: *Essener Unikate* 30, 72-83.

Schütz, Karl (2002): »Naturstudien und Kunstkammerstücke«. In: *Das flämische Stillleben 1550-1680*, Ausst.-Kat. Kulturstiftung Ruhr Essen und Kunsthistorisches Museum Wien 2002, Lingen, 60-66.

Schütze, Sebastian (2009): *Caravaggio. Das vollständige Werk*, Köln.

Segal, Sam (1983): »The Symbolic Meaning of Fruits«. In: Ders.: *A Fruitful Past. A Survey of the Fruit Still Lifes of the Northern and Southern Netherlands from Brueghel till van Gogh*, Ausst.-Kat. Gallery P. de Boer Amsterdam und Herzog Anton Ulrich-Museum Braunschweig 1983, Mijdrecht, 14-43.

Spike, John T. (1995): »Rediscovery: Caravaggio erotico«. In: *FMR* 15, 14-22.

Varriano, John (2005): »Fruits and Vegetables as Sexual Metaphor in Late Renaissance Rome«. In: *Gastronomica* 4, 8-14.

Venturi, Lionello (1955): *Caravaggio*, München.

Wagner, Monika (1997): »Sich selbst verdauendes Material: Dieter Roths Lebensmittelplastiken«. In: Uwe M. Schneede (Hg.): *Sack und Asche. Materialgeschichten aus der Hamburger Kunsthalle*, Ostfildern, 31-34.

Wagner, Monika (2002): »Vom Ewigen zum Flüchtigen. Arme Materialien und flexible Stoffe«. In: Dies.: *Das Material der Kunst. Eine andere Geschichte der Moderne*, München, 169-269.

Wieczorek, Uwe (2002): »Früchte- und Prunkstillleben«. In: *Das flämische Stillleben 1550-1680*, Ausst.-Kat. Kulturstiftung Ruhr Essen und Kunsthistorisches Museum Wien 2002, Lingen, 246-253.

Zola, Emile [1893]: *Die Rougon-Macquart. Die Geschichte einer Familie unter dem zweiten Kaiserreich*, Bd. 3: *Der Bauch von Paris*, Budapest.

Abbildungen

Abb. 1: *Ungefegter Boden* (Detail), 2. Jh. n. Chr., Mosaikkopie des Herakleitos nach dem Original des Sosos in Pergamon aus dem 2. Jh. v. Chr., Rom, Vatikanische Museen, Museo Gregoriano Profano. Abgebildet nach: L'Orange/ Nordhagen 1960: [107], Abb. 13. Foto: Anderson.

Abb. 2: Caravaggio: *Früchtekorb (Fiscella)*, um 1595, Öl auf Leinwand, 47 x 61 cm, Mailand, Pinacoteca Ambrosiana. Abgebildet nach: Venturi 1955: [101], Abb. 14. Foto: Istituto Geografico De Agostini.

Abb. 3: Bartolomeo Bimbi: *Kirschen*, 1699, Öl auf Leinwand, 116 x 155 cm, Poggio a Caiano, Museo della Natura Morta. Abgebildet nach: Gregori 1994: 424, Abb. 564 (Quelle: Prometheus Bildarchiv). Foto: Florenz, Uffizien – Su concessione del Ministero per i Beni e le Attività Culturali.

Abb. 4: Caravaggio (?): *Stillleben mit Früchten auf einer Steinplatte*, um 1603, Öl auf Leinwand, 87 x 135 cm, Privatsammlung. Foto: Courtesy of the Muscarelle Museum of Art.

Abb. 5: Dieter Roth: *Taschenzimmer*, 1987, Plastikschachtel mit Motivstempel und Bananenscheibe auf Karton, 11 x 7 x 1 cm. © Dieter Roth Estate, Courtesy: Hauser & Wirth und www.kettererkunst.de.

Zur Metaphysik des einverleibten Anderen

HARALD LEMKE

Wer isst, nimmt Nahrung auf und verleibt sie sich ein – sagt man. Doch es müsste heißen: Wenn wir essen, werden wir eins mit dem Einverleibten; wir sind in einem realen physischen, aber an sich unverstandenen metaphysischen Sinne nichts anderes als einverleibtes Anderes. Es ist bezeichnend für das vorherrschende kulturhegemoniale Ernährungsverständnis, dass wir dieses Einverleiben durch die geläufige Rede von der ›Nahrungsaufnahme‹ verschleiern. Auch die alltagssprachliche Reduktion des Gegessenen auf ein bloßes Mittel – ›Nahrungsmittel‹ – sorgt für die allgemeine Introjektion des Essens. Diese Introjektion des Gegessenen und Einverleibten, folgt man der Psychoanalyse, beinhaltet eine unbewusste Verinnerlichung von vorgegebenen Moralvorstellungen: eben jenen Moralvorstellungen, die unsere kulinarische Alltagspraxis bestimmen und uns – ohne Bedenken und Widerstand – einflößen, wie wir und was wir essen (sollen). Doch die bewusste und in ihrer Kulturalität hochkomplexe Verinnerlichung des Gegessenen geschieht nicht bloß durch ›Aufnahme‹ und ›Verbrennung‹. Sich zu ernähren bedeutet, das Einverleibte leiblich zu integrieren und es selbst zu verkörpern – verkörpern zu müssen. Das gegessene Andere *wird* das eigene leibliche Selbst. Die facettenreiche und weitreichende Wirklichkeit eines solchen (wohlvollen oder üblen) Anderes-Selbst-Sein gedanklich zu durchdringen, setzt die Grundkenntnis einer gastrosophischen Anthropologie oder Subjekttheorie vor. Am Leitfaden der Ernährung entwirft sie eine Theorie der menschlichen Natur, des leiblichen Selbst, die althergebrachten und heute gängigen Vorstellungen widerspricht.

Den verbreiteten und kaum kritisch hinterfragten Vorstellungen zufolge ernährt sich der Mensch, indem er – in einer einseitigen ›Zufuhr‹ von außen nach innen – ›Nährstoffe‹ aufnimmt. Die aufgenommenen Nährstoffe bestehen ihrerseits aus ›Kalorien‹, die im Inneren des Menschen ›verbrannt‹ werden. Durch die Verbrennung als Verdauungsprozess wird aus der Nahrung Energie gewonnen,

 © TRANSCRIPT 2012

die den Körper als Verbrennungsmotor antreibt. Der gängigen Vorstellung nach wird das durch Nähr- und Brennstoffzufuhr sich ernährende und selbst erhaltende Selbst (gr. *auto* = selbst) gleichsam als Körpermaschine, als ›Auto‹, gedacht, worin das *autonome Selbst* täglich sich fortbewegt, um in aller Hast seine eigentlichen, geistigen Geschäfte verfolgen zu können. (In welchem Maße das geläufige Autonomie-Verständnis mit einem ›schnellen Essen‹ oder ›Energie-Nachfüllen‹ verbunden ist, zeigt sich nicht zuletzt daran, dass heute Schnellrestaurants – das heißt solche Orte, an denen unterwegs kurz Essen nachgefüllt werden kann – faktisch Tankstellen ähneln und Tankstellen hungrigen Geistern wie Autos als Fast-Food-Versorgungszentralen dienen.)

Die philosophischen Grundlagen dieser vertrauten Bilder – und Selbstbilder – des sich ernährenden Menschen, die das Gegessene auf eine Art Treibstoff für die menschliche Körpermaschine und die kulinarische Lebenspraxis der Menschheit auf eine funktionelle Nahrungszufuhr (ein Energie-Nachfüllen) reduzieren, weisen tief in die abendländische Geschichte der Philosophie zurück.[1] Ein kaum zu überschätzendes, aber wenig wahrgenommenes Gewicht bei der theoretischen Rechtfertigung des heute vorherrschenden Ernährungsdenkens kommt der Philosophie Hegels zu. Weshalb es sich vielleicht lohnt, sie etwas genauer zu betrachten.

Hegels Philosophie der Ernährung

Hegel entwickelt eine spekulative Dialektik des Ernährungsprozesses, die in dem physiologischen Geschehen der Einverleibung des Gegessenen »die Konstituierung der Subjektivität«, d.h. das physische Seinsprinzip des menschlichen Selbst, wahrnimmt (Hegel 1986: 491). Anhand des Ernährungsprozesses werde ersichtlich, so Hegel, dass sich der Mensch trotz des unaufhörlichen Stoffstroms von außen, der durch das Gegessene in ihn eindringt und ihn von innen ausfüllt, als »Individuum bewährt und sich durch Negation des Anderen als Subjektivität, als reales Fürsichsein setzt« (ebd.). Schon mit diesen wenigen Worten werden alle wesentlichen Bestimmungen jener rationalistischen Anthropologie und Theorie des autonomen Subjekts geliefert, die noch dem heutigen Ernährungsbewusstsein zugrunde liegen und dieses philosophisch begründen. Hegels Theorie besagt, dass wir uns den aufgenommenen Speisekörper als Fremdkörper einverleiben, und dass im Akt des Essens dieses fremdartige ›Andere‹ *negiert* wird. Hegel will diesen Vorgang aber nicht so verstanden wissen, dass wir selbst dieses Andere real als unseren Leib verkörpern, sondern im Gegenteil so, dass das Individuum nur im Negieren des Anderen, als etwas unserem Selbst (vermeintlich) Äußerlichem, sich als Selbst gleich bleibt. Selbst-Gleichheit, unsere Identität, kann dann als reine, von allem fremden Anderen unabhängige, für sich seiende, autonome

1 Von Platon bis heute sorgt das antigastrosophische Denken der westlichen Philosophie für das subjekttheoretische und kulturell vorherrschende Selbst-Verständnis eines Fast Food-Geistes. Dazu ausführlich: Lemke 2007. Zur Genealogie der östlichen Philosophie eines kulinarischen Selbstseins vgl. Lemke 2008.

Subjektivität gedacht werden. Eine letztlich unbegründete, bloß *metaphysisch konstruierte* Selbst-Behauptung, wonach das menschliche Selbstsein jedes Anderssein vernichten müsse, um das eigene Geistsein (Hegels ›Fürsichsein‹ als das ›absolute Sein des Geistes‹) zu behaupten.

Mit diesen Bestimmungen bezieht sich Hegels spekulative Geist-Metaphysik der Ernährung sowohl auf die anthropologische Frage, was die Natur des Menschen ist, als auch auf die existenzielle (und mithin ethisch relevante) Frage, wodurch sich das menschliche Selbst, das physische Subjekt als Leibkörper, konstituiert. Zugleich wird die Ernährung in den Kontext einer Theorie des Anderen und dessen metaphysischen Verhältnis zum Selbst gestellt. Wenn auch nicht immer mit ausdrücklichem und kritischem Bezug zu Hegels Philosophie, so ist doch in der jüngsten Vergangenheit viel über das ethische und politische Verhältnis zwischen dem Anderen und dem Selbst nachgedacht worden. Dabei fehlt aber – anders als noch bei Hegel – jede programmatische gastrosophische Bezugnahme auf Ernährung und Esskultur als wesentlichen Bestimmungsgrund, das real metaphysische Verhältnis zwischen dem Anderen und dem Selbst zu denken.[2]

Wie man sich anhand der Hegelschen Theorie des Ernährungsprozesses klarmachen kann, tut sich mit dem alltäglichen Ernährungsgeschehen ein fundamentales Themenfeld der Subjektphilosophie auf: eben das Verhältnis zwischen dem sich ernährenden, essenden Selbst und dem gegessenen, inkorporierten Anderen, das zugleich das Verhältnis zwischen Körper und Geist, zwischen äußerer Welt und einer identitären Innerlichkeit des Subjekts, zwischen Natur und Mensch ist. An kaum einem anderen Faktor des menschlichen Seins lassen sich die Konstituierung des Selbst und die Möglichkeit (oder auch die Verfehlung) einer Ethik des Anderen so eindringlich nachvollziehen wie am Essen.

Freilich bedeutet eine solche gastrosophische Ethik des Anderen bzw. des Selbst im Anschluss an Hegels spekulative Metaphysik der Ernährung zu skizzieren, von vornherein eine konzeptuelle Verengung. Denn in der Hegelschen Dialektik bezieht sich die Rede vom ›Anderen‹ im Kontext unseres kulinarischen Lebens gerade *nicht* auf den vielleicht selbstverständlichsten Fall des *Tafelgenossen*, des Gastes als der Andere, *mit* dem man isst – im Unterschied zu dem ›Gast‹ als *jenes* Andere, *das* man isst.[3] Obgleich das Andere im Anschluss an Hegels Philosophie nicht das *andere Selbst* (nicht den Anderen als Tischgenossen und Gast) meint, mit dem ich esse und eine Mahlgemeinschaft bilde, legt Hegel immerhin die Spur zu dem *einverleibten* und *verkörperten Anderen*. Dieses Andere – nämlich das ›Lebensmittel‹, das Gegessene – ist in diversen post- und antihegelianischen Theorien und Ethiken des Anderen bis heute das Ungedachte geblieben. Vielleicht mit einer bekannten Ausnahme: dem Hegel-Schüler und -Kritiker Ludwig Feuerbach.

2 Ausnahmen sind Hooks 1998 sowie mit interessantem Bezug zur Einverleibung des Anderen im postkolonialen Diskurs Narayan 1997.

3 Auf diese Gast-Freundlichkeit im Umgang mit Anderen und Anderem bin ich eingegangen in Lemke (im Druck).

Mit der Einsicht, dass »der Mensch ist, was er isst«, bringt der Linkshegelianer eine materialistische Grunderkenntnis der gastrosophischen Subjekttheorie auf den Begriff: »Erst im Essen erfüllt sich der hohle Begriff des Seins«. Und dies besagt nicht bloß, dass wir nur *als Essende sind*, sondern auch, dass wir wesentlich *das* sind, *was* wir essen.[4]

Die Spur zu diesem gegessenen Anderen – die Spur zu dem vom essenden Selbst verkörperten Anderen – ist noch nicht einmal von jenen kritischen Diskursen aufgenommen worden, die ernsthaft versuchen, die traditionellen rationalistischen Vorurteile gegenüber einer Philosophie der Leiblichkeit zu überwinden. Leibphilosophien und Leibphänomenologien (von Nietzsche, Plessner und Merleau-Ponty oder neuerdings von Hermann Schmitz, Bernhard Waldenfels und Gernot Böhme) nehmen den menschlichen Leib zwar als das Andere der Vernunft bzw. des geistigen Selbstseins des Menschen in den Blick (Schmitz 1966; Waldenfels 2000; Böhme 2008). Doch tun sie dies, ohne darüber hinaus mit dem einverleibten Anderen, den das Selbst verkörpert, eine anthropologisch fundamentale Dimension des menschlichen Leibseins zu erfassen. Dieses gastrosophische Defizit vermeidet Hegels Geistphilosophie dadurch, dass sie das dialektische Verhältnis zwischen dem Anderen und dem Selbst im metaphysischen Kontext des Nahrungsgeschehens zu denken und begrifflich zu verdauen sich nicht scheut. Zurück zu Hegel also.

Assimilation des Anderen als Kampf um das Selbst

Wie aber denkt Hegel den Geist der Verdauung? Was folgt daraus für eine Theorie – für eine Ethik und Politik – des Anderen und für das Verständnis einer sich ernährenden Menschheit und ihres kulinarischen Selbstseins?

Der zentrale Gedanke seiner Philosophie des Essens läuft darauf hinaus, den Ernährungsprozess als eine *Assimilation* zu interpretieren. Er erläutert dazu: »Der Organismus muss also das Äußerliche [...] sich erst zu Eigen machen, mit sich identifizieren, und das ist das Assimilieren.« (Hegel 1986: §357, Zusatz 1) Der Mensch eignet sich sein Essen als etwas Äußerliches und an sich Nichtiges an und macht das Einverleibte sich selbst gleich. Das angeeignete und assimilierte Andere hat keinerlei Macht, die Identität oder Selbstgleichheit des autonomen Subjekts in Frage zu stellen. Das Sein des Anderen (des Gegessenen) als »die daseiende Substanz […] verschwindet gänzlich« (Hegel 1986: 484). Um sich dieses gänzlichen Verschwindens gewiss zu sein, stellt sich Hegel das Gegessene bereits in einer eigenschafts- und gestaltlosen Erscheinungsform vor. Abstrahiert von der ästhetisch zubereiteten Speise auf unserem Teller, von ihrer aufwändigen Herstellung in der Küche und von ihrer landwirtschaftlichen Herkunft, wird das Essen auf den innerleiblichen Verdauungsprozess des bereits zerkauten, zermanschten, in seiner differenten Heterogenität und substanziellen Diversität zunichte gemachten »Speisebreis« (ebd.) reduziert – gleichgemacht.

4 Zur Rekonstruktion von Feuerbachs ›Gastrosophie‹ vgl. Lemke 2007: 377-404.

Trotz der programmatischen Trivialisierung der Komplexität des Phänomens birgt das tägliche Essen aus Hegels Sicht etwas Ungeheures. Denn das scheinbar automatische Geschehen, bei dem das äußerliche Andere als Speisebrei im Selbst gänzlich verschwinden soll, bedeutet ein »unmittelbares Zusammengehen« (Hegel 1986: 480) des inwendig Aufgenommenen mit dem Subjekt. Und dieses unmittelbare Zusammengehen des Essenden mit dem Gegessenen, diese realphysische Einheit zwischen dem sich ernährenden Selbst und der äußeren Welt steht für die ungeheure Bedrohung, dass die täglichen Speisen im Besonderen und die Wirklichkeit des Nahrungsgeschehens im Allgemeinen das menschliche Subjekt auf die Stufe eines Tieres herabsetzen und mit einer »Animalität« (ebd.) durchsetzen.

Der sich ernährende und durchs Essen wesentlich konstituierte Mensch oder, aus Hegels Sicht, »das Tier verkennt sich selbst, wenn es sich gegen die Nahrungsmittel wendet« (Hegel 1986: 490). Aufgrund seiner fortwährenden Hinwendungen zu Nahrungsmitteln, aufgrund des täglichen Zwangs zu (irgend-) einer kulinarischen Lebenspraxis läuft der Mensch Gefahr, sein wahres Selbst zu verkennen. Das »wahre« Selbst, so Hegel, würde sich darin beweisen, die eigene Animalität als eines von Anderem abhängigen Wesens geistig zu überwinden und sich nicht ungebührlich auf die Nichtigkeit der äußerlichen Speiseobjekte einzulassen. Dem Skandal einer Menschheit, die sich aufgrund ihrer biologisch notwendigen Ernährung und ihres täglichen Essen-Müssens zum Tier macht, sagt Hegel buchstäblich den Kampf an. Seine Philosophie will »den Kampf mit dem Äußeren« (Hegel 1986: 491) und »die Bekämpfung des Objekts« (ebd.).

Als Folge dieses Kampfgeschehens beinhaltet der Ernährungsvorgang indes eine *negative Fixierung* des Selbst auf sein Anderes (das Essen), insofern es nicht von ihm ablassen kann und sich ihm sogar überlassen muss. Nicht nur, dass wir Anderes essen, um uns am Leben zu erhalten; auch wir selbst werden gewissermaßen von ihm gegessen, denn das essende Selbst ist »im Begriff, im Verlust zu sein« (ebd.). Dieser Selbstverlust im täglichen Kampf mit dem Anderen (und gleichsam im Begriff eines ungastrosophischen Selbst-Verständnisses) scheint ungewiss. Denn es bleibe stets offen, ob das autonome Selbst den verspeisten Fremdkörper – und mit ihm die nichtige Animalität des Selbst als essendem Körper – besiegt und verdaut und sich in seiner absoluten Unabhängigkeit von Anderem behauptet. Es bleibt aber offen, ob womöglich das Selbst dies nicht schafft und folglich dem Anderen (dem Essen und mithin einem gastrosophischen Selbst-Begriff) unterliegt. Den hilflosen Idealisten und Geist-Theoretiker Hegel macht dieser drohende Verlust des »wahren Selbst« buchstäblich zornig. »Das Ganze der Verdauung besteht darin«, erklärt der Philosoph zur verzweifelten Lösung dieses angeblichen Konfliktes, »dass, indem der Organismus sich gegen das Äußere in Zorn setzt, er sich in sich entzweit« (ebd.).

Der Verdauungsprozess entzweit den Menschen, insofern er unser Selbst in eine unabweisbar heftige Negation des Gegessenen verwickelt; die bekämpfte Andersheit des Eindringlings provoziert diesen (im wahrsten Sinne des Wortes) *verbissenen* ›Zorn‹. So erzürnt das Äußere das menschliche Subjekt, gerade weil beim Nahrungsgeschehen keine legendäre ›List der Vernunft‹ für den sicheren

Sieg des Subjekts sorgt,[5] der von dessen Macht über das Objekt zeugte und der das Einverleibte als Lebensmittel bloß auf den Zweck unseres Selbsterhalts und der Selbst-Verwirklichung unseres rein geistigen Vernunftvermögens bezöge. Um das Gegessene zu verdauen, *müssen* wir uns auf einen spekulativ und spektakulär dialektischen Prozess *einlassen* und diesen *in uns zulassen*. Uns bleibt nichts anderes übrig, als dem inwendig aufgenommenen Anderen mit voller Macht zu begegnen und dieses Andere unserer selbst – folgen wir Hegel – voller Zorn siegreich zu bekämpfen, indem wir das Gegessene und einverleibte Fremde »assimilieren«. Obschon dieser Assimilationsprozess gewöhnlich ›von selbst‹ abläuft und ohne erwartbare und ersichtliche physische Gefahr für das Selbst vonstatten zu gehen scheint, bleibt die ganze Sache doch bedrohlich und im Ergebnis ungewiss. Hegel beschwört diese Ungewissheit mit den Worten: »Die menschliche Seele hat viel damit zu tun, sich ihre Leiblichkeit zum Mittel zu machen. Der Mensch muss seinen Körper gleichsam erst in Besitz nehmen, damit er das Instrument seiner Seele sei.« (Hegel 1986: § 208, Zusatz)

Doch ist diese Instrumentalisierung des Körpers durch die Seele nur der verzweifelte Autonomieanspruch einer althergebrachten Geist-Metaphysik. Denn die fortwährende Bedrohung, die Hegel mit den Verdauungsvorgängen und der menschlichen Leiblichkeit verbindet, betrifft – trotz des zornigen Misstrauens, das sie in uns erregen sollen – die letztlich nie auszuschließende *reale* Gefahr des Selbstverlustes durch das verspeiste und einverleibte Andere: durch etwas Fremdes, das dem menschlichen Fürsichsein durch Lebensmittelvergiftungen, durch ernährungsbedingte Erkrankungen, durch Infektionen und Immunschwächen, durch Allergien und Krebs (als dem dramatischsten Fall eines fortgesetzten Selbstverlustes) oder gar durch Tod jederzeit bis zur gänzlichen Negation unseres Selbst zusetzen kann.

Der Ekel an sich selbst als einem sich ernährenden Wesen

Folgt man Hegels Philosophie weiter, ist nur *ein* Ausweg aus diesem existenziellen und tiefes Selbstmisstrauen erweckenden Leib-Seele- bzw. Essen-Selbst-Problem denkbar. So sollen die Menschen angesichts des bedrohlichen Szenarios, das sich bei jeder Nahrungsaufnahme erneuert, lernen, den Ernährungsprozess als Prozess der Subjektkonstitution zu *ignorieren*, das heißt ihn ideell (moralisch-philosophisch) als etwas Nichtiges, Minderwertiges abzutun. Sie müssen es fertigbringen, sich von dem leiblichen Zusammengehen ihres Selbst mit Anderem, der Einheit von vernünftiger Innerlichkeit und nichtiger Äußerlichkeit, welche sich im Akt des Essens jedes Mal bewahrheitet, als etwas im ideellen (moral-

5 Hegel führt zu seiner Idee von einer List der Vernunft aus: »Die Vernunft ist ebenso listig als mächtig. Die List besteht überhaupt in der vermittelnden Tätigkeit, welche, indem sie die Objekte ihrer eigenen Natur gemäß aufeinander einwirken und sich aneinander abarbeiten lässt, ohne sich unmittelbar in diesen Prozess einzumischen, gleichwohl nur *ihren* Zweck zur Ausführung bringt.« (Ebd.: § 209)

philosophischen) Sinne *Falschem* zu distanzieren. »Von diesem Misstrauen gegen sich selbst, wonach die Bekämpfung des Objekts als das Tun des Subjekts erscheint, muss dieses ablassen und diese falsche Richtung entfernen.« (Hegel 1986: 491)

Doch wie sollte es uns möglich sein, vom Essen abzulassen und uns von dieser falschen Richtung – vom kulinarischen Alltagsleben als einem angeblich falschen Leben – zu entfernen? Können wir davon absehen, in der tagtäglichen Beschäftigung mit dem Essen einem für uns wesentlichen und nach außen gekehrten Tun nachgehen zu müssen? Die Antwort steht außer Zweifel. Derrida spricht sie aus: »Wir müssen wohl essen.« (Derrida 2001: 281) Bedeutet dieses lebenslange, unendliche Essen-Müssen nicht, dass das menschliche Selbst einer realen (meta-)physischen und unvermeidlichen Unterwerfung durch das äußere Andere ausgesetzt ist und dass sich diese fundamentale Subjektivierung im täglichen Sachverhalt, wohl essen zu müssen, immer wieder von neuem erfährt? Wenn sich aber menschliche Subjektivität wesentlich darin konstituiert, dass wir wohl essen müssen, was sollte dann bewirken können, dass wir dieses animalische Sein als einen falschen Weg erfahren und uns davon ideell – ernährungsphilosophisch – entfernen?

Um darauf eine originelle Antwort zu bieten, scheut Hegels Weltgeist vor nichts zurück. Er entdeckt, dass »die Exkremente nichts anderes [seien] als dies, dass der Organismus, seinen Irrtum erkennend, seine Verwicklung mit den Außendingen wegwirft« (Hegel 1986: 492). Der Blick auf die Reste ihres Essens, auf ihre Ausscheidungen, soll die Menschen den Irrsinn ihrer selbst als eines sich ernährenden (und ergo auch widerliche Fäkalien ausscheidenden) Wesens vor Augen führen. Die wahre Erkenntnis unserer Exkremente soll uns unser fehlendes Vertrauen in unser Selbst als eines vor allem geistigen Wesens, das keiner Nahrung bedarf, zurückgeben. Entsprechend beschließt Hegel seine ernährungsphilosophischen Reflexionen nicht etwa mit einer inhaltlichen Bezugnahme auf den Genuss kulinarischer Leckereien und auf die listige Vernunft einer Ethik des ›guten Essens‹, die uns mit dem Gedanken vertraut macht, dass man das ethisch Gute eventuell auch essen kann, ja sogar auch essen muss.

Hegel beschäftigt sich lieber mit dem extremen Gegensatz dazu – mit dem Ekel erregenden Blick auf die eigene, abgetrennte, ausgeschiedene, selbst produzierte ›Scheiße‹. »Indem der Organismus sich so von sich trennt, ekelt er sich selbst an, dass er nicht mehr Zuversicht zu sich hatte« (ebd.). Der Geist dieses Selbstekels und dieser eigentümlichen Selbstentfremdung vom Verdauten sieht in zuversichtlicher, zorniger Gegenwehr über die allseitigen ›Reste‹ des Essens hinweg, nicht nur über die ausgeschiedenen Reste, sondern zugleich auch über alle anderen kulinarischen, politischen, ökonomischen, ökologischen, kulturellen usw. Aspekte der Welt des Essens.

Hegels ›beschissene‹ Ernährungsphilosophie liefert damit jene geistigen Grundlagen, die dazu geführt haben, dass wir das komplexe Nahrungsgeschehen als bloße Nahrungsaufnahme und als einen gedankenlosen einseitigen Vorgang, bei dem das menschliche Subjekt sich etwas Äußeres und an sich Bedeutungsloses aneignet, *denken können*. Dieser krypto-gastrosophische Hegelianismus prägt bis heute das gesellschaftlich vorherrschende Ernährungsbewusstsein ebenso wie ein philosophisches Selbst-Verständnis, welches das Essen und das essende Selbst als das ›ganze Andere‹ von sich weist und es ›wie Scheiße‹ behandelt. Inzwischen kommt diese Philosophie sogar *ohne* beschwörende Ekelbekundung aus, um von der Macht des Subjekts gegenüber der einverleibten Substanz, von der selbstverständlichen Animalität des täglichen Essens sowie von der Nichtigkeit des Gegessenen bezüglich der Konstituierung des wahren, rein geistigen Menschseins überzeugt zu sein.

Es mag auf den ersten Blick verwundern, den Theoretiker des Weltgeistes über die Konstituierung des menschlichen Selbst im Verdauungsprozess und über den Ekel der Ausscheidung – dieser an und für sich heilvollen Unterscheidung und Differenz unserer Identität – reden zu hören. Doch gelingt es Hegels sich alles einverleibender Philosophie durch ihre programmatischen Äußerungen zum Vorgang der leiblichen »Assimilation«, die traditionelle Subjekttheorie bis tief in die konkrete Innerlichkeit der menschlichen Subjektivität zu introjizieren: Ihr ernährungsphilosophisches Modell der Subjektkonstitution, deren spekulative Absicht gemäß der Argumentation in der *Enzyklopädie* paradoxerweise die metaphysische Überbietung einer naturwissenschaftlichen Weltanschauung ist, *naturalisiert* den Glauben an ein von allem Anderen unabhängiges »autonomes Selbst« bis in das physische Verdauungsgeschehen hinein.

Phänomenalität der kulinarischen Welt und Selbstheit

Man erahnt nun den enormen Preis, der fällig wird, wenn man – bewusst oder unbewusst im Geiste Hegels – das tägliche Essen bloß als etwas dem wahren Menschsein Äußerliches denkt. Diese enorme Abstraktion, die vielleicht ihrerseits weit berechtigteren Ekel erregt, kostet die ganze Phänomenalität der kulinarischen Welt und Selbstheit. Denn wir essen nicht bloßes »Anderes«, wie wir eigentlich nie Anderes essen – wirklich ganz Anderes, das uns ungenießbar wäre. Wir essen vielmehr unendlich vielgestaltiges und ganz konkretes »Soseiendes«, das *unser Selbst* ist, insoweit wir es als unser leibliches Sein *verkörpern* (können). Dies zu verstehen heißt, das Gegessene gut denken zu lernen, statt es philosophisch schlecht zu machen, schlecht zu reden – lediglich um sich anschließend davor ekeln zu wollen.

Das geistige Erbe Hegels ist inzwischen von vielen Anti-Subjektphilosophien, insbesondere von den oben erwähnten Leibphilosophien, massiver Kritik unterzogen worden. Man kann heute auf vielfältige Erkenntnisse eines menschlichen Leibseins zurückgreifen und die traditionelle Theorie eines leiblosen Geist-Selbst als idealistisches Konstrukt hinter sich lassen. Was jedoch auch von den neueren Philosophien der leiblichen Existenz unberücksichtigt bleibt, ist die sich ernährende Leiblichkeit: das alimentäre oder kulinarische Selbst. In dieser philosophischen Essensvergessenheit, der Vergessenheit eines essenden Selbst-Seins, lebt der metaphysische Idealismus der klassischen Subjektphilosophie implizit fort. Dem gegenüber baut eine Gastrosophie auf der grundlegenden

Erkenntnis und Evidenz der Natur des Menschen als eines von Anderem abhängigen und Anderes verkörpernden Wesens auf. Erst eine gastrosophische Anthropologie bringt einen konstitutiven Grundzug des menschlichen Selbst als Fremdkörper einverleibender Leibkörper und seine leibliche Existenz als ›Essistenz‹ auf den Begriff. Sie vermag neben der herkömmlichen Subjektphilosophie und Assimilationstheorie auch noch die Phänomenologien des Leibes und die Ethiken des Anderen zu verdauen, um zu einem unverkürzten Verständnis menschlicher Leiblichkeit zu gelangen. Erst so lässt sich das Ungedachte denken, dass wir das Gegessene nicht nur innerlich aufnehmen und uns einverleiben, sondern mit ihm eins werden, indem unser physisches Selbst dieses Andere verkörpert: Als Leib *sind* wir das Gegessene.

Auch die *Wirklichkeit unserer Welt* ist größtenteils nichts anderes als das Gegessene, eine Welt des Essens. Hinter dem, was wir bedenkenlos in unauffälligen Begriffen wie Ernährung, Kalorien, Nahrungsaufnahme oder Einverleibung verschleiern, vollzieht sich ein umfassendes Seinsgeschehen: Jeden Tag braucht die Menschheit ganze Fischgründe, Gewässer, Obstplantagen, Getreidelandschaften, Pflanzenfelder und Tierpopulationen, um sich selbst zu erhalten. (Weitere Zusätze sind ganze Industrien, politische Strukturen, Rechtsordnungen, Transportsysteme, Stadträume und Krankenhäuser.) Menschsein ist kein Fürsichsein, wie Hegel meinte; die Menschen sind alles andere als unabhängig von Anderem, das sie als Natur umgibt und das ihre Umwelt ausmacht, und auf dessen Sein sie über abertausende Verrichtungen einwirken. Alles dieses *Andere* sind *wir selbst*, und all das *ist eins* mit uns als Essenden.

Leiblichkeit als essistenzielle Abhängigkeit von Anderem

Man braucht dieses Einssein-mit-Anderem weder metaphysisch noch holistisch misszuverstehen. Dieses Einssein läuft nicht auf den kosmischen Glauben an »das Eine« hinaus, das alles mannigfaltig Seiende der Welt als universelle Seele (genannt Gott, Vernunft oder Geist) durchwaltet. Das Selbstsein als Einssein-mit-Anderem gehört genauso wenig dem Entbergungsgeschehen »des Seins« an, im Sinne der Heideggerischen Ontologie. Zwar hält Heidegger den metaphysischen Prämissen der klassischen Bewusstseinsphilosophie, die Selbstsein mit Selbstbewusstsein gleichsetzt, den existenzialen Grundzug eines In-der-Welt-Seins entgegen. Doch letztlich überwindet diese Wesensbestimmung des menschlichen Daseins nicht jenes subjektphilosophische Menschenbild oder Seinsdenken, das auf Hegels Ideal eines Fürsichseins zurückweist. Heideggers Fundamentalontologie ist nicht fundamental genug: Erst das gastrosophische Denken deckt ein wirklich fundamentales, nämlich dem leiblichen Sein des Menschen zugrunde liegendes Existenzial auf: das Anderes-Selbst-Sein, das wir als *eigenen* Leib verkörpern. Jedes Seiende, das isst, ist immer nur seinerseits – essistenziell – ein Sein-durch-Anderes. Das ist, wenn man so will, das gastrosophische Urprinzip des Seins.

Diese *Essistenzialontologie* bringt einen physischen – keinen fundamentalontologischen oder spekulativ metaphysischen, sondern einen makro- und mikrophysischen – Sachverhalt zum Vorschein, der weit – auf Meta-Ebenen – reichende normative Implikationen birgt. Damit meine ich den schlicht empirischen Sachverhalt, dass wir eins sind mit all jenen Pflanzen, Tieren, Gewässern und allem Anderen (anderem Sein), das wir essen, weil unsere Leiblichkeit dieses Seins und dieser Pflanzen, Tiere und Gewässer als seiner Seinsfülle bedarf – nicht als Mittel, sondern als Selbst-Zweck. Dieses wahrhaft metaphysische Seinsgeschehen ist nicht »für uns« (Hegel), wie die traditionelle Subjektphilosophie und Metaphysik glauben machen. Aber es *mündet in uns*. Noch bloß, dass alles essbare, alles kostbare Sein augenscheinlich in Mündern ›endet‹. Die Seinsfülle der äußeren Welt verschwindet darum so wenig ›in uns‹, wie sie nur für uns da wäre.

Und ebenso wenig ist unser leibliches Selbst unveränderlich und gleichbleibend (identitär). Ein lange eingeübtes Denken, welches sich »Sein« lediglich gegenständlich vorzustellen vermag, hindert uns daran, das Leibsein – die Wirklichkeit leiblichen Selbstseins – als ein prozessuales Geschehen und als ein selbstzweckliches Tätigsein zu verstehen. Doch das leibliche Selbst existiert nur in der fortwährenden Aktivität (als energeia, als Energie) und Transformation der Stoffe und Wirkkräfte der sich ernährenden Zellen, Organe, Gliedmaßen, Knochen, Haare, Nägel, Metabolismen, Muskeln, Ströme usw. Nach einiger Zeit ist an uns selbst nichts mehr dasselbe; alles unserer *selbst ist anders* und doch *unser* Selbst. Unser leibliches Selbst ist, insofern es ist, veränderlich: ein *Sein-in-Veränderung* und *Sein-in-Veranderung*. Leibliche Selbstheit verdankt sich keiner Selbstgleichheit, keiner substanziellen Identität, wenn man darunter ein dauerhaft unveränderliches und von Anderem unabhängiges Sein versteht. Vielmehr ist menschliches Sein, vielmehr lebt der Mensch – wie jedes essende Wesen – unter einem ständigen Einfluss von Anderem, das er verkörpert und verkörpern *muss*.

So scheint es nicht ganz unzutreffend, wenn Platon bildreich davon spricht, der menschliche Leib sei ein »leckes Fass«, das unablässig ausläuft und der Nachfüllung bedarf. Indes verfehlt diese Umschreibung den entscheidenden Punkt, weil sie den Leib weiterhin gegenständlich (als ein Gefäß) denkt: Das sich von Anderem ernährende Leib-Selbst ist nicht da, wie ein fertiges Ding oder ein Gefäß, so dass etwas von außen hinzukommt, das ins Innere ›aufgenommen‹ und ›einverleibt‹ würde. Das leibliche Selbst ist essistenziell abhängig von dem Nicht-Selbst, das es essen und verkörpern muss. In diesem Sinne kann man (ohne zen-buddhistische Anleihen) davon sprechen, dass das menschliche Selbst ein *Nicht-Selbst* ist, und auch sagen, das Selbst sei *leer*, weil alles, was es ist und was die Fülle seines Seins ausmacht, einverleibtes, zu Leib gemachtes, als Selbst verkörpertes Anderes ist, dessen Abwesenheit oder Nicht-Sein eigene Leere (sowohl die relative Leere im Hunger als auch die absolute Leere im Tod) bedeutet. Die Seinsfülle des leiblichen Selbstseins verkörpert die insgesamt wohlvolle oder unwohlvolle Erfüllung durch Anderes.

In solcher Verkörperung oder Beleibung wird dieses Andere nicht assimiliert. Das gegessene, verdaute und verkörperte Andere – die Vielfalt seiner Substanzen, Eigenschaften, Energien und Wirkstoffe – lebt im Selbst und als dieses

Selbst fort. An die Stelle der Macht über das Äußerliche tritt die im Wesen der Subjektivität selbst verwurzelte Bedürftigkeit und Abhängigkeit von dem, was es nicht ist. Darum gilt nicht nur: Wir essen Anderes, was wir selbst nicht sind, und ohne das wir nichts sind. Ebenso ist wahr: Wir verkörpern Anderes, das unser leibliches Selbst ist und dessen anderes Sein durch uns lebt. Seine Andersartigkeit lässt sich durch das Sein unseres Selbst *integrieren*. Dieser Integrationsprozess muss weder verbissene Unterdrückung noch absolute (›zornige‹) Negation bedeuten; er kann die Annahme des Anderen als Nicht-Identisches sein und die Einheit der Differenz im Selbstsein als unendlicher Alterität (oder ›Biodiversität‹) vermenschlichen. Er kann aber auch zu einer physischen Veränderung und Veranderung führen.

Denn weil der Konstituierung des Subjekts nicht die totale Assimilation des Gegessenen zugrunde liegt, sondern sie dessen Verkörperung verlangt, lebt das gegessene Andere im sich ernährenden Selbst fort – zu dessen physischem Wohl- oder Unwohlsein. Das essistenzielle Sein-durch-Anderes beinhaltet die unabwendbare Möglichkeit eines physischen Selbstverlustes – eines graduellen und zeitweiligen Selbstverlustes im Hungerleiden, in sämtlichen Erscheinungsformen eines ernährungsbedingten Krankseins oder eines ultimativen Selbstverlustes im Tod durch Verhungern oder ernährungsbedingte Krankheiten. Diese, jegliche Autonomie des Menschen übersteigende, wahrhaft metaphysische Anthropodizee mag einen absoluten Geist-Denker wie Hegel als ein ›beschissener‹ Sachverhalt anekeln. Doch man kann in der Animalität des täglichen Essen-Müssens und des das-Gegessene-Verkörpern-Müssens auch die Humanität unseres Selbst sehen – die Physis einer Menschlichkeit, die den täglichen Umgang mit kulinarischen Seiendheiten nicht als eine falsche Richtung, sondern als eine politisch-ethische Herausforderung erfährt, *Gutes tun zu können*, sowohl um des Wohls unserer Selbst als auch um des Wohls des gegessenen Anderen willen. Jacques Derrida begann sich mit diesem gastrosophischen Selbst-Verständnis vertraut zu machen, als er erkannte: »›Man muss wohl essen‹ heißt nicht als erstes, etwas in sich aufzunehmen und zu umfassen, sondern essen zu lernen und zu essen zu geben, Lernen-dem-Anderen-zu-essen-zu-geben.« (Derrida 2001: 281)

Literatur

Böhme, Gernot (2008): *Ethik leiblicher Existenz*, Frankfurt a.M.

Derrida, Jacques (2001): »Man muss wohl essen oder Die Berechnung des Subjekts«. In: Ders.: *Auslassungspunkte. Gespräche*, hg. v. Peter Engelmann, Wien, 267-298.

Hegel, Georg Wilhelm Friedrich (1986): *Enzyklopädie der philosophischen Wissenschaften*, Werke 9, Frankfurt a.M.

Hooks, Bell (1998): »Eating the Other: Desire and Resistance«. In: Ron Scapp/Brian Seitz (Hg.): *Eating Culture*, New York, 181-200.

Lemke, Harald (2007): *Ethik des Essens. Einführung in die Gastrosophie*, Berlin.

Lemke, Harald (2008): *Die Weisheit des Essens. Gastrosophische Feldforschungen*, München.

Lemke, Harald (2011): »Zur Philosophie der Gastlichkeit«. In: Alois Wierlacher (Hg.): *Gastlichkeitsforschung*, München.

Narayan, Uma (1997): »Eating Cultures«. In: Dies.: *Dislocating Cultures. Identities, Traditions, and Third World Feminism*, New York/London, 159-188.

Schmitz, Hermann (1966): *System der Philosophie*, Band II: *Der Leib*, Bonn.

Waldenfels, Bernhard (2000): *Das leibliche Selbst. Vorlesungen zur Phänomenologie des Leibes*, Frankfurt a.M.

Türkische Currywurst mit Pommes. Die Esskultur türkischer Migranten zwischen nationalem Narrativ und Hybridisierungen[1]

CHRISTINE LEHMANN

Das türkische Essen/das Türkische essen?

Im öffentlichen Diskurs wird *eine* Esskultur[2] oft einer ganzen Nation zugeschrieben. Die eine Seite dieser Medaille sind diskriminierende Bezeichnungen wie ›Kartoffelkopf‹, ›Spagettifresser‹ oder ›Kümmeltürke‹. Sie etikettieren Menschen gleicher nationaler Herkunft – unabhängig von sozialer, ethnischer und geschlechtlicher Zugehörigkeit oder biografischen Kenntnissen – mit kulinarischen Stereotypen. Aber auch fern von solchen rassistischen Bezeichnungen hegt kaum jemand einen Zweifel daran, dass Ayran, Sucuk, Pide, Börek und Lahmacun türkische Produkte sind. Insbesondere der westliche Bildungsbürger, überzeugter Vertreter der Idee der kosmopolitischen Offenheit gegenüber Fremdheit,[3] schätzt die Küchen der Welt und geht selbstverständlich zum türkischen Supermarkt seines Vertrauens, wenn etwas Türkisches auf dem Speiseplan steht.

---

1 Dieser Text basiert auf meiner unveröffentlichten Magisterarbeit gleichen Titels. Die Ergebnisse der Magisterarbeit ergänze ich stellenweise durch Erfahrungen aus dem Ausstellungsprojekt *Merhaba Stuttgart ... oder die Geschichte von Simit und Brezel*. Diese Ausstellung aus Anlass des 50. Jubiläums des deutsch-türkischen Anwerbeabkommens war ein Kooperationsprojekt das Linden-Museums, des Stadtmuseums Stuttgart und des Deutsch-Türkischen Forums Stuttgart. Sie war vom 5.6. bis zum 18.12.2011 im Linden-Museum Stuttgart zu sehen.

2 Dem Artikel liegt ein Verständnis von Esskultur in ihrem objektivierten Zustand – als Rezept, Nahrungsmittel, Speise, Kochgeschirr – zugrunde, da sie die materialisierte Differenz von sozialen und kulturellen Gruppen sichtbar macht.

3 Vgl. zum Begriff des ›Kosmopoliten‹ Römhild 2007: 620.

 © TRANSCRIPT 2012

Die Vorstellung von der authentischen Herkunft eines Lebensmittels oder einer Speise verliert jedoch an Eindeutigkeit, bedenkt man, dass ein Großteil der Produkte aus dem ›türkischen Supermarkt‹ in Deutschland produziert werden. So etwa die Lebensmittel der Marke GAZI, die sich zwar mit dem bedeutungsvollen türkischen Titel des ›Helden‹ schmücken, deren Inhaber jedoch der Stuttgarter Eduardo Garcia – Sohn eines spanischen Einwanderers – ist. Den Entschluss, türkische Lebensmittel zu produzieren, fasste er, als ihm türkische Mitschüler nach dem Schulabschluss erzählten, dass Eltern und Großeltern die gewohnten Lebensmittel für die Alltagsküche aus dem Heimaturlaub mitbrachten, da sie in Deutschland nicht erhältlich waren.[4] Das war Mitte der 1970er Jahre.

Heute sind GAZI-Produkte und als türkisch deklarierte Lebensmittel anderer Hersteller sowohl im Sortiment der türkischen Supermärkte als auch der großen deutschen Discounter zu finden und somit für jedermann konsumierbar. Zudem leben die türkischen Einwanderer mittlerweile seit 50 Jahren[5] in Deutschland. Diese Tatsachen lassen einen Austausch von mitgebrachten und hier angebotenen bzw. kennen gelernten Speisen und Lebensmitteln vermuten. Das würde folgerichtig zu einer Angleichung des Essverhaltens von Einwanderern und Aufnahmegesellschaft führen. Mediale wie auch wissenschaftliche Darstellungen (vgl. Schmid 2002)[6] von türkischen Parallelgesellschaften, muslimischen Speiseverboten und der ungesunden Ernährung von Kindern mit Migrationshintergrund produzieren jedoch ein Bild, welches mit dieser Annahme kollidiert. Besonders Schilderungen populärer Medien verdichten den Eindruck einer in sich abgeschlossenen, problembehafteten türkischen Identität.

Das Spannungsverhältnis zwischen Hybridisierung der alltäglichen Esskultur und ihrer gleichzeitigen Darstellung als in sich homogen findet sich auch in der folgenden Debatte in einem türkischen Politikforum[7] wieder: Unter dem Pseudonym ›Der Schakal‹ stellt ein Blogger die Fragen: »Wie ist der Einfluss der deutschen Küche auf die hier lebenden Migranten? […] Gibt es Veränderungen der

4 Interview mit Eduardo Garcia im Rahmen der Recherchen zur Ausstellung *Merhaba Stuttgart*.

5 Das Anwerbeabkommen mit der Türkei wurde am 29. Oktober 1961 unterzeichnet. Mit dem Inkrafttreten des Abkommens setzte eine große Welle der Migration nach Deutschland ein. Aber auch davor gab es in der Geschichte einen Austausch von Personen, Ideen und Gütern zwischen Deutschland und der Türkei.

6 Schmid weist zwar zu Beginn auf die kulturelle Heterogenität der Herkunftsländer ihrer Interviewpartnerinnen hin, legt sich dann jedoch bei der Zuordnung der Gruppen auf »unterschiedliche[] Kulturkreise[]« fest, was Veränderungsprozesse und Ausdifferenzierungen innerhalb der definierten Gruppe überdeckt. Hinzu kommt, dass sie in ihrem Fragebogen den messbaren Indikatoren für Integration wie Aufenthaltsdauer, Sprachfertigkeit im Deutschen, berufliche Eingliederung und interethnische Netzwerke die Frage nach einem vollzogenen Identitätswandel hinzufügt. Diesen definiert sie als »die ›endgültige‹ Abkehr von der Herkunftsgesellschaft und auch eine im Aufnahmeland entwickelte Identität«. Hier wird m.E. eine solitaristische Deutung von Identität ablesbar, wonach sich Menschen nur einer Gruppe zugehörig fühlen können. Es verwundert deshalb nicht, dass Schmid zu dem Schluss kommt, es gäbe trotz langer Aufenthaltszeiten der Migrantinnen »nur relativ geringe Veränderungen in den ethnischen Ernährungsweisen«.

7 www.politikcity.de/forum/archive/index.php/t-11337.html, 28.04.2010.

Essgewohnheiten von Opa zu Sohn bzw. Enkel? Inwiefern ist Essen Identität?« Schon nach drei Minuten bekommt er von einer Bloggerin namens Gökçen Rückmeldung:

»Wir essen auch oft ›deutsch‹, naja zum Teil. Maultaschen, Kartoffelsalat mit ganz viel Mayo. Pommes, Bratkartoffeln, Reibekuchen mit Apfelmus, Püree, türkische Currywurst mit Pommes, Spargel, Rotkohl, Spätzle. Aber immer zu türkischem Essen wie Kadinbudu Köfte, Tepsi eti etc.
Wir machen aber auch Pizza, Chinesische Nudeln und Frühlingsrollen, Nudeln, Lasagne, Tacos usw.
Wir türkisieren alles immer.«

Gökçens Einstellungen erscheinen auf den ersten Blick gegenüber Veränderungen im Bereich der Esskultur statisch, so, als ob es darum ginge, etwas zu bewahren bzw. zu verteidigen. Das andere – das nicht eigene – Essen wird klar definiert angeführt: Sie kategorisiert die Küchen explizit nach ihrer nationalen Herkunft. Speisen wie Bratkartoffeln und Kartoffelpüree stehen dabei sinnbildlich für *das* deutsche Essen, wobei gerade diese zwei Beispiele durch nahrungsdefinierte Stereotype von Nationen und ihrer Verkörperung in der Küche, wie dem des deutschen ›Kartoffelkopfs‹, geprägt sind. Manche Imagination scheint dabei so stark im Bewusstsein von Gökçen verwurzelt zu sein, dass sie unumstößlich anmutet: »Ich kann mir nicht vorstellen, dass mein Vater Knödel essen wird.« – Ihr türkischer Vater und deutsche Knödel: das sind für sie zwei Welten, die sich ausschließen. Schaut man jedoch genauer hin, besteht der Beitrag zu großen Teilen aus Relativierungen des nationalen Deutungsparadigmas. Die Bloggerin verfügt augenscheinlich über ein ausdifferenziertes Wissen der so genannten Weltküchen und kann diese Kenntnisse je nach Situation kompetent mobilisieren und einsetzen. Ihre Auswahlmöglichkeiten werden also weniger durch die Ablehnung des national Fremden begrenzt als vielmehr durch den Geschmack, der generationenübergreifend in der Familie tradiert wird. Der Geschmack an bestimmten Speisen und Lebensmitteln wird in diesem Tradierungsprozess sozial vermittelt. Zugleich sind Geschmack und Geruch aber auch sehr sinnlich wahrgenommene und erinnerte Erfahrungen, mit denen bestimmte Bilder der Vergangenheit verwoben sind. Um immer wieder das mit der Erinnerung verbundene Gefühl zu evozieren, wird versucht, ein Mahl in seinen Zutaten und Abfolgen möglichst »authentisch« zuzubereiten, um die »familiengeschichtliche Kontinuität« zu bewahren (Hartmann 2006: 158). Gökçen deutet diesen innerfamiliären Prozess jedoch mit Hilfe nationaler Paradigmen, wenn sie sagt: »Wir türkisieren immer alles.« Das legt die Vermutung nahe, dass auf der Ebene der Esskultur diskursiv vermittelte Bilder und Stereotype wirken, die Gökçens Bewertung beeinflussen.

›Anatolisch‹, ›türkisch‹, ›muslimisch‹, ›kosmopolitisch‹ – Die Konstruktion kulinarischer Stereotype im Diskurs

Medien verändern die soziale Wirklichkeit, indem sie Facetten dieser Wirklichkeit aufgreifen und aufbereiten. Dieser Prozess der Entkontextualisierung konstruiert Bilder und Stereotype (vgl. Becker 2001: 28f.), die als Wissensressourcen in den alltäglichen Entscheidungsprozess der Individuen einfließen. Damit beeinflusst die mediale Berichterstattung mithin, welcher Wert einer Speise zugesprochen und damit auch, was gegessen wird. Hinzu kommt, dass diese Diskurse von den jeweiligen Autoren und Herausgebern »zugleich kontrolliert, selektiert, organisiert und kanalisiert« werden (Foucault 1991: 10). Damit bändigen sie die ihrer Meinung nach vom Diskurs ausgehenden Gefahren und vermitteln darüber hinaus in den Alltag hinein ein normatives Bild von (nationalen) Esskulturen, welches handlungsleitend wird.

Wie dies in der Praxis aussehen kann, darüber gibt der Inhalt einer Auswahl von Artikeln türkischer und deutscher Urheberschaft[8] Aufschluss, die in Deutschland veröffentlicht wurden. Sie alle setzen sich mit der Türkei oder der Einwanderung aus der Türkei nach Deutschland auseinander, wobei sie – mehr oder weniger zentral – auch das Thema des ›türkischen Essens‹ einbeziehen.

Bei den beiden Artikeln türkischer Urheberschaft handelt es sich um den Internetauftritt der türkischen Botschaft in Berlin mit dem Titel »Reiseland«[9] sowie dem Editorial zur wöchentlich erscheinenden Kochbeilage »Türk mutfağı«[10] der Europaausgabe der türkischen Tageszeitung *Hürriyet*[11]. Beide Texte bemächtigen sich stark der Suggestionskraft von Bildern, um nationale Transformationsprozesse und ihre möglichen Folgen zu beschreiben. Das verdeutlicht eine Passage aus »Reiseland«:

> »Der fortschreitende Prozess der landwirtschaftlichen Industrialisierung verdrängt die schmackhaften, anatolischen Spezialitäten zusammen mit den glücklichen Küken, Kühen und Schafen, die alle einen Weg beschreiten, der ihnen wahrscheinlich eine geschmackliche Uniformität und eine miserable Existenz zuweist. Unsere Hoffnungen setzen wir in die mollige türkische Frau, die es – noch – besser weiß und ihrem Geschmack vertraut, wenn sie auf dem Markt Gemüse einkauft, das ohne künstliche Einflüsse gezüchtet wurde. Wird sie aber auch in der Lage sein, auf ihre Tochter in den schicken Jeans ihr Wissen zu übertragen?«

Die deutlich beschriebene Sinnkrise in Folge von Modernisierung und Globalisierung wird hier kompensiert, indem der Autor auf traditionelle Motive wie den Begriff des ›Anatolischen‹ verweist, der auf den Ursprung des Landes tief in der

8 Die Auswahl der Zeitungsartikel ist exemplarisch und erhebt nicht den Anspruch, repräsentativ zu sein.

9 http://www.tcberlinbe.de/de/reiseland/tourismus/buch_tuerk_landschaft_ideolg_mode..., 28.05.2008.

10 Türk mutfağı (türk.): Türkische Küche.

11 http://hurriyet.de/?navi=tmutfa, 16.07.2009.

Vergangenheit[12] rekurriert. Mit Mitteln des Regionalismus in der Küche wird der drohenden Entfremdung eine Art folkloristische »Luftwurzel« (vgl. Heimerdinger 2005: 209) als Identifikationsmittel entgegen gesetzt. Essen ist dann im globalen Prozess der Öffnung und Auflösung von Grenzen kulturelles Fundament und Alleinstellungsmerkmal gleichzeitig. Erst der regionale Bezug macht ein Produkt verortbar und wieder erkennbar, was wiederum für die Vermarktung und die touristische Nutzbarmachung der Speisen unverzichtbar ist. Die mollige – nicht dicke! – Frau steht dabei für gutes, traditionell zubereitetes Essen und strahlt Gastfreundlichkeit, Mütterlichkeit und Zeitlosigkeit aus – alles durchweg positive Bilder des ›Türkischen‹, die es trotz Modernisierung zu bewahren gilt.

Beide Artikel nutzen demnach tradierte Stereotype, die von der Natürlichkeit und dem ›cultural heritage‹ einer Speise überzeugen, um das kulturelle Gedächtnis zu mobilisieren, auf das der Diskurs des Nationalen auch in Zukunft aufbauen kann. Diese Identitätspolitik, die sich auf ein türkisches Staatsvolk innerhalb und außerhalb der Nationengrenze bezieht, bewegt sich in einem Spannungsfeld von Vergangenheit und Zukunft. In ihrem Verständnis ist die nationale Vergangenheit der Migranten nicht gefährdet, solange sie »sich als Emigranten begreifen, d.h. solange die Türkei ihr zentraler Bezugspunkt bleibt« (Sökefeld 2004: 173).

Die Artikel deutscher Urheberschaft offenbaren eine starke Ambivalenz gegenüber den esskulturellen Praktiken und Riten der Einwanderer aus der Türkei und ihren Nachfahren. Der Artikel »Tausendundein Gericht« in der Wochenzeitung *Die Zeit* (14. Mai 2009: 67) folgt einer durchaus positiven Bewertung der als authentisch klassifizierten türkischen Küche, die ganz im Sinne der Zielgruppe des Blatts – einer kosmopolitisch orientierten, gebildeten Mittelschicht – gewertet wird. Diese Wertschätzung bleibt aber eine Würdigung des Anderen, da sie die Küche vor Ort – in der türkischen Metropole Istanbul – meint. Der Rekurs auf die Esskultur der türkischen Migrantengemeinschaft in Deutschland findet nur über den mit dem negativen Attribut »schwer« beschriebenen Döner statt. Die Exotisierung des Anderen wird hier zum Mittel der Wissenserweiterung für gebildete Gesellschaftsschichten und dient diesen zur Generierung und Ausdifferenzierung kulturellen Kapitals. Sie bleibt trotz allem aber auch die Ethnisierung einer Gruppe.

Der Artikel »Ist da garantiert auch kein Fleisch drinnen?«, erschienen in der *Frankfurter Allgemeinen Sonntagszeitung* (10. Mai 2009), greift das Ziel der Wissensvermittlung auf, erweitert es aber um eine Ethnisierung des Religiösen, indem er Vorschriften für die Zubereitung islamischer Lebensmittel herausgreift und für die konstruierte Gruppe ›der‹ Muslime generalisiert. Die Durchsetzung der Halal-Zertifizierung vermittelt die Autorin als derart aufwendig und kompliziert, dass die Implementierung auf dem deutschen Markt als nahezu undurchführbar, in jedem Fall aber irrational erscheint. Diese Lesart beinhaltet eine unterschwellige Forderung nach mehr Integration an die in Deutschland lebenden Muslime. Forderungen an die Aufnahmegesellschaft bleiben dagegen aus.

12 Meyers neues Lexikon definiert Anatolien als: »(türk. Anadolu), im 14. Jahrhundert im Osmanischen Reich eingeführte Bezeichnung für den asiatischen Teil der Türkei [...].« (Grill 1994: 204)

Während des Ramadan 2007 erschienen in der Tübinger Tageszeitung *Schwäbisches Tagblatt*[13] drei Artikel, die aufgrund ihres Entstehungszusammenhangs ebenfalls mit religiösen Klassifizierungen argumentieren. Jedoch geschieht dies hier mit dem Impetus, das Wunschbild einer Gesamtgesellschaft hochzuhalten und damit die ›Gleichgültigkeit‹ aller handelnden Individuen und ihrer Ideen, die sie in diese Gesellschaft einbringen, zu betonen. Die Wertschätzung der kulturellen Vielfalt ist dabei dennoch nicht frei von Ethnisierungsprozessen und der Verwendung von Fremdzuschreibungen wie die ›der türkischen Frau‹. Einer der vorrangigen Gründe dafür ist, dass die Ansprechpartner der Autoren meistens die türkischen Vereine vor Ort waren, deren Interesse darin besteht, die Verbindung zur Türkei aufrechtzuerhalten, um als Minderheit gehört zu werden.

Besser gelingt es zwei kleinräumlichen Studien des *Tagblatts*, die sich zwei Familien und deren Alltagsleben zuwenden, die soziale Wirklichkeit und die verschiedenen, teilweise konfligierenden Einflussfaktoren darauf wiederzugeben. Dieser Zugang, der dem Leser biografische Hintergrundinformationen über die im Mittelpunkt stehenden Personen liefert, ermöglicht es, differenzierte generationen- und geschlechtsspezifische Beobachtungen in die Berichterstattung einfließen zu lassen. Das Ergebnis ist eine Momentaufnahme einer Situation, die nicht den Anspruch der Allgemeingültigkeit einfordert und so der Bildung bzw. Manifestierung von Stereotypen weniger Raum lässt. Der kleinräumliche Zugang, verknüpft mit einer multiperspektivischen Erzählweise, hat daher meines Erachtens das Potential, ein Bild von der Vielfalt und den Varianten der migrantischen Erfahrungen zu vermitteln.

Die Lebenswelt – Kulinarisches Wissen als situatives Bekenntnis im Alltag

Mit der Methode des Interviews[14] – ergänzt durch Beobachtungen und informelle Gespräche – wählte ich für den zweiten Teil meiner Forschung eine subjektzentrierte Perspektive, die sich dem handelnden Menschen und seiner individuellen Erfahrung im Alltag zuwendet (vgl. Lipp 1993: 10). Die Binnenperspektive, welche durch das Erzählen an die Oberfläche dringt, zeichnet ein weitaus komplexeres Bild von Handlungsmotiven der Akteure als die öffentlichen, von Positionen gefärbten Diskussionen. Erst die Analyse der Lebenswelt macht erkennbar, was vom Individuum im Alltag favorisiert und welche Meinungen zugelassen bzw. abgelehnt werden.

13 Aus dem *Schwäbischen Tagblatt* entnommene Artikel: »Erinnern an Atatürk«, 5.11. 2007; »Gemeinsam das Fasten gebrochen«, 10.10.2007; »Brücke zum vermeintlich Fremden«, 1.10.2007; »Süßigkeiten und den Segen«, 13.10.2007; »Derslereni yap – an die Hausaufgaben«, 22.10.2007.

14 Interviewt wurden vier Frauen mit türkischem Migrationshintergrund der zweiten Generation, die mit Männern verheiratet sind, die selber oder deren Eltern aus der Türkei einwanderten. Außerdem hat jede der Frauen zwei – eine auch drei – Kinder. Das Sample wählte ich aus, um eine möglichst große Vergleichbarkeit zu gewährleisten. Es ist jedoch nicht repräsentativ.

Grundannahme meiner Forschung ist Robert Parks Marginalitätstheorie, in der er fordert, Migranten analytisch nicht in ihrer »Herkunftskultur einzuschließen, sondern deren soziale Kreativität bei der Lösung sozialer Probleme in der Aufnahmegesellschaft sichtbar zu machen« (Apitzsch 1999: 7). Um diesem Anspruch gerecht zu werden, stütze ich mich auf einen dynamischen, weiten Kulturbegriff, wie er seit Ende der 1980er Jahre in den Kulturwissenschaften verwendet wird. Dieser trägt dem Verständnis von Kultur Rechnung, wonach sich Handlungspraktiken nicht aus Versatzstücken einer oder mehrerer Kulturen zusammensetzen wie ein Mosaik, sondern Erinnertes und Erlerntes in einem kreativen Prozess zu etwas Neuem zusammenfließen. Dies geschieht in einem Zwischen-Raum, an einem liminalen dritten Ort, an dem sich die Gedanken des Handelnden abspielen und der Außenstehenden verschlossen bleibt (vgl. Bhabha 2007: 11). Der Innovationsprozess kultureller Lebensweisen kann kulturimmanent sein, zeigt sich aber besonders in der Migration, denn die Bewältigung neuer Situationen und die Transformation bewährter Verhaltensformen und Einstellungen verlangt von den Wandernden ein großes kulturelles, soziales Wissen und kognitive Mobilität.

Liefern Kulturkonzepte wie Synkretismus, Hybridität oder Multilokalität Erklärungen für Veränderungen von Kulturen, fehlen ihnen jedoch Ansätze zur Analyse von Interessengebundenheit und dem rationalitätsbindenden Charakter kultureller Setzungen. Die Verbindlichkeit esskultureller Regeln wird der Betrachtung zugänglich, verschiebt man den Ausgangspunkt der Analyse von der ethnischen Herkunft der Migranten auf ihr soziales Umfeld. Dieses Umfeld ist Teil der gesamtgesellschaftlichen Struktur, in der ökonomische, politische und kulturelle Ressourcen ungleich verteilt sind. Praktiken und – im Zusammenhang mit Essen wichtig – ein bestimmter habitueller Geschmack werden hier zum zentralen Merkmal der sozialen Zugehörigkeit. Innerhalb der eigenen Klasse findet das Individuum Anerkennung: die Bestätigung ›Du bist in Ordnung, wie du bist‹. Pierre Bourdieu, Begründer des Habitus-Konzepts, konstatiert:

»Die soziale Welt vergibt das seltenste Gut überhaupt: Anerkennung, Ansehen, das heißt ganz einfach Daseinsberechtigung. Sie ist imstande, dem Leben Sinn zu verleihen [...]. Weniges ist so ungleich und wohl nichts grausamer verteilt als das symbolische Kapital, das heißt die soziale Bedeutung und die Lebensberechtigung.« (Bourdieu 2001: 309f.)

Die Arbeitsmigranten, die seit 1961 nach Deutschland kamen, gehörten oft der unteren sozialen Klasse der Türkei – der Landbevölkerung – an. Dies sowie ähnliche Erfahrungen im Anwerbeprozess ließen die national definierte Gemeinschaft in den Vordergrund rücken und überdeckten die sozialen Motive dieser Gruppenbildung. Heute, 50 Jahre später, ist die Gruppe mit türkischem Migrationshintergrund durch eine große Heterogenität von Bildungsgrad, religiöser Zugehörigkeit, ökonomischem Spielraum, sozialen Beziehungen und Geschlechtsrollen gekennzeichnet, da sie sehr aufstiegsorientiert war und ist. In diesem Prozess der sozialen Ausdifferenzierung bietet esskulturelles Wissen ein Mittel der Anerkennung und birgt somit soziales Kapital.

Am Beispiel des Nachmittagskaffees lässt sich veranschaulichen, welche unterschiedliche Bedeutung zwei meiner Interviewpartnerinnen esskulturellen Traditionen beimessen – je nachdem, über welche biografischen Erfahrungen und habituellen Dispositionen sie verfügen.

›Gemütlich Kaffeetrinken‹ – Motive esskultureller Praktiken

Latife[15] (45), Mutter zweier Kinder, kam 14-jährig aus Izmir nach Tübingen. Ihr Vater hatte in der Türkei eigenen Grundbesitz und verfügte damit über einen gewissen Status, der sich in seinem Selbstbewusstsein widerspiegelte. So versuchte er wiederholt, einen Ausbildungsplatz für seine Tochter zu erkämpfen, um ihre Qualifikationen zu verbessern. Obwohl dieser Kampf erfolglos blieb, bildete sich Latife stets weiter, machte noch mit Mitte 40 eine Ausbildung zur Hauswirtschafterin. Ihre guten Deutschkenntnisse brachte sie sich mit Hilfe eines Wörterbuchs selbst bei. Von den Eltern, die gerne alles einmal probierten, übernahm sie die Offenheit in der Küche. Die Heirat bedeutete trotzdem einen Einschnitt in die bisherigen Gewohnheiten: ihr Mann schätzt die Küche seiner deutschen Nachbarn und Freunde. In ihrer Freizeit ist Latife beim türkischen Verein des Ortes ebenso ehrenamtlich tätig wie bei der Lebenshilfe oder als Übersetzerin für Schulen. Dementsprechend durchmischt ist auch ihr Freundeskreis, den sie durch Besuche und Einladungen pflegt und erweitert. Ihr kulinarisches Wissen aus der Türkei gibt sie in Kochkursen weiter, erweitert es aber auch mittels Kochbüchern aus verschiedenen Ländern.

Ein Besuch am Nachmittag sowie Kaffee und Kuchen mit Sahne gehören für Latife zusammen: »Ja, ich mache das nicht jeden Tag. Aber ich gucke halt, dass ich am Wochenende Kuchen habe. Wenn ein Gast zum Kaffeetrinken [kommt].« Der Nachmittagskaffee ist demnach für sie etwas Außeralltägliches und mit einer besonderen Situation verbunden. Die Entscheidung dafür begründet sie sehr rational: »Und zweitens guckt man dann nicht so auf einen leeren Tisch. Der Tisch sieht dann gleich voll aus. Und wir tauschen unsere Rezepte aus. [...] Ja, da kommt dann gleich ein Gesprächsthema.« Das Essen füllt eine Leerstelle und überbrückt gleichzeitig eine gewisse Sprachlosigkeit. So bietet es Latife eine Plattform für die Überwindung von Unterschieden, macht diese sogar zum Spezialwissen. Es ist also Distinktionsmittel und gleichermaßen über Nationengrenzen hinweg gemeinschaftsbildend (vgl. Köstlin 2001: 52).

Gülay (31, zwei Kinder), geboren und aufgewachsen in Frankreich, kam vor vierzehn Jahren nach Tübingen, um zu heiraten. Hier lebt sie in einem Viertel mit vielen Sozialwohnungsbauten und einer hohen Dichte an Bewohnern mit Migrationshintergrund. In Gesprächen betont sie die starke Bindung, die sie immer noch zu Frankreich hat, und lässt wiederholt französische Bezeichnungen von Speisen einfließen. Sie verfügt über keine Berufsausbildung, hilft aber gelegentlich im Schneidergeschäft ihres Mannes mit. Ihre Deutschkenntnisse versucht sie

15 Alle Namen wurden anonymisiert.

in einem Kurs zu erweitern, den der Kindergarten im »Quartier« einmal wöchentlich Müttern anbietet. Trotz ihrer sozialen Lage hat sie ein sehr selbstbewusstes Auftreten und versucht, sich von den anderen Frauen mit türkischem Migrationshintergrund abzusetzen. Dies geschieht auch über die Ernährung. Gülay klassifiziert das türkische Essen als zu fettig und schwer und entscheidet sich bewusst für eine leichte, national nicht definierte Küche. Ablehnung bringt sie auch dem aufopfernden Verhalten ihrer Mutter unangemeldeten Gästen gegenüber zum Ausdruck, was wiederum auf Befremden innerhalb ihres sozialen Umfelds stößt:

»Vor kurzem hat meine Freundin zu mir gesagt: Ich habe gehört, in Deutschland machen sie nur Kaffee. Ich habe gesagt: Ja. Ich mache das auch. Sie hat gesagt: Nee, das glaube ich dir nicht. Doch, habe ich gesagt, ich mache nur Kaffee. (lacht) Oder manchmal etwas wie Bisküvi [türk.: Kekse; Ch. L..] oder was ich gerade zur Hand habe. Aber ich gehe nicht extra zum Einkaufen. [...] Ich habe genug Stress.«

Mit dieser Selbstdarstellung bricht sie mit den »generösen und familiären« (Bourdieu 1982: 292) Ess- und Trinkgewohnheiten und unterstreicht ihre Abgrenzung vom Habitus der Herkunftsfamilie sowie ihre Aufstiegsbestrebungen. Durch ihr esskulturelles Wissen möchte sie aus der Marginalisierung ausbrechen, die sie durch ihren Migrantenstatus, ihr soziales Wohnumfeld und die fehlende Ausbildung empfindet. Da sie über kein deutsches Netzwerk verfügt, wendet sie einen kleinen Trick an: ihre Kaffeegäste sind zwar ausschließlich Frauen mit türkischem Migrationshintergrund, gehören aber alle der gebildeten Mittelschicht an. Gülay und ihre Freundinnen bewegen sich souverän zwischen Esskulturen unterschiedlichster Herkunft: essen gekaufte Kekse oder selbstgebackene Weihnachtsplätzchen zum Tee oder servieren Baklava sowie Grießkuchen – den auch ihre griechischen Nachbarinnen und Kolleginnen schätzen – zum Kaffee. Sie reagieren der jeweiligen Handlungssituation angemessen, schätzen ihr Gegenüber, den Zweck und ihren Zeitaufwand für die Vorbereitung der Mahlzeit situativ ein und verhalten sich dem rationalen Sinn der Beziehung entsprechend. Sie zeigen, wie schwer Migrationskultur – »eine Kultur in Bewegung, eine Kultur, die nicht gefestigt ist und sich jeder eindeutigen Zuschreibung entzieht« (Korff 2005: 7) – mit Kategorien des Nationalen fassbar ist.

Ausdifferenzierung und Nationalisierung: zwei Seiten der esskulturellen Medaille

Die Ergebnisse aus der Diskursanalyse und den Interviews klaffen deutlich auseinander. In den medial vermittelten Darstellungen setzt sich die Wirkungsmacht nationaler Narrative durch, die weit von der sozialen Wirklichkeit des tatsächlichen Kochens entfernt sind. Ihrer bedienen sich die Medien und die Politik, wenn es darum geht, die Identifikation mit der Nation zu festigen oder zu verteidigen. Die Esskultur liefert ihnen Argumente der Repräsentation kollektiver Identität, die auf machtpolitische Anspielungen weitgehend verzichten und somit neutral erscheinen. Das Kulinarische wie das Nationale sind polyvalente Kategorien, d.h. sie lassen sich mit »unterschiedlichen Ideologien und Nutzungsabsichten« verbinden (Götz 2011: 142). Damit spielt die nationale Esskultur in ihrer sinnlichen Materialität und alltäglichen Notwendigkeit eine wichtige Rolle bei der Konsolidierung von »imagined communities« (vgl. Anderson 1991). Diese Kulturalisierungsversuche stehen scheinbar im Kontrast zur Ebene der Lebenswelt, in der Biografizität und Milieu vordergründiger auf das Handeln des Individuums wirken als nationale Bezugshorizonte (vgl. Bukow 1999). In der gelebten Praxis ist je nach biografischer Erfahrung des Individuums und der Bedeutung, die es einer Situation beimisst, die Esskultur des Einzelnen davon abhängig, wer sein Gegenüber ist und was er diesem Gegenüber an Wissen über sich selbst vermitteln möchte. Sie wird somit zum Repräsentationsmedium in eigener Sache.

Das Verhältnis von Nationalität und Esskultur und die Rede davon ist daher meines Erachtens ein dialektisches Phänomen im Sinne von »roots« und »routes«, wie James Clifford es beschrieben hat (vgl. Clifford 1997). Essen ist Beheimatung, also eine Art »Wurzel«, wenn es um eindeutige Bekenntnisse der Herkunft oder um Zugehörigkeiten zu einer ethnischen Gruppe geht. Das zeigt auch Gökçens Blogeintrag, der sich anfangs stark auf ihren türkischen Migrationshintergrund bezieht, sich im weiteren Verlauf ihrer Ausführungen jedoch immer stärker aus »Töpfen anderer Länder« speist. Dieser scheinbare Widerspruch entspricht ihrem gelebten Alltag, der ihr eine große Mobilität zwischen verschiedenen Identitäten abverlangt: je nach Kontext als Türkin oder Deutsche, als Bewohnerin ihrer Stadt, Europäerin, Mutter, Tochter etc. Das öffentliche Bekenntnis zur ›türkischen Esskultur‹ verleiht ihr – außer der Zugehörigkeit zur türkischen Gemeinschaft – symbolisches Kapital. Denn es greift auf ein spezifisches Wissen zurück, welches von der durch Ausdifferenzierung geprägten Einwanderungsgesellschaft gewünscht und deshalb anerkannt wird. Ist es also die Erkenntnis aus den Interviews und dem Blog, dass nicht die Nationalität des Kochs bzw. der Köchin den Hybriditäts- und Variationsgrad der Esskultur bestimmt, sondern die Funktion, der luzide Sinn, die diese/-r den Beziehungen zum Bekochten zuschreibt, dann muss sich letzterer seines Blicks auf den Anderen bewusst sein. Denn oft soll gerade im Kulinarischen das »typisch« Nationale einer Küche erhalten bleiben, damit der kosmopolitische Weltenbürger auf eine Vielfalt an Speisen zurückgreifen kann.

Literatur

Anderson, Benedict (1991): *Imagined communities: reflections on the origin and the spread of nationalism*, London.

Apitzsch, Ursula (1999): *Traditionsbildung im Zusammenhang gesellschaftlicher Migrations- und Umbruchprozesse.* In: Dies. (Hg.): Migration und Traditionsbildung. Opladen, 7-19.

Becker, Franziska (2001): *Ankommen in Deutschland. Einwanderungspolitik als biographische Erfahrung im Migrationsprozeß russischer Juden*, Berlin.

Bhabha, Homi K. (2007): *Die Verortung der Kultur*, Tübingen.

Bourdieu, Pierre (1982): *Die feinen Unterschiede. Kritik der gesellschaftlichen Urteilskraft*, Frankfurt a.M.

Bourdieu, Pierre (2001): *Meditationen. Zur Kritik der scholastischen Vernunft*, Frankfurt a.M.

Bukow, Wolf-Dietrich (1999): »Die Ethnisierung der Lebensführung«. In: Ursula Apitzsch (Hg.): *Migration und Traditionsbildung*, Opladen, 92-104.

Clifford, James (1997): *Routes, travel and translation in the late twentieth century*. Cambridge.

Foucault, Michel (1991): *Die Ordnung des Diskurses*, Frankfurt a.M.

Götz, Irene (2011): »Zur Konjunktur des Nationalen als polyvalenter Vergemeinschaftungsstrategie. Plädoyer für die Wiederentdeckung eines Forschungsfeldes in der Europäischen Ethnologie«, in: *Zeitschrift für Volkskunde* 107, 129-154.

Grill, Gerd (Red.) (1994): »Anatolien«. In: *Meyers neues Lexikon in 10 Bänden*, Mannheim.

Hartmann, Andreas (2006): »Der Esser, sein Kosmos und seine Ahnen. Kulinarische Tableaus von Herkunft und Wiederkehr«. In: Ruth E. Mohrmann (Hg.): *Essen und Trinken in der Moderne*, Münster, 147-158.

Heimerdinger, Timo (2005): »Schmackhafte Symbole und alltägliche Notwendigkeit. Zustand und Notwendigkeit der volkskundlichen Nahrungsforschung«. In: *Zeitschrift für Volkskunde* 101, 205-218.

Köstlin, Konrad (2001): »Ethno-Wissenschaften. Die Verfremdung der Eigenheiten«. In: Beate Binder/Wolfgang Kaschuba/Peter Niedermüller (Hg.): *Inszenierung des Nationalen. Geschichte, Kultur und Politik der Identitäten am Ende des 20. Jahrhunderts*, Köln, 43-63.

Korff, Gottfried (2005). »Fragen zur Migrationsmusealisierung. Versuch einer Einleitung«.. In: Hampe, Henrike (Hg.): Migration und Museum. Neue Ansätze der Museumspraxis. Münster, S. 5-15.

Lipp, Carola (1993): »Alltagskulturforschung im Grenzbereich von Volkskunde, Soziologie und Geschichte. Aufstieg und Niedergang eines interdisziplinären Forschungskonzepts«. In: *Zeitschrift für Volkskunde* 89, 1-33.

Römhild, Regina (2007): »Migranten als Avantgarde«. In: Norman Birnbaum u.a. (Hg.): *Blätter für deutsche und internationale Politik* 52/5, 618-624.

Schmid, Brigitte (2002): »Auch Heimatliebe geht durch den Magen. Küche und ethnische Identität. Die Ernährungsweisen von Migrantinnen in Deutschland und ihre Veränderungen«. In: *Der Bürger im Staat. Nahrungskultur. Essen und Trinken im Wandel* 4, 233-237.

Sökefeld, Martin (2004): »Über die Schwierigkeit, dem türkischen Nationaldiskurs zu entkommen: Aleviten in Deutschland und ›Hürriyet‹«. In: Ders. (Hg.): *Jenseits des Paradigmas kultureller Differenz*, Bielefeld, 163-179.

Weblinks

Türkisches Politikforum:
http://www.politikcity.de/forum/archive/index.php/t-11337.html, 28.04.2010.

Türkische Botschaft in Berlin:
http://www.tcberlinbe.de/de/reiseland/tourismus/buch_tuerk_landschaft_ideolg_mode, 28.05.2008.

Artikel in der türkischen Tageszeitung *Hürriyet*:
http://hurriyet.de/?navi=tmutfa, 16.07.2009.

Aschinger ernährt die Großstadt Berlin. Poetologie des Massenkonsums in Alfred Döblins *Berlin Alexanderplatz*

KIKUKO KASHIWAGI

Einleitung

Unter den Stadtbildern, die »der erste und einzige bedeutende Großstadtroman der deutschen Literatur« (Muschg 1976: 168), Alfred Döblins *Berlin Alexanderplatz*, mit historischer und topologischer Genauigkeit faktenreich und facettenreich anbietet, sind die gastwirtschaftlichen Szenarien besonders interessant in Bezug auf die Entwicklung des großstädtischen Alltags. Durch die Informationsfülle des Romans, der die alltägliche soziale Praxis in der Großstadt in allen Lebenslagen verfolgt und somit die Stadt »wie vorhanden« (Döblin 1963:17) erscheinen lässt, erlebt man den modernen Urbanisierungsprozess quasi hautnah. Dabei sind Gaststätten, Restaurants, Kneipen, Bierlokale, Tanzlokale, Cafés oder Straßenimbisse, diese sich mit dem Wachstum der Stadtökonomie etablierenden Konsumeinrichtungen, eigentlich die Schauplätze des großstädtischen Lebens, wo die Leute miteinander verkehren und kommunizieren.

Die alimentären Ereignisse durchziehen das Romangeschehen überhaupt, um die Lebensbedürfnisse der Stadtbewohner, genauer, ihre menschlichen Existenzbedürfnisse in dem immense Spannungen erzeugenden großstädtischen Lebensraum exemplarisch zu veranschaulichen. Sie fungieren als Schaltstellen im Leben Franz Biberkopfs, der wie viele andere der Vorstellung folgt, »vom Leben mehr zu verlangen als das Butterbrot« (Döblin 2005: 12), und der die Stadt auch als alimentären Lebensraum zu erobern sucht. Aber die Metropole, altgriechisch Mutterstadt, offenbart sich als »die Mutter aller Gräuel auf Erden« (ebd.: 237), also als die Hure Babylon. Sie ist eine Kampfstätte um die Existenz, ein »dynamischer Widerpart« (Klotz 1969: 417), ein Schlachtfeld. Trotzdem zieht sie die Menschen an. Die moderne Großstadt besitzt die Ambivalenz von Glanz und

 © TRANSCRIPT 2012

Elend, Integration und Spaltung, Anregung und Erschöpfung, Attraktivität und Anstrengung, wie Hofmannsthal schreibt: »Die dunkel Stadt, sie schläft im Herzen mein / Mit Glanz und Glut, mit qualvoll bunter Pracht« (Hofmannsthal 1999: 52). Ihre Lebendigkeit gedeiht vor allem in der Gastwirtschaft.

Im Folgenden geht es um die in *Berlin Alexanderplatz* dargestellten ›Nahrungsrituale‹ (vgl. Kashiwagi 2002), die im Entwicklungsprozess der modernen Großstadt neu entstanden sind.

Aschinger am Alex

Der Industrialisierungs- und Urbanisierungsprozess ändert das Ernährungssystem der Großstädter, und die sich im großstädtischen Raum entwickelnde Gastwirtschaft gewinnt zunehmend eine bedeutende Funktion für das Alltagsleben. Immer mehr Leute speisen in Gaststätten infolge des beschleunigten Lebens, der systematisch geregelten Arbeitszeit mit einer kurzen Mittagspause oder des Bedürfnisses nach Geselligkeit am Feierabend. Franz Biberkopf trinkt Bier oder Kognak in der Kneipe, geht mal ins Tanzlokal in der Hasenheide und isst dort Eisbein und ein Pökellamm, mal isst er in einem Speiselokal am Alex Kalbsragout mit Kartoffeln. Aber das Lokal, in dem er am häufigsten isst, ist Aschinger, wo er sich auch gewöhnlich mit seiner Geliebten Mieze verabredet. So spricht auch eine innere Stimme bei der späteren Ermordung Miezes, »komm doch, komm doch, wir sind bald zu Hause, Aschinger, sollst mir trösten, ich bin deine« (Döblin 2005: 379).

Dieses Schnellrestaurant eröffneten die Brüder Carl und August Aschinger aus dem württembergischen Oberderdingen 1892 in der Neuen Rossstraße, nachdem sie jeweils als Kellner und als Koch die Berliner Gastronomie gut studiert hatten. Aschinger verbreitete sich rasch als erste Restaurantkette im kneipendichten Berlin und verfügte bald über ein großes Kapital. Die Firma feierte bereits 1896 die Eröffnung der 25. Filiale, besaß um 1900 über 30 Filialen. Aschingers Bierquellen reagierten auf »das beschleunigte Leben des Industriezeitalters, die wachsende Schicht der Arbeiter, berufstätigen Frauen, kleinen Angestellten und Zuwanderer, die alle außer Haus verpflegt werden mussten« (Glaser 2005: 28), aber keinen zeitlichen sowie ökonomischen Aufwand treiben wollten. Aschingers Erfolgsgeschichte basiert auf einer zeitgemäßen Marketingstrategie, die für heutige Imbiss- und Restaurantketten prototypisch ist. Unter dem Werbemotto »Beste Qualität bei billigem Preis« reagierte Aschinger auf die Geschmacksänderung durch die Umstellung von Schnaps auf Bier sowie die wachsende Popularität der bayerischen Bierkultur in Berlin. Das Bier, das durch die bayerische Braumethode der Untergärung hergestellt wurde, war geschmacklich fortan dem bis dahin im größten Teil Deutschlands üblichen durch Obergärung hergestellten Bier überlegen. Die große Auswahl der Biersorten passte auch zur Erwartung der Großstädter, was für die Münchner Brauereien ungewohnte neue Absatzgebiete zur Folge hatte. Die Küche bleibt aber dem Geschmacks-Konservatismus (Tolksdorf 1976: 69) entsprechend berlinerisch. Kostenlose Schrippen zum Bier und die Erbsensuppe sind heute noch eine Legende. Interessant ist vor allem das Ambiente. Die Transparenz, die Helligkeit und die Sauberkeit der inneren Einrichtung eröffneten jedem eine leichte Zugänglichkeit, auch Frauen konnten ohne Angst durch die Glastür ins Lokal eintreten. Das glanzvolle Ambiente mit Spiegelwänden und Kronleuchtern, das eigentlich zu den günstigen Angeboten des Hauses nicht passte, sollte wohl von der Nüchternheit der Nahrungsmittel ablenken und die Kunden blenden. Denn das Angebot der Gaststätte beinhaltete selbstverständlich nicht nur die Speisen, sondern auch das Ambiente. Während das Geld nach Georg Simmels zeitgenössischen Beobachtungen (vgl. Simmel 1989) einen relativen Wert der Ware repräsentieren sollte, so unterlief die Bierquelle Aschinger das gastronomische Preis-Leistungs-Schema schon durch ihre im Verhältnis zur angebotenen Nahrung unstimmige Einrichtung. Leute aller Klassen konnten kalt oder warm, stehend oder sitzend, jedenfalls gut und günstig in den mit vielen Spiegeln und Kristallleuchtern wie Prunkhäuser ausgestatteten sauberen hellen Sälen speisen. Simmels Vorschlag für eine gerechtere Verteilung der Nahrung, dass nämlich die Wohlhabenden die billigen Nahrungsmittel den Unbemittelten überlassen sollten (Simmel 2000: 122), wird so im Sinne einer vorgegaukelten Klassenlosigkeit konterkariert.

Ein anderer Typus von Schnellrestaurant, der ebenso eine große Erfolgsgeschichte hatte, stellte wegen des Konzeptunterschiedes keine Rivalität dar: das Automatenrestaurant, das 1896 von der Firma Stollwerck erstmals in Berlin eröffnet wurde und danach in anderen größeren Städten auf schätzungsweise hundert Filialen kam (König 2000: 174). Beherrscht wurde dieses Automatenrestaurant durch die neueste elektronische Technik, stumme Selbstbedienung und raschen zwanglosen einsamen Konsum, wie ein anderer Großstadtroman zeigt. Die Romanheldin Doris in *Das kunstseidene Mädchen*, die wie Biberkopf den Ehrgeiz, Berlin zu erobern, besitzt, deren Leben aber genauso unglücklich und aussichtslos verläuft, speist gerne in einem Automatenrestaurant. Das Restaurant, das sinnigerweise »Quick« heißt, fasziniert die Romanheldin wegen der vielen technischen Neuheiten und des vielfältigen Angebotes z.B. fremdländischer Gerichte und erscheint ihr wie ein »Märchen von Berlin« (Keun 2009: 122). A-schinger dagegen bot eher bodenständiges Essen an, dort herrschte lebendiger Menschenverkehr und das Lokal hatte die Funktion einer Ersatzküche für die Küche zu Hause und fungierte auch als Ort gesellschaftlicher Kommunikation.

Auch Franz Biberkopf und Mieze, also der Zuhälter und seine Prostituierte, pflegten im Aschinger am Alexanderplatz zu speisen. Die vierte, gegenüber dem Grand Hotel gelegene Filiale besaß eine repräsentative Rolle. 1900 kamen die erste Konditorei und ein Café hinzu, in dem Mieze gerne Bienenstich aß, und außerdem war die Verwaltung der Aktiengesellschaft hier untergebracht. An einer Ecke des Platzes entstand in der Folge ein weiteres großes Aschingerhaus. Grundsätzlich folgten die beiden Begründer der Regel, dass sie ihre Filialen an Orten eröffneten, an denen die Menschen massenhaft verkehrten. Sie zogen damit die Konsequenz aus der historischen Einsicht, »was so viele Geschäftsleute nur schwer zu begreifen scheinen, dass wir im Zeitalter des Verkehrs leben« (zit. nach Glaser 2005: 30). Und genau diese Phänomene, die Menschenmassen, die

Verkehrsdichte und der Lärm der Baustellen sind es, die auch die Erlebniswelt des Romans beherrschen.

»Rumm rumm wuchtet vor Aschinger auf dem Alex die Dampframme. [...]
Rumm rumm haut die Dampframme auf dem Alexanderplatz. [...]
Wie die Bienen sind sie über den Boden her. Die basteln und murksen zu Hunderten rum den ganzen Tag und die Nacht.« (Döblin 2005: 165)

Auch Walter Benjamin betont die damals in Berlin vor sich gehenden gewaltsamen baulichen Veränderungen. Berlin Alexanderplatz sei ein Ort, wo »Bagger und Rammen ununterbrochen in Tätigkeit sind, der Boden von ihren Stößen, von den Kolonnen der Autobusse und U-Bahnen zittert, tiefer als sonst, wo die Eingeweide der Großstadt« (Benjamin 1991: 233f.) sich auftun. Die Stadtlandschaft am Alex steht im starken Kontrast zur idyllischen Landschaft des Paradieses, wo es heißt: »[D]ie Wasser wimmelten von Fischen, aus dem Boden sprossen Bäume, die Tiere spielten, Landtiere, Seetiere und Vögel« (Döblin 2005: 111). Für Biberkopf war das Gefängnis »der paradiesische Ort« (Prem 2007: 51), an dem man geschützt sein Leben verbringen kann, den er jedoch verlassen musste: »Das ist die Strafe, mich haben sie rausgelassen, die andern buddeln noch Kartoffeln hinter dem Gefängnis an dem großen Müllberg, und ich muß die Elektrische fahren, verflucht« (Döblin 2005: 113). Das Tegler Gefängnis ist ein vom normalen städtischen Alltagszyklus enthobener Ort, der als eine ›Heterotopie‹ im Sinne Foucaults (vgl. Foucault 1991) verstanden werden kann. Aber diese Heterotopie verspricht keine ewige Geborgenheit und der Held betritt recht bald den umgewühlten Alexanderplatz.

Nahrung aus dem Schlachthof

Das Eintreten Biberkopfs in die Stadt wird von einer symbolischen Essszene begleitet, die er nach einer für ihn schwindelerregenden Straßenbahnfahrt in die Innenstadt beobachtet:

»Schreck fuhr in ihn, als er die Rosenthaler Straße herunterging und in einer kleinen Kneipe ein Mann und eine Frau dicht am Fenster saßen: die gossen sich Bier aus Seideln in den Hals, ja was war dabei, sie tranken eben, sie hatten Gabeln und stachen sich damit Fleischstücke in den Mund, dann zogen sie die Gabeln wieder heraus und bluteten nicht. Oh, krampfte sich sein Leib zusammen, ich kriege es nicht weg, wo soll ich hin?« (Döblin 2005: 16)

Das sind Adam und Eva, die aus dem Paradies ausgestoßen wurden. Nun zerschneiden sie das Fleisch mit Gabel und Messer und essen mit diesen Waffen, als ob sie glaubten, dass der Schlachtakt nicht auch sie bedrohen würde. Das erschreckt den frisch Ausgestoßenen und er erkennt, wo er sich jetzt befindet. Die Parallelität zwischen Menschen als Schlachtobjekten und Menschen als Schlachtenden ist deutlich zu erkennen. Biberkopf hat sich bald assimiliert und sich als schlachtender Mensch vier Wochen lang »den Bauch mit Fleisch, Kartoffeln und Bier vollgeschlagen«, so dass er »dick und nach Branntwein duftend« (ebd.: 43) auftaucht, ohne dass man ihn als denselben Menschen erkennt. Die rasch wieder gewonnene Gefräßigkeit ist eine Willenskraft zum Überleben. Franz Biberkopf ist erklärter Fleischesser. Darin spiegelt sich der Anstieg des Fleischkonsums in Deutschland, der parallel zur Industrialisierung läuft und als Index für den wachsenden Lebensstandard angesehen werden kann. Der Fleischkonsum im Jahr 1925 lag bei 45 kg pro Kopf und steigt bis 1935 auf 53 kg. Verbesserte Zucht und Fütterung ermöglichte eine enorme Steigerung der Schlachtgewichte (Teuteberg 1986a: 72), so entwickelt sich das System für den wachsenden Fleischkonsum, denn »Viehhof, Schlachthof und Fleischgroßmarkt bilden ein untrennbares wirtschaftliches Ganzes« (Döblin 2005: 136). Aber der Mensch, der das Geschlachtete zu sich nimmt, ist gleichzeitig einer, der im mächtigen Existenzkampf selbst ›geschlachtet‹ wird. Auch Biberkopf kann als Opfer nicht dem Geschlachtet-Werden entgehen und er wird dreimal von einem Schicksalsschlag heimgesucht. Die Grenze zwischen dem Schlachtenden und dem Geschlachteten wird schmal. »Denn es geht dem Menschen wie dem Vieh; wie dies stirbt, so stirbt er auch« (ebd.: 136).

»Auftrieb auf dem Schlachthof: Schweine 11 543, Rinder 2016, Kälbchen 920, Hammel 14 450. Ein Schlag, hatz, sie liegen.
Die Schweine, die Rinder die Kälber, sie werden geschlachtet. Es ist kein Grund, sich damit zu befassen. Wo bleiben wir? Wir?« (Ebd.: 224)

Auf dem gesellschaftlichen Schlachtfeld sieht man auch den ›kapitalistischen Kannibalismus‹ aufleben. Der Mensch als Konsument und Produzent zugleich nimmt nicht nur Nahrung zu sich. Die kapitalistische Gier, alles aufzuzehren, ruft auch alte Erinnerungen an Kannibalismus wach. Der Mensch will und muss den anderen verzehren, um sich von der Angst davor zu befreien, dass ihn der andere angreifen und fressen könnte, um selbst zu überleben, sich zu reproduzieren und zu verewigen (vgl. Attari 1979). Schon die Identifizierung des Menschen mit dem Tier auf dem Schlachthof weist darauf hin, dass Menschen wie andere Lebewesen hilflos und ohne Ausweg dem hoch entwickelten ökonomischen System ›einverleibt‹ sind, dass sie trotz der modernen, immer höher entwickelten Konfliktkonstellationen doch der primitiven Ordnung des Kannibalismus treu bleiben.

Die Großstädter konsumieren die Tiere, die täglich massenhaft und organisiert auf dem Schlachthof zu Fleisch verarbeitet werden, in Großbetrieben, zu denen auch Aschinger gehört. Döblin berichtet 1919 in einem Essay sogar über die Fleischverfälschung durch Kannibalismus:

»Ein Bergmann hat neulich irgendwo ein junges Kind geschlachtet, die Muskulatur als Hammelfleisch verkauft, ein Teil davon ist auch nach Berlin gekommen, zum Entsetzen aller Hammel essenden Leser. [...] Nun kommt viel Hammelfleisch nach Berlin, das keins ist. Die Fleischnot hat eine gewisse Großartigkeit und Weitherzigkeit in zoologischen Dingen im Gefolge gehabt, das Urteil trübt sich, der Hunger wird gestillt.« (Döblin 1987: 10)

Infolge des kontinuierlich steigenden Fleischkonsums wurde die Fleischbeschau zwar bereits am Ende des 19. Jahrhunderts in Preußen verstärkt und sie wurde 1900 durch das Reichsfleischbeschaugesetz auf alle Schlachtungen ausgedehnt (Teuteberg 1986b: 376). Die Anekdote des Bergmanns weckt jedoch erneut den Verdacht einer Täuschung des Fleisches im doppelten Sinne des Wortes und ironisiert gleichzeitig den großstädtischen Massenkonsum, bei dem sogar Fleischskandale eine wichtige Rolle spielen, um den Hunger nach Fleisch zu stillen. Gleichzeitig wird der Lebenskampf in der industrialisierten modernen Gesellschaft drastisch veranschaulicht: Der Kannibalismus, der durch die Täuschung im großstädtischen Fleischhandel buchstäblich real wird, hat die schlimmste aber notwendige Konsequenz, denn »man isst sich auf Umwegen. Das ist die irdische Speiseordnung« (Döblin 1987: 11).

Der Massenkonsum im Aschinger

Aschinger führte einen künstlich technisierten alimentären Massenkonsum neuer Art ein. Um günstige Preise und einheitliche Qualität zu ermöglichen, wurden Bierwürste, Senf, Kartoffelsalat, Schrippen usw. in eigenen Lebensmittelfabriken hergestellt. Dass die Aschinger-Filialen direkt an das städtische Verkehrsnetz angeschlossen waren, beschleunigte den Transport von der Fabrik zur Filiale. Schon 1893 gab es eine eigene Wurstfabrik, 1894 eine eigene Backstube. 1896 wurde »Aschingers Werkstatt« in den Stadtbahnbögen am Alexanderplatz eingerichtet, 1902 baute das Unternehmen, nun als Aschingers Bierquelle AG, eine neue vierstöckige Zentrale in der Neuen Friedrichstraße und ferner 1912 in der Saarbrückener Straße eine neue Fabrik, in der 63 Motoren mit insgesamt 600 PS zur Verfügung standen (Glaser 2005: 66-73). In den so genannten »elektrisierenden Jahren« (Rainer/Spindler 2000: 100) war so jede Fabrik mit den damals modernsten elektronischen Apparaten für Großküchen ausgestattet.

Aschingers Werkstatt am Alex hatte eine Zentralküche, eine Schlachterei, eine Dampfwäscherei und eine Putzbude. In der Zentralküche wurden täglich 50 bis 60 Zentner Kartoffeln gekocht und 25 Zentner Kartoffelsalat angemacht. Es gab dort sogar einen Eierkocherapparat, in welchem 942 Eier gleichzeitig gekocht wurden. In der Schlachterei wurden pro Stunde 4000 Paar Bierwürste durch Handarbeit fertig gestellt. Später wurden in der Küche in der Saarbrückener Straße täglich 20.000 Paar Bierwürste und 50 Zentner Kartoffelsalat hergestellt (Glaser 2005: 67f., 73).

Der beschleunigten ökonomischen Zubereitung half zweifellos auch der in den 80er Jahren des 19. Jahrhunderts erfundene Suppenextrakt (Maggi, Knorr), dessen industrieller Anfang auf ›Liebigs Fleischextrakt‹ im Jahr 1865 zurückgeführt werden kann. Aschingers legendäre Erbsensuppe, eine Schüssel für zwanzig Pfennig mit kostenfrei dazu serviertem Brötchen, war eine Rettung für die

Leute mit kleinerem Geldbeutel. Sie verdankt sich der Erbswurst von Knorr, der Gemüsekonserve aus Hülsenfrüchtemehl in Wurstform. Von der Erbswurst, die auf Aufforderung des Königs Wilhelm I. von Preußen zur Verbesserung der Soldatenverpflegung im deutsch-französischen Krieg 1870/71 entwickelt wurde, hatte man auch einen qualitativen Fortschritt für die Versorgung allgemein von größeren Bevölkerungsmassen erwartet (vgl. Teuteberg 1990: 102). In *Berlin Alexanderplatz* hat jedoch die Erbsensuppe keine appetitliche Aura als Mahlzeit: Zwei ältere Bauarbeiter löffeln Erbsensuppe, einer hat die *Berliner Zeitung* neben sich, und sie reden über einen Zeitungsartikel, der von einer Familientragödie berichtet, nach der ein Vater seine drei Kinder in den Kanal geworfen hat.

Aschinger verfügte über neueste Großküchentechnik und industriell massenhafte Zubereitungsmöglichkeiten auf der Basis der neu entwickelten Konservierungsmethode. Dazu heißt es aber im Roman eher in einem desillusionierenden Tonfall:

»Aschinger hat ein großes Café und Restaurant. Wer keinen Bauch hat, kann einen kriegen, wer einen hat, kann ihn beliebig vergrößern. Die Natur lässt sich nicht betrügen! Wer glaubt, aus entwertetem Weißmehl hergestellte Brote und Backwaren durch künstliche Zusätze verbessern zu können, der täuscht sich und die Verbraucher. Die Natur hat ihre Lebensgesetze und rächt jeden Mißbrauch. Der erschütterte Gesundheitszustand fast aller Kulturvölker der Gegenwart hat seine Ursache im Genuß entwerteter und künstlich verfeinerter Nahrung. Feine Wurstwaren auch außer Haus, Leberwurst und Blutwurst billig.« (Döblin 2005: 166f.)

In Frage gestellt wird nämlich die Technisierung oder Raffinierung der Lebensmittel, die nicht nur apparative Methoden, sondern auch den nährenden Inhalt in gesundheitlicher Hinsicht betrifft. In den 1920er Jahren wird einerseits die Normierung der Nahrungsmittel durch chemische Kontrolle, die auf einem rein stofflich orientierten Denken basiert, durchgesetzt, andererseits entsteht eine Skepsis gegenüber der Normierungsidee des egalisierten Menschentypus. Aber in den späten 1920ern begannen doch »intensivere Rückfragen nach den strukturellen Auswirkungen der Normierung der Waren, der Verbilligung und Standardisierung von Produktionsverfahren« (Spiekermann 2006: 119), wie sie mit Döblins Kritik konform gehen. Die künstlich modifizierten Zutaten verändern die Menschen, die sie zu sich nehmen. Wie die Stadt sich durch ständige Bauarbeiten mittels der neuen Technik umgestaltet, ändern sich auch die Menschen, die immer mehr künstliche Nahrung verzehren.

Als der Roman im Jahr der Weltwirtschaftskrise 1929 erschien, war jedoch die Blütezeit der Aschinger AG bereits vorüber. Die Firma wurde zudem durch Betriebserweiterungen belastet, wie vor allem die Eröffnung des gigantischen Weinhauses Rheingold am Potsdamer Platz 1907 und die Teilnahme am luxuriösen Hotelbetrieb. Das Weinhaus, das kurz nach seiner Eröffnung sofort ein Sorgenkind wurde, war ein Prestigeprojekt für die Firma, die sich durch das Prinzip ›kleiner Nutzen, schneller Umsatz‹ an das schmalere Budget der Masse gerichtet hatte. Das Rheingold, das »alles bisher in Berlin Dagewesene übertreffen« (Glaser 2005: 83) sollte, verfügte über rund 4000 Sitzplätze in elf prächtigen Sälen.

Das Restaurant, das der Stararchitekt Bruno Schmitz konzipierte, litt in jeder Hinsicht an Übermaß und war eine zu üppige Institution für den Massenkonsum. Das bis jetzt gut funktionierende Zubereitungs- sowie Transportsystem der Zentralküche konnte mit dem extravaganten Massenkonsum nicht mehr mithalten.

Die Ambitionen, nicht nur mit ›Lokalen für alle‹, sondern auch mit Etablissement für sozusagen ›feinere Schichten‹ ›die Stadt zu erobern‹, waren somit parallel zum Schicksal des Romanhelden letztendlich gescheitert.

Literatur

Attari, Jacques (1979): *L'ordre Cannibale. Vie et mort de la médecine*, Paris.

Benjamin, Walter (1991): »Krisis des Romans. Zu Döblins ›Berlin Alexanderplatz‹«. In: Ders.: *Gesammelte Schriften III*, hg. v. Hella Tiedemann-Bartels, Frankfurt. a.M., 230-236.

Döblin, Alfred (1963): »An Romanautoren und ihre Kritiker. Berliner Programm«. In: Ders.: *Aufsätze zur Literatur. Ausgewählte Werke*. Bd. 8, hg. v. Walter Muschg, Olten/Freiburg i.Br., 15-19.

Döblin, Alfred (1987): *Der deutsche Maskenball von Linke Poot. Wissen und Verändern!*, München.

Döblin, Alfred (2005 [1965]): *Berlin Alexanderplatz. Die Geschichte vom Franz Biberkopf*, München.

Foucault, Michel (1990): »Andere Räume«. In: Karl Heinz Barck (Hg.): *Aisthesis. Wahrnehmung heute oder Perspektiven einer anderen Ästhetik*, Leipzig, 34-46.

Glaser, Karl-Heinz (2005): *Aschingers ›Bierquellen‹ erobern Berlin. Aus dem Weinort Oberderdingen in die aufstrebende Hauptstadt*, Ubstadt/Weiher.

Hofmannsthal, Hugo von (1999): »Siehst du die Stadt?«. In: Waltraud Wende (Hg.): *Großstadtlyrik*, Stuttgart, 52.

Horbelt, Rainer/Spindler, Sonja (2000): *Die deutsche Küche im 20. Jahrhundert*, Frankfurt a.M.

Kashiwagi, Kikuko (2002): *Festmahl und frugales Mahl. Nahrungsrituale als Dispositive im Werk Thomas Manns*, Freiburg i.Br.

Keun, Irmgard (2009): *Das kunstseidene Mädchen*. Editionen mit Materialien, Leipzig.

Klotz, Volker (1969): *Die erzählte Stadt. Ein Sujet als Herausforderung des Romans von Lesage bis Döblin*, München.

König, Wolfgang (2000): *Geschichte der Konsumgesellschaft*, Stuttgart.

Muschg, Walter (1976): »Alfred Döblins Roman Berlin Alexanderplatz. Die Geschichte vom Franz Biberkopf«. In: Manfred Brauneck (Hg.): *Der deutsche Roman im 20. Jahrhundert*. Bd. 1, Bamberg, 168-180.

Prem, Boris (2007): *Berlin Alexanderplatz. Alfred Döblin. Inhalt, Hintergrund, Interpretationen*, München.

Simmel, Georg (1989): »Philosophie des Geldes«. In: Ders.: *Gesamtausgabe in 24 Bänden*. Bd. 6, hg. v. David P. Frisby/Klaus Christian Köhnke, Frankfurt a.M.

Simmel, Georg (2000): »Geld und Nahrung«. In: Ders.: *Gesamtausgabe in 24 Bänden*. Bd. 13, hg. v. Klaus Latzel, Frankfurt a.M., 117-122.

Spiekermann, Uwe (2006): »Warenwelten«. In: Ruth-E. Mohrmann (Hg.): *Essen und Trinken in der Moderne*, Münster, 99-124.

Teuteberg, Hans J. (1986a): »Der Fleischverzehr in Deutschland und seine strukturellen Veränderungen«. In: Hans J. Teuteberg/Günter Wiegelmann: *Unsere tägliche Kost*, Münster, 63-73.

Teuteberg, Hans J. (1986b): »Der Kampf gegen die Lebensmittelverfälschungen«. In: Hans J. Teuteberg/Günter Wiegelmann: *Unsere tägliche Kost*, Münster, 371-377.

Teuteberg, Hans J. (1990): *Die Rolle des Fleischextraks für die Ernährungswissenschaften und den Aufstieg der Suppenindustrie. Kleine Geschichte der Fleischbrühe*, Stuttgart.

Teuteberg, Hans J./Wiegelmann, Günter (1986): *Unsere tägliche Kost*, Münster.

Tolksdorf, Ulrich (1976): »Strukturalistische Nahrungsforschung«. In: *Ethnologia Europaea* 9, 64-85.

Mordshunger. Kulinarische Konjunkturen in Kriminalliteratur

JULIKA GRIEM

I

Die kulinarische Mobilmachung westlicher Wohlstandsgesellschaften hat längst auch die Kriminalliteratur erreicht. Von deutschen Autoren werden Titel wie *Merlot Morde*, *Kochwut*, *Tartufo mortale*, *Mordkompott* oder die mit Rezepten angereicherte Kurzgeschichten-Sammlung *Mord à la carte* serviert; auf dem internationalen Markt haben sich Autoren wie Andrea Camilleri, Helene Tursten, Colm Cotterill, Qui Xialou und Frank Tallis mit leidenschaftlich essenden und kochenden Ermittlern etabliert. Warum es sich für Verlage lohnt, in ein mörderisches Geschäft mit leiblichen Genüssen zu investieren, wird in einem Konzept erläutert, mit dem der Hamburger Europa Verlag auch bekannte Krimi-Autoren wie Janwillem van de Wetering und Maj Sjöwall eingeladen hat, zu einer Reihe mit dem Titel *GourmetCrime* beizutragen:

»Genuss gilt nicht mehr als Luxus, sondern ist mehrheitsfähig geworden, und so ist es geradezu schick, auch von gutem Essen und Wein etwas zu verstehen. Die Reiselust wächst unaufhaltsam, und es gibt keine größere Stadt der Welt, in der sich nicht auch deutsche Touristen heimisch fühlen. Krimis sind seit Chandler und Hammett anerkannte Literatur, und heute steht Kriminalliteratur in der gesamten westlichen Welt auf den Bestsellerlisten.« (Malsy/Teufel 2003)[1]

Der vom Europa Verlag erkannte Nexus zwischen kulinarischem Distinktionspotential, Tourismus und dem erfolgreichsten Genre des gegenwärtigen Buchge-

1 Die Reihe enthält Titel wie *Pastete mit Hautgout*; *Macho Pikant*; *Der Tod des kubanischen Kochs*; *Erbsensuppe flambiert*; *Die entartete Seezunge*, vgl. Malsy/Teufel 2003.

 © TRANSCRIPT 2012

schäfts wirft ein aufschlussreiches Licht auf die Gattung Kriminalliteratur. Wie wenige andere Gattungen zeigt sie sich in der Lage, durch permanente Ausdifferenzierung auf die Lebenswelten von Lesern zu reagieren: Während Krimis immer häufiger auch als spannende Reiseführer für Städtetouristen fungieren, tragen sie – in Form von Heimatgeschichten – zum Standortmarketing in der Provinz bei;[2] und in beiden Formen spielt die Ausgestaltung kulinarischer Ortseffekte eine zunehmend wichtige Rolle.

Wie sich die gattungskonstitutiven Formeln der Kriminalliteratur durch die Mobilisierung von Essen und Trinken erfolgreich variieren lassen, zeigt exemplarisch Frank Schätzings Roman *Mordshunger* (1996). Der Autor, mittlerweile nicht nur Verfasser historischer Köln-Krimis, sondern auch des Zukunftsthrillers *Der Schwarm*, hat der späteren Veröffentlichung seines bereits 1991 geschriebenen Romans ein Vorwort vorangestellt, in dem der Regionalbezug sowie die Halbwertszeit vieler aktueller Gastro-Krimis deutlich zum Ausdruck kommen:

»Beispielsweise gibt es von den Restaurants, die Kommissar Cüpper in der Erstausgabe frequentierte, nur noch knapp die Hälfte. Von denen wiederum haben einige den Besitzer gewechselt, nicht unbedingt zu ihrem Vorteil. Der Spaß an *Mordshunger* verdankte sich maßgeblich der Verfressenheit des Kommissars, weshalb man das Buch auch als Führer durch die Kölner Gastronomie und als Kochbuch benutzen konnte – eigens für *Mordshunger* kreierten mehrere Kölner Küchenchefs damals Rezepte. Bloß, was nützen Ihnen Originalschauplätze, die heute keine mehr sind? Heißhungrig ein vollmundig beschriebenes Restaurant aufzusuchen, um sich vor einer Boutique oder einem Fachgeschäft für Stützstrümpfe wieder zu finden, dürfte Ihnen den Spaß eher verleiden. Also ging ich daran, *Mordshunger* für die vorliegende Ausgabe zu aktualisieren [...].« (Schätzing 2006)[3]

Der gegenwärtig zu beobachtende Trend zum gastronomisch angereicherten Kriminalroman ermöglicht allerdings nicht nur Vorhersagen zur zukünftigen Konjunkturentwicklung auf dem Markt für spannende Unterhaltung. Die narrativen wie gattungsspezifischen Möglichkeiten und Grenzen des Komplexes von Essen und Trinken erlauben zudem Rückschlüsse auf die bisherige Geschichte des Genres.

2 Der Erfolg von Regionalkrimis stellt in seiner besonders ausdifferenzierten Form ein deutsches Phänomen dar. Als Beispiel für den Einsatz regionaler Gastronomie im Kriminalroman können die Eifel-Krimis von Carsten Sebastian Henn dienen, die unter Titeln wie *Vino Diavolo* oder *Vinum Mysterium* im Emons Verlag erschienen sind. Henn hat in diesem Verlag auch Weinführer veröffentlicht.

3 Frank Schätzings *Mordshunger* erschien zunächst 1996 ebenfalls bei Emons; die Neuauflage, aus deren Vorwort hier zitiert wird, 2006 bei Goldmann in München. 2007 strahlte RTL eine Verfilmung des Romans aus.

II

Aus historischer Perspektive lässt sich die Entwicklung von Detektiv- und Kriminalerzählungen unter anderem als Variation unterschiedlicher Typen von Handlungs- und Ermittlungsräumen rekonstruieren.[4] Eine der Gründungsfiguren der Gattung, Edgar Allan Poes Privatier Mr. Dupin, ist in seinen intellektuellen Gewohnheiten und epistemischen Möglichkeiten eindeutig der Großstadt Paris verpflichtet: Mit dem Erzähler der ersten der drei Detektiverzählungen Poes durchstreift er die nächtlichen Straßen und erläutert dabei, warum seine exzentrischen Methoden denen der Polizei überlegen sind. In *The Murder in the Rue Morgue* und radikaler noch in *The Man of the Crowd* entwirft Poe die Großstadt als offenen Raum, dessen Dichte und Heterogenität Kriminalität potenziert. Ihre Aufklärung modellieren diese Texte als ein »nosing around«, als Streifzug einer Ermittlerfigur, die sich im urbanen Labyrinth verlieren könnte, weil sie sich ihm überlassen muss.[5]

Diesem Prototypus jener unübersichtlichen Stadtlandschaften, wie sie auch die späteren Texte der sogenannten ›hard-boiled‹-Tradition eines Raymond Chandler oder Dashiell Hammett ausmachen, sind die geschlossenen Räume einer eher britisch geprägten Schule der Kriminalliteratur gegenübergestellt worden.[6] In den ›whodunits‹ und ›clue puzzles‹, wie wir sie von Autoren wie S. S. Van Dine und Dorothy L. Sayers kennen, dominieren insulare und isolierte Szenarien, die häufig als ›locked room mysteries‹ inszeniert werden: Das Verbrechen ereignet sich in einem Landhaus oder einem kleinen Dorf, auf einem Schiff, Boot oder in einem Eisenbahnwaggon und begrenzt damit nicht allein die Zahl der Verdächtigen, sondern befördert durch diese Begrenzung auch das Versprechen gelingender Aufklärung.

Die idealtypische Opposition von offenen und geschlossenen *settings* in der Kriminalliteratur kann durch eine Gegenüberstellung von mobilen und statischen Ermittlerfiguren ergänzt werden. Hier lassen sich soziale Kontrolle und Anonymität sowie verschiedene Korrelationen von epistemischer und körperlicher Bewegung kontrastieren: Geschlossene Handlungs- und Ermittlungsräume forcieren intellektuelle Aktivität, aber erfordern wenig physische Mobilität; der offene Raum der Großstadt verlangt es dagegen den Aufklärern ab, sich den vielfältigen Flucht- und Verschleierungsmöglichkeiten der Kriminellen anzupassen.[7]

4 Vgl. dazu beispielsweise Suerbaum (1984: 110ff.); Schmidt (1989: 55ff.); Nusser (2009: 47). Wesentliche Anregungen zum Thema der gattungstypischen Räume in Kriminalliteratur verdanke ich Michael Benders noch unveröffentlichtem Aufsatz »Raumtheoretische Ansätze als Instrumente für die Analyse von Kriminalliteratur«, in dem versucht wird, Uwe Spörls Überlegungen zu den Chronotopoi des Kriminalromans weiterzuentwickeln (Spörl 2006).

5 Der Ausdruck »nosing around« stammt von Robert Ezra Park (Park 1925); vgl. dazu auch Lindner (1990: 11). Von den zahlreichen Untersuchungen zu Poes Erzählung sei hier nur auf einige wenige verwiesen: Byer 1986, Brand 1990; Gunning 1913. Zur Großstadt als konstitutivem Ort des Genres auch Pfeiffer 1988.

6 Zu den »locked rooms« vgl. bereits Alewyn (1974: 341-360).

7 Zum Verhältnis von Statik und Bewegung, das bereits in Poes *The Man of the Crowd* exemplarisch durchgespielt wird, vgl. auch Griem (im Druck).

Dieser einschlägig bekannten Typenbildung innerhalb der Gattung lassen sich auch unterschiedliche kulinarische Dispositionen zuordnen. Als paradigmatische statische Ermittler in geschlossenen Räumen zeichnen sich z.B. Miss Marple und Hercule Poirot nicht allein durch eine gewisse leibliche Fülle, sondern auch durch ihre Entschlossenheit aus, sich in ihrer Ermittlungstätigkeit nicht von leiblichen Genüssen und liebgewordenen Ritualen abbringen zu lassen: Miss Marple legt Wert auf eine gepflegte Tee-Zeremonie; ihr belgischer Kollege in den Romanen Agatha Christies wird immer wieder als Feinschmecker charakterisiert. Poirots französische Vorlieben stigmatisieren ihn als Außenseiter in einem englischen Kontext; aber sie ermöglichen ihm auch einen fremden Blick, der ihn besonders erfolgreich operieren lässt.

Arthur Conan Doyles Meister-Detektiv Sherlock Holmes stellt innerhalb dieser Typologie einen interessanten Mischfall dar. Er verbindet Eigenschaften des statischen und mobilen Ermittlers, denn er präsentiert sich auf ikonische Weise sowohl im Lehnstuhl in der Baker Street als auch, in vielfältiger Kostümierung, im Straßen-Dschungel der Großstadt London. Es kann daher nicht überraschen, dass Holmes einerseits nervös auf die Bewirtungsaktivitäten seiner Haushälterin reagiert und sich lieber von Kokain und Geigenspiel ernährt, das Holmes-Universum andererseits aber auch Publikationen wie *Dining with Sherlock Holmes: A Baker Street Cookbook* (Rosenblatt/Sonnenschmidt 1990) und *The Sherlock Holmes Victorian Cookbook* (Bonnell 1997) beherbergt.

Die zunächst immer männlichen Helden der ›hard-boiled‹-Tradition haben dagegen in der Regel weder Zeit noch Geld, sich als kulinarische ›connoisseurs‹ zu gerieren. Während also Simenons Protagonist Maigret, ein weiterer Vertreter eines eher behäbig kultivierten Provinzialismus, ausgeprägten gastronomischen Vorlieben und dem häuslichen Regiment seiner Frau folgt, scheint den einsamen Wölfen der ›hard-boiled‹-Schule ein Hang zu *fast food* mit auf den Weg gegeben. Es ist kaum denkbar, dass zu den Romanen Raymond Chandlers ein Buch mit einem Titel wie *Simenon und Maigret bitten zu Tisch: Die klassischen französischen Bistro-Rezepte der Madame Maigret* (Courtine 2005) erscheint. Chandlers Philip Marlowe konstatiert die Qualität der amerikanischen Küche allenfalls resignativ und gebraucht sie als Bildspender seines legendären metaphorischen Erzählstils:

»We hung up. I went down to the drugstore and ate a chicken salad sandwich and drank some coffee. The coffee was over-strained and the sandwich was as full of rich flavor as a piece torn off an old shirt. Americans will eat anything if it is toasted and held together with a couple of toothpicks and has lettuce sticking out of the sides, preferably a little wilted.« (Chandler 2005: 390)

»The jangle of the telephone dragged me up out of a black well of sleep. I rolled over on the bed, fumbled for slippers and realized that I hadn't been asleep for more than a couple of hours. I felt like a half-digested meal eaten in a greasy spoon joint«. (Ebd.: 375)

Der in England erzogene Raymond Chandler lässt seinen Helden zwar einen kulturell und sprachlich verfremdenden Blick auf die Massenkultur der amerikanischen Großstadt werfen, aber er gestattet Marlowe – abgesehen von dessen Präferenz für einen Cocktail namens Gimlet – keine ausführlich evozierten kulinarischen Vorlieben. Dieser formularische Charakterzug prägt auch viele der zeitgenössischen Ermittlerfiguren, mit denen die ›hard-boiled‹-Tradition weitergeschrieben wird. Der schottische Bestseller-Autor Ian Rankin hat mit seinem Inspektor Rebus beispielsweise einen Nachfolger Philip Marlowes geschaffen, der mindestens ebenso viel trinkt und sich fast über die gesamte Serie hinweg von hastig herunter geschlungenen Speck- und Eibrötchen ernährt.[8] Auch Wolf Haas' österreichischer Detektiv Simon Brenner gehört zu jener Spezies von querköpfigen Privatermittlern, denen keine Gelegenheit zum kulinarischen Distinktionsgewinn eingeräumt wird. In seinem Roman *Der Knochenmann* wird Brenner stattdessen an den Tatort eines Hähnchen-Grills entsandt, der sich im einzigartigen Duktus des Haas'schen Erzählers zu einer Hölle gastronomischer Massenproduktion entwickelt:

»Und einen Menschen, der so gern Hendl isst wie die Fini, wirst du nicht leicht finden. Weil die hat jede Woche zwei oder drei Hendln gegessen, praktisch süchtig. Und der Fini beim Knochenabnagen zuschauen, das ist ein Genuß gewesen. Kannibale nichts dagegen. Und wie der Brenner den Speisesaal vom Löschenkohl betreten hat, hat er natürlich sofort die Fini vor Augen gehabt. Weil der Löschenkohl, das ist eine Hendlstation, wenn du dir eine Möbelhalle vorstellst oder diese Garagen, wo sie die Jumbo-Jets unterstellen. Und die ganze Flugzeuggarage ist voll mit Leuten, die Backhendl essen.« (Haas 1997: 6)

Weil sich allerdings mittlerweile Kriminalliteratur vor allem dann gut verkaufen lässt, wenn starke Frauenfiguren die Männerdomänen der Polizeiapparate und Privatdetekteien nicht mehr nur unterwandern, sondern erobern, kommt es selbst in aktueller ›hard-boiled fiction‹zu Anfällen kulinarischer Selbstkritik und zu gesundheitlich motivierten Reformversuchen der männlichen Protagonisten. Gleichzeitig scheinen aber viele jener Ermittlerinnen, die ihre männlichen Kollegen vermehrt verunsichern, immer noch häufig einem gattungstypischen Regime von schlechter Ernährung unterworfen: Carol Jordan, ehrgeizige und erfolgreiche Polizistin in den Romanen der schottischen Autorin Val McDermid, trinkt beispielsweise ebenfalls zu viel und muss sich zwingen, regelmäßige Mahlzeiten einzunehmen.[9] Andere Autorinnen legen allerdings Wert darauf, ihre durchaus dominant auftretenden Protagonistinnen dennoch kulinarisch zu domestizieren: Kay Scarpetta, die Heldin der Romane Patricia Cornwells, hat nicht nur in ihr Haus eine perfekt ausgestattete Restaurantküche einbauen lassen, sondern auch zwei Kochbücher mit den Titeln *Food to Die For* (Cornwell 2003) und *Scarpetta's Winter Table* (Cornwell 1998) inspiriert. Beide wurden von der Autorin selbst verfasst und sind als Fan-Artikel im expandierenden Cornwell-Universum

8 Ian Rankin hat Rebus im Jahr 2007, nach 17 Romanen, in den auch gastronomisch nur begrenzt befriedeten Ruhestand geschickt.

9 McDermids Werk umfasst seit 1995 bisher sechs Romane und wurde ebenfalls für das Fernsehen verfilmt. Die Romane sind auf Deutsch bei Droemer Knaur erschienen.

konzipiert, mit denen eine kulinarisch interessierte Zielgruppe durch gastronomisch verstärkte Authentizitätseffekte angesprochen wird:

»This book – a ›special gift‹ from Cornwell to her readers – is perfect for the Christmas-present buyer, and gives the reader insights into her best-known characters that cannot be found in any other work. It is illustrated with photographs that suggest the localities and activities of her characters and it includes the ingredients for all the dishes described in the story.« (Penguin Group 2011)

Wie hartnäckig sich die gut variierbaren Gattungsformeln von populären Genres halten, zeigt schließlich auch ihre Migration in einem längst globalisierten Feld. Im schnell wachsenden Segment der international ausdifferenzierten Kriminalliteratur haben sich im südlichen Afrika spielende Romane eine erfolgreiche Position erobert. Zwei der bekanntesten Ermittlerfiguren dieser Krimis sind die botswanische Amateurdetektivin Mma Ramotswe in Alexander McCall Smiths Reihe sowie Benny Griessel, ein weißer Polizist burischer Abstammung, den Deon Meyer in seinen Kapstadt-Krimis ermitteln lässt.[10] Vergleicht man die kulinarischen Vorlieben dieser beiden Figuren, scheint sich ein altbekanntes Schema zu wiederholen: Die korpulente Mma Ramotswe ist immer wieder als moderat feministische, botswanische Miss Marple gelobt worden; und ganz im Sinne dieser Vorgängerin ergeht sie sich gern in Exkursen über die wohltätige Wirkung von Buschtee und bewegt sich ungern über die Grenzen ihres idyllisierten Heimatlandes hinaus. Griessel ist dagegen als selbstkritischer und in seinem *Machismo* verwundbarer Nachfolger der Chandlerschen Protagonisten entworfen. Er durchstreift Stadt und Land mit Fahrrad und Auto, liegt im auf Dauer gestellten Konflikt mit dem Polizei-Apparat, kämpft mit seiner Alkoholsucht und lernt erst im Verlauf eines durch Scheidung ausgelösten mühsamen Reformprozesses, seinen Cholesterinspiegel durch nachhaltigere Ernährung unter Kontrolle zu halten.

Aus einer stark verallgemeinernden Perspektive auf den gegenwärtig zu beobachtenden Stand des Gattungssystems ließe sich somit folgern, dass ein an Geschlechterrollen ablesbarer sozialer Strukturwandel zur Variation stereotyper Ermittlerfiguren und ihrer kulinarischen Dispositionen geführt hat. Wie dominant und strukturbildend diese auch geschlechterspezifisch festgelegten Typisierungen sind, zeigt sich nicht allein an den vielen aktuellen Modifikationen klassischer Gattungsschemata, sondern auch an der folgenden Reflexion der südafrikanischen Krimi-Autorin Margie Orford. Auf die Frage, ob in der gegenwärtigen Kriminalliteratur die Darstellung von Sexualität nicht längst durch die Darstellung von Essen und Trinken abgelöst worden sei, antwortete Orford wie folgt:

10 Alexander McCall Smith hat seit *The No. 1 Ladies' Detective Agency* (1999) 12 Ramotswe-Romane publiziert, und die Serie ist vor kurzem auch für das Fernsehen adaptiert worden. Von Deon Meyer sind bisher die Griessel-Romane *Devil's Peak* (deutsch *Der Atem des Jägers*, 2009) und *13 Hours* (deutsch *Dreizehn Stunden*, 2011) erschienen.

»This is a theory that has been bandied about recently by people who read crime rather than write it. I have not given it much thought as I find wrestling a plot into a semblance of coherence enough. The last thing I need is my heroine slacking off and eating strawberries in bed with handsome men. I am not paid to write Joanna Trollope novels, after all. I have tension to build, innocents to kill, killers to catch. Food in my experience is like sex. It needs a bit the languid leeway of time, wine and the possibility of seconds to be a pleasure.« (Orford 2011)

Orford setzt in dieser Replik auf eine implizit geschlechterspezifische Gegenüberstellung, die explizierte Kulinarik wie auch Erotik einem Bereich populärer Frauenliteratur – den Familiendramen und *romances* Joanna Trollopes – zuschreibt. Orfords eigene Krimis, die eher der Tradition von handlungs- und spannungsbetonten ›hard-boiled police procedurals‹ zuzuordnen sind, verfügen offenkundig über wenig Raum für die Entfaltung sinnlicher Rituale.

Orfords traditionelle gattungs- und geschlechterpolitische Arbeitsteilung erscheint allerdings durch viele erfolgreiche zeitgenössische Kriminalromane widerlegt. Zumindest in westlichen Industrieländern lässt sich nämlich der Eindruck gewinnen, dass mit dem Siegeszug einer von Männern getragenen kulinarischen Expertenkultur in Fernsehen und Lifestyle-Publikationen der kulinarisch versierte und genießende Mann auch im Kriminalroman gesellschaftsfähig und wirkungsmächtig geworden ist. Für die aktuellen Nachfahren des kochenden Geheimagenten Thomas Lieven aus Johannes Mario Simmels Bestseller *Es muß nicht immer Kaviar sein* (1960) stellt sich somit nicht mehr unbedingt die Frage, ob über die Ermittlungsarbeit hinaus noch Zeit für Sex und gutes Essen bleibt. Neben den Möglichkeiten, der Kriminalliteratur neue Milieus und ihr Expertenwissen quasi soziologisch zu erschließen[11] oder ein Restaurant und/oder eine Restaurantküche als geschlossenes *setting* eines klassischen ›locked room mystery‹ zu nutzen, eröffnet sich damit auch die Option, nicht allein *sex and crime*, sondern ganz unterschiedliche soziale Rituale semantisch aufzuladen und aufeinander zu beziehen. Vom Essen und Kochen als Funktion solcher Rituale in Kriminalliteratur soll abschließend noch die Rede sein.

III

Unter den Fans der deutschen Traditions-Fernsehserie *Tatort* besteht weitgehend Konsens darüber, die neuen Produktionen der Reihe zur bewährten Sendezeit am Sonntagabend um 20.15 Uhr in der ARD anzuschauen. Anders als z.B. neue amerikanische Serien, die durch ihre Verbreitung im DVD-Format in unterschiedlichen seriellen Rhythmen rezipiert werden, ist der *Tatort* fest an seinem Sendeplatz verankert: Er fungiert als sinnstiftender Teil eines verbreiteten Wo-

11 Diese Dimension von Kriminalerzählungen ist in jüngster Zeit vor allem an der amerikanischen ›Qualitätsserie‹ *The Wire* hervorgehoben und gelobt worden, die 2011 auch bereits eine Tagung mit dem Titel *The Wire as Social Science Fiction?* an der Universität Leeds veranlasst hat.

chenendrituals; fügt sich ein in eine beruhigende Dramaturgie aus Abendessen, Fernsehkrimi und anschließenden Talkshows; liefert Gesprächsstoff für die Kaffeepause am Montagmorgen im Büro.

Diese rituelle Funktion der *Tatort*-Krimis bestätigt die medienwissenschaftliche These, dass der Erfolg populärer Serialität gerade im Fernsehen häufig auf der Koppelung von seriellen Erzählformen und wiederkehrenden Alltagsritualen in der Lebenswelt der Zuschauer beruht (vgl. z.B. Prugger 1994). Solche Koppelungen lassen sich am Beispiel des *Tatort* zu repetitiv eingesetzten kulinarischen Schlüsselszenen zurückverfolgen: Schimanski landet immer wieder in seiner Duisburger Stammkneipe und bereitet sich zum Frühstück allenfalls ein paar rohe Eier; die Mannheim/Ludwigshafener Ermittler Odenthal und Coppa stärken das Band ihrer Freundschaft regelmäßig bei italienischem Essen in ihrer WG-Küche; das Münsteraner ›odd couple‹, bestehend aus dem kulinarisch versierten Großbürger Prof. Boerne und seinem proletarischen Gegenüber Kommissar Thiel, arbeitet sich bei geteilten Flaschen Rotwein aneinander ab; die Kölner Ermittler beenden ihre Fälle in der Regel an einer Currywurstbude am Rhein.[12]

Wenn sich *Tatort*-Ermittler oder auch Ian Rankins schottische Polizisten immer wieder an den gleichen Orten zum Trinken und Essen treffen,[13] wird nicht nur kulinarische ›local colour‹ aufgerufen, sondern es entstehen Ersatzfamilien, die eine Gegenwelt zur Sphäre der Verbrechen und ihrer oft desillusionierenden Aufklärung bereitstellen. Ein paradigmatisches Beispiel für solche Spannung abbauenden, stabilisierenden Rituale in Kriminalliteratur liefern die wiederkehrenden Mahlzeiten, die Donna Leons Commissario Brunetti im Schoß seiner Familie einnimmt. Brunettis Ehefrau Paola, nicht nur Literaturwissenschaftlerin, sondern auch hervorragende Köchin, agiert in diesen Szenen als Sparringspartnerin und Kontrollinstanz ihres Mannes: Ihre Mahlzeiten fungieren als Seismograf im häuslichen und städtischen Mikrokosmos; sie rhythmisieren Leons Romane, indem sie das handlungs- und spannungsreiche *emplotment* des Kriminalerzählens durch retardierende deskriptive Passagen ergänzen.

Signora Brunettis pünktlich und regelmäßig bereitete Familien-Essen bieten Entlastung und ›closure‹; sie antizipieren und zelebrieren die gattungskonstitutive Wiederherstellung einer durch Verbrechen vorübergehend, aber eben auch immer wieder in Unordnung versetzten Welt. Eine beunruhigendere Variante iterativ eingesetzter kulinarischer Rituale ergibt sich in Kriminalerzählungen, in denen Serientäter nicht allein morden, sondern auch zu Tisch bitten, so dass die Koppelungsmöglichkeiten von Gewalt und Genuss, von kriminellem und kulinarischem Wiederholungshandeln auf ambivalentere Weise thematisiert werden. Ein aktuelles Beispiel für das Ausspielen solcher zunächst nicht moralisch domestizierter Ambivalenzen findet sich im Vorspann der vielgelobten amerikanischen Fernsehserie *Dexter*. Der gleichnamige Held dieser bisher in sechs Staffeln erzählten Geschichte ist ein durch Kindheitserlebnisse traumatisierter Experte für

12 Vgl. zur seriellen Reihengestaltung im *Tatort* auch den Sammelband Griem/Scholz 2010.

13 So zum Beispiel in der Oxford Bar in Edinburgh, die längst als Ziel von Stadtführungen touristisch genutzt wird.

Blutanalysen bei der Kriminalpolizei in Miami, der sein nächtlich praktiziertes Doppelleben darauf verwendet, nicht aufgespürte Mörder eigenhändig zu töten. Diese neue Umsetzung des *Jekyll-and-Hyde*-Motivs vermag extreme Spannung zu er-zeugen, weil der Serienmörder Dexter sein für die Polizei ermittelndes *alter ego* zugleich deckt und bedroht. Die verdichtete Ambiguität dieser Figur wird im besagten Vorspann der Serie durch eine Bildsequenz antizipiert, die der Hochglanzästhetik zeitgenössischer Lebensmittelfotografie folgt. Wir sehen Dexter als freundlich lächelnden ›all American boy‹, der sich auf einen neuen Tag vorbereitet: Nahaufnahmen von Zahnpflege und Rasur folgen raffiniert geschnittene Einstellungen auf pralle Grapefruit, Spiegeleier und Schinkenstücke, deren glänzende Oberflächen unter dem Einsatz scharfer Messer aufplatzen und zerfließen. Die extrem stilisierte visuelle Inszenierung der Frühstücksgewohnheiten eines Serienmörders spielt mit Anspielungen auf den Stoff, aus dem Dexters Träume sind – sein Messer gleitet nicht allein morgens geschmeidig durch Fleisch und Blut. Die jede Folge einleitende Frühstückssequenz kann zudem als visuelle Allegorie eines tiefenhermeneutischen Grundprinzips von Kriminalerzählungen gelesen werden: Im Modus der Lebensmittelfotografie offenbart sich hier auch die gattungsbestimmende, Ermittler wie Leser umtreibende Aufgabe, von alltäglichen Details auf größere Zusammenhänge, von Oberflächenphänomenen auf zugrundeliegende Wahrheiten zu schließen.

Auch ein Serientäter wie Dexter reiht sich natürlich längst in eine nicht allein literarische, sondern auch populärkulturelle Tradition ein. Als klassischer Fall des kulinarisch versierten ›serial killers‹ kann Hannibal Lecter angeführt werden, den der amerikanische Autor Thomas Harris in seinen vier Hannibal-Romanen als Feinschmecker und Kannibale gezeichnet hat. Wie Dexter mutet auch Lecter Lesern und Zuschauern durch geschickte Sympathielenkung die Mobilisierung extrem ambivalenter Gefühle zu. Hannibal ist weniger selbsternannter Rächer, sondern aus perverser Lust Mordender, der in einer berüchtigten Szene einem korrupten Justizbeamten sein Hirn bei lebendigem Leibe entfernt, um es diesem dann, frisch gesotten, zum grotesken Abendmahl zu reichen.[14] Harris spielt bereits in seinen Romanen mit vielfältigen Metamorphosen,[15] mit transgressiven Verknüpfungen von Essen und Gefressenwerden, die in den Verfilmungen die Grenzen des Publikumsgeschmacks noch weiter ausreizen. Selbst in einer Geschichte, die ihren kulinarisch extrem anspruchsvollen Anti-Helden dabei beobachtet, wie er einen Züchter jener Kampfschweine verspeist, die eigentlich ihn fressen sollten, wird allerdings nicht auf das entlastende Motiv einer kindlichen Traumatisierung verzichtet. Dieses dient gerade in der amerikanischen Populärkultur immer wieder dazu, Tabuverletzungen moralisch zu plausibilisieren; und so wird uns auch der Gourmet und Kannibale im vierten Roman als ein traumati-

14 Diese Szene findet sich im dritten Lecter-Roman mit dem Titel *Hannibal*, der 1999 publiziert und 2011 unter dem Titel *Hannibal* von Ridley Scott und wiederum Anthony Hopkins in der Rolle des Hannibal Lecter verfilmt wurde. Die Serie umfasst daneben die Romane *Red Dragon* (1981), *The Silence of the Lambs* (1988) und *Hannibal Rising* (2006).

15 Zur bereits vielfältig ausgedeuteten Semantik dieser Metamorphosen vgl. die Beiträge in Szumskyj/O'Brien 2008.

siertes Kind enthüllt: Sein hochzivilisierter Mordhunger kann auf eine Urszene zurückgeführt werden, in der Kriegsgefangene in einer Extremsituation die Schwester des kleinen Hannibal buchstäblich aufgegessen haben.

Aus der Reihe extrem agierender, aber dennoch psychologisch erklärbarer Serientäter fällt jener mordende Gourmet heraus, den Patricia Highsmith mit ihrem 1955 erschienenen Roman als »talentierten Mr. Ripley« auf eine Reise durch vier weitere Romane schicken sollte.[16] Der junge Amerikaner Tom Ripley beginnt seine verbrecherische Karriere als obskurer Aufsteiger aus kleinen Verhältnissen, der sich nicht allein durch Mord, sondern auch durch ein ausgeprägtes Interesse an kulinarischen Distinktionsmöglichkeiten in die besseren Kreise hinein katapultiert:

»Tonight he was going to have dinner. And look out at the moonlight on the Grand Canal. And watch the gondolas drifting as lazily as they ever drifted for any honeymooner, with the gondoliers and their oars silhouetted against the moonlit water. He was suddenly ravenous. He was going to have something luscious and expensive to eat – whatever the Grand Hotel's specialty was, breast of pheasant or petto di pollo, and perhaps cannelloni to begin with, creamy sauce over delicate pasta and a good valpolicalla to sip while he dreamed about his future and planned where he went from here.« (Highsmith 1955: 180)

Was Tom Ripley von Serientätern wie Dexter und Hannibal Lecter unterscheidet ist Highsmiths Verweigerung eines entlastenden therapeutischen Narrativs. Tom umwehen zwar gelegentlich Schuldgefühle, aber insgesamt gesehen widmet er sich auf provokant entspannte Weise der Perfektionierung seines häuslichen Glücks auf seinem französischen Landsitz Belle Ombre. Dort ist es ihm durch kühl kalkulierte, aber auch immer wieder verstörend zufällig anmutende verbrecherische Aktivitäten gelungen, einen Lebensstil zu kultivieren, der von der kulinarischen Expertise seiner Haushälterin Veronique perfekt orchestriert wird.

Highsmiths fünfteilige Ripley-Serie unterscheidet sich damit in vieler Hinsicht von aktuelleren gastronomisch angereicherten Kriminalerzählungen: Ihre Romane liefern zwar detailreiche kulinarische Beschreibungen, aber sie verzichten gerade darauf, diese touristisch, spannungstechnisch oder populärpsychologisch zu instrumentalisieren. Diese Abwendung von gattungstypischen Konventionen, wie sie nach wie vor den Bestsellermarkt von Kriminalliteratur dominieren, hat vor kurzem zwei Engländerinnen nicht davon abgehalten, gerade Tom Ripleys kulinarische Vorlieben als Spielmaterial für ein Performance-Projekt auszuwählen. Im Frühsommer 2010 folgte die Fotografin Nancy Campbell einer Essenseinladung der Lyrikerin Sarah Bodman. Letztere hatte sich im Rahmen eines Forschungsprojekts zur visuellen Dimension lyrischer Texte mit den Romanen Highsmiths beschäftigt und frei nach der Maxime »The Way to a Murderer's

16 Patricia Highsmith: *The Talented Mr. Ripley* (1955), *Ripley Under Ground* (1970), *Ripley's Game* (1974), *The Boy Who Followed Ripley* (1980), *Ripley Under Water* (1991). Die deutschen Übersetzungen sind im Diogenes Verlag erschienen.

Mind is through his Stomach« zu einem Dinner geladen, für das Ripleys Lieblingsgerichte nachgekocht wurden:

»Every food mentioned by Highsmith was served, from cold chicken in aspic to *sole veronique*, and every drink mixed (*even* Dubonnet!). The dinner lasted over twelve hours. The conversations around the dinner table had unexpected synchronicities with the Ripley novels, including the perils of impersonation, the ambiguity of beauty, death by water and passport forgery.« (Campbell 2010)

Bodmans kulinarisch-kriminalistisches Dinner liefert ein ungewöhnlicheres Beispiel für die Koppelung literarischer und lebensweltlicher Rituale. Es gehört indessen zur Symptomatik gegenwärtig zu beobachtender Aneignungspraktiken von Literatur, dass sich gerade im Internet viele Dokumente einer kreativen, literarisch inspirierten Freizeitgestaltung sowie eines cleveren ›cross marketing‹ von Nerven- und Gaumenkitzel, Kriminalliteratur und Gastronomie finden lassen. Wie Campbells spannungsvoll inszenierte Abendunterhaltung zeigt, bringt die gerade im Netz zu beobachtende Ausdifferenzierung von Erzählformen und Unterhaltungspraktiken, Distinktionsstrategien und Konsumprodukten nicht allein Objekte wie die »Hannibal-Lecter Gourmet-Platte« in Form eines blutüberströmten geöffneten Schädels hervor, die man bei horrorshop.com für 69,90 Euro als »perfekte, makabre Tischdekoration für Halloween und Gruselfeten« in Lebensgröße beziehen kann.[17] Durch Kriminalliteratur inspirierte Kochbücher und Stadtführungen stellen schon seit längerem unter Beweis, wie durchlässig die Gattungsgrenzen auf jenem Markt geworden sind, auf dem sich Erlebnishunger stillen lässt. Ein zwölfgängiges Dinner als Hommage an Patricia Highsmith liefert ein Indiz dafür, dass sich künftig auch eine nachbürgerliche Salon-Kultur aus dem Geist spannender Unterhaltung speisen könnte.

Literatur

Alewyn, Richard (1974): »Ursprung des Kriminalromans«. In: Ders.: *Probleme und Gestalten – Essays*, Frankfurt a.M., 341-360.

Bender, Michael (unveröffentlicht): »Raumtheoretische Ansätze als Instrumente für die Analyse von Kriminalliteratur«.

Bonnell, William (1997): *The Sherlock Holmes Victorian Cookbook: Favourite Recipes of the Great Detective and Dr. Watson*, Toronto.

Brand, Dana (1990): »From the Flaneur to the Detective: Interpreting the City in Poe«. In: Tony Bennett (Hg.): *Popular Fiction. Technology, Ideology, Production*, Reading/London.

Byer, Robert H. (1986): »Mysteries of the City: A Reading of Poe's ›The Man of the Crowd‹«. In: Sacvan Bercovich/Myra Jehlen (Hg.): *Ideology and Classic American Literature*, Cambridge.

17 http://www.horror-shop.com/koerper-und-leichenteile/hannibal-lecter-gourmet-platte.html, 22.10.2011.

Campbell, Nancy (2010): »The Way to a Murderer's Mind is Through his Stomach«, http://www.nancycampbell.co.uk/archives/category/dinner-and-a-rose, 22.10.2011.

Chandler, Raymond (2005 [1953]): *The Long Goodbye*, London.

Cornwell, Patricia (1998): *Scarpetta's Winter Table*, Charleston.

Cornwell, Patricia (2003): *Food to Die For: Secrets from Kay Scarpetta's Kitchen*, New York.

Courtine, Robert J. (2005): *Die klassischen französischen Bistro-Rezepte der Madame Maigret*, Zürich.

Griem, Julika (im Druck): »Mobilizing Space: The Legacy of E. A. Poe's ›The Man of the Crowd‹ in Contemporary Crime Fiction«. In: Renate Brosch/Ronja Tripp (Hg.): *Moving Images – Mobile Viewers*, Stuttgart.

Griem, Julika/Scholz, Sebastian (Hg.) (2010): *Tatort Stadt. Mediale Topographien eines Fernsehklassikers*, Frankfurt a.M.

Gunning, Tom (1997): »From the Kaleidoscope to the X-Ray: Urban Spectatorship, Poe, Benjamin, and Traffic in Souls (1913)«. In: *Wide Angle: A Film Quarterly of Theory, Criticism, and Practice* 191/4.

Haas, Wolf (1997): *Der Knochenmann*, Reinbek.

Henn, Carsten Sebastian (2006): *Vinum Mysterium*, Köln.

Henn, Carsten Sebastian (2008): *Vino Diavolo*, Köln.

Highsmith, Patricia (1955): *The Talented Mr. Ripley*, London.

Lindner, Rolf (1990): *Die Entdeckung der Stadtkultur. Soziologie aus der Erfahrung der Reportage*, Frankfurt a.M.

Malsy, Victor/Teufel, Philipp (2003): »Reihenkonzept für den Europa Verlag, Hamburg«, http://www.malsyteufel.com/GourmetCrime.html, 22.10.2011.

Nusser, Peter (2009): *Der Kriminalroman*, Stuttgart.

Orford, Margie (2011): »Food or Sex«, http://www.internationalcrimeauthors.com/?p=1915, 22.10.2011.

Park, Robert Ezra (1967 [1925]): »The City: Suggestions for the Investigation of Human Behaviour in the Urban Environment«. In: Robert Ezra Park/Ernest W. Burgess/Morris Janowitz (Hg.): *The City: Suggestions for the Investigation of Human Behaviour in the Urban Environment*, Chicago, 1-46.

Penguin Group (2011): Homepage zu Patricia Cornwell, http://us.penguingroup.com/static/pages/authors/popular/patriciacornwell.html, 22.10.2011.

Pfeiffer, Karl Ludwig (1988): »Mentalität und Medium. Detektivroman, Großstadt oder ein zweiter Weg in die Moderne«. In: *Poetica* 20, 234-259.

Prugger, Prisca (1994): »Wiederholung, Variation, Alltagsnähe. Zur Attraktivität von Sozialserien«. In: Günther Giesenfeld (Hg.): *Endlose Serien. Serialität in den Medien*, Hildesheim, 90-113.

Rosenblatt, Julia C./Sonnenschmidt, Fredric H. (1990): *Dining with Sherlock Holmes: A Baker Street Cookbook*, Fordham.

Schätzing, Frank (2006): *Mordshunger*, München.

Schmidt, Jochen (1989): *Gangster, Opfer, Detektive. Eine Typengeschichte des Kriminalromans*, Frankfurt a.M.

Spörl, Uwe (2006): »Überlegungen zu den Chronotopoi des Kriminalromans«. In: Markus May/Tanja Rudtke (Hg.): *Bachtin im Dialog*, Heidelberg, 335-363.

Suerbaum, Ulrich (1984): *Krimi. Eine Analyse der Gattung*, Stuttgart.

Szumskyj, Benjamin/ O'Brien, Daniel (Hg.) (2008): *Dissecting Hannibal Lecter: Essays on the Novels of Thomas Harris*, Jefferson.

Ist das Kunst oder kann man das essen? Anmerkungen zu Brigitte Kronauers *Errötenden Mördern*

ANJA-SIMONE MICHALSKI

Einleitung: Kronauer lesen

In seiner Laudatio zur Verleihung des Georg-Büchner-Preises an Brigitte Kronauer lobt Patrick Bahners das Werk der Autorin als »eine Schatzhöhle«: ebenso groß wie dreidimensional (Bahners 2005: 125). »Die Höhlenwände« zu den Schätzen der Kronauer'schen Texte öffneten sich dem Leser, so Bahners, »lautlos, man braucht kein Zauberwort« (ebd.). Bei der Lektüre scheint sich dann so mancher allerdings ein »Zauberwort« zu wünschen. Der Schriftsteller Klaus Modick beschreibt in seinem Essayband *Milder Rausch* seine Leseerlebnisse mit Brigitte Kronauer, die von offensichtlicher Ehrfurcht vor dem Werk der Autorin geprägt sind (vgl. Modick 1999). Gleichzeitig spricht er aber auch immer wieder von der Hermetik eines Textes, den er im Sommer 1990 zur Rezension vor sich hat (*Die Frau im Kissen*): Überall finde er in dem Buch noch heute »mit Bleistift markierte Stellen, die alles in einem Satz zeigen, aber nicht erklären könnten« (ebd.: 121), er erinnert sich, anfangs unkonzentriert und ungeduldig gelesen zu haben (ebd.: 123), nicht zuletzt, »weil ich überhaupt keinen Zugang zu dem Text fand, nicht verstand, worum es ging« (ebd.: 122).

Womöglich hat das mit einer weiteren Beobachtung Bahners' zu tun. Kronauers Texte konstituieren »ein Sinngefüge oder machen durch die Vermutung unwiderstehlich, es müßte sich der Zusammenhang aller Einzeldinge ausmessen und abschreiten lassen. Dabei sind die Echowirkungen doppelte.« (Bahners 2005: 125) Das erinnert an eine oft zitierte frühe poetologische Aussage Kronauers. Literarische Texte seien demnach »modellierte Gestalt, Gefüge, deren Souveränität sich ergibt aus der kalkulierten, relativierten, relativierenden Position ihrer einzelnen Bausteine, nicht-zufällige, also poetische Gebilde, ob von ih-

 © TRANSCRIPT 2012

ren Konstrukteuren als Gegenentwurf zur davon sehr verschiedenen Wirklichkeit, als deren vereinfachtes Abbild oder als beide zugleich gedacht« (Kronauer 1987: 8). Eine Verdopplung, ja Vervielfachung der Bezüge lässt dabei schon die alltäglichsten Gegebenheiten über sich hinaus verweisen.[1] Der Themenbereich des ›Essens‹ verwandelt sich im Kronauerschen Textgewebe zum Ausgangspunkt verdichteter Assoziationsketten, die die Hermetik, aber auch die spezifische Leistung des Romans begründen.

Errötende Mörder – Poetologie und Essen

Während die frühen Texte Kronauers bereits intensiv auf ihre poetologischen Leistungen hin gelesen wurden,[2] stehen Untersuchungen zu den Texten aus den und jenseits der 1990er Jahre noch weitgehend aus. Hier sollen im Folgenden Textbausteine aus Kronauers Roman *Errötende Mörder* (2003) herangezogen werden (Kronauer 2010). Als ›einzelner Baustein‹ wurde der semantische Bereich des ›Essens‹ gewählt. An ihm lässt sich in diesem Fall besonders gut zeigen, wie der literarische Text seine Gegenstände einerseits der Beobachtung und der Analyse unterzieht und sie andererseits gleichzeitig zum Ausgangspunkt fast unkontrollierbarer Assoziationsketten werden lässt. In seinem Verlauf eröffnet der Text verschiedene diskursive Felder, die dem Bereich des Essens zugeordnet werden können.

Ich werde mich in meiner Analyse auf die erste Erzählung des Romans und die sie umgebende Rahmenhandlung konzentrieren. In der äußeren Handlung befindet sich der Papierwarenhändler Jobst Böhme auf dem Höhepunkt einer Midlife Crisis, die ihn dazu veranlasst hat, seine Frau Ellen für die einige Jahre jüngere Natalja zu verlassen. Um sich zu erholen, reist er in die Berge, in das Ferienhaus eines befreundeten Schriftstellers, der ihm nicht nur den Schlüssel für sein Domizil, sondern auch drei seiner Romane zur Korrektur anvertraut. Jobst fährt, liest den ersten Roman vom »bösen Wolfsen«, beendet seinen Tag und beginnt einen neuen mit neuer Lektüre. Dabei wird sich zeigen, dass sowohl Jobst Böhme als auch den namenlosen Erzähler der Wolfsen-Geschichte vor allem eins beschäftigt: das Essen.

Jobst in der Krise: Welt verdauen, Text verdauen

Jobst Böhme ist nicht nur seine Frau los, sondern darüber hinaus – oder damit verbunden – auch seinen Körper. Die Struktur seiner Krise verweist auf den auch bei Kronauer prominent verhandelten Motivkomplex des Subjekts und seiner Selbst- und Weltwahrnehmung.[3] Jobst glaubt, »im Grunde ein Karton zu sein«

1 Vgl. zum Alltag in den Texten Kronauers: Jung (1991).
2 Vgl. hierzu u.a. Arnold (1991); außerdem: Appel (2000) (über: *Die Frau im Kissen*).
3 Vgl. Appel (2000); Kübler (1998); Cramer (1991).

(Kronauer 2010: 8), sieht in sich selbst und den ihn Umgebenden »Pappkameraden« (Kronauer 2010: 7). Das Gefühl ist hochgradig schambesetzt und geht einher mit einem Verlust an Geschmacksfähigkeit:

»Taube, jawohl, ungefüllte Kartonage, auch wenn es zum Glück keiner sieht. Keiner soll wissen, daß ich es weiß, von ihnen weiß, von mir weiß, nicht die winzigste Russin, kein Käufer.
Sie alle schmeckten wie gottverdammte Pizza auf durchgefeuchtetem Pappteller: Pappig sie alle ihm, pappig er sich selbst.« (Kronauer 2010: 11)

Dieser Hinweis auf einen verlorenen Zugang zur Außenwelt, der semantisch auf den Bereich des Essens (›schmecken‹) zurückgreift, wird innerhalb des ersten Teils der Rahmenerzählung flankiert von weiteren Hinweisen in Jobsts erlebter Rede, die die Welt und ihre Wahrnehmung mit Essen und Nahrungsaufnahme kurzschließen.

Jobst fallen während seiner Zugfahrt in die Berge seine Mitfahrer unangenehm auf. Sein Blick zerlegt Mitmenschen in Formen und Körperteile, Jobst sieht »konkave und konvexe Bäuche« (Kronauer 2010: 13), wundert sich über »so viele Nasen« (ebd.). »Ein Mann mit einem Eikopf und einem Ring im Ohr«, sinniert er, »biß plötzlich in ein gekochtes Ei. Das kleine Ei verschwand ohne Klage im großen.« (Ebd.) Unter Jobsts Blick wird in diesem Moment der Beobachtung alles zu wahrgenommener Materie, besteht letztlich alles aus ein und derselben Substanz: Jobsts Wahrnehmung unterscheidet den Essenden nicht wesenhaft vom Zu-Essenden – die Szene, in der das eine Ei das andere verschlingt, gewinnt dadurch kannibalistische Züge. Jobst sieht die Welt als essbare, die Essbarkeit der Materie nährt ihn aber nicht, sie ist hergestellt, artifiziell.[4]

Auch die Verdauungsvorgänge einer »kürbisförmige[n]« (Kronauer 2010: 13) Blonden werden Gegenstand von Jobsts Reflexionen. Der Kürbis verdaut merkwürdigerweise aber nichts, was realiter in den Bereich des Essens fällt. Die »dicke Frau« sitzt in einer »literarischen Jury«, genährt haben sie »[s]echzehn Romane! Die waren nun in ihr untergebracht. Daß man von Büchern leiblich so anschwellen konnte. Dabei hatten sie sich bestimmt längst wieder aus ihr verflüchtigt.« (Kronauer 2010: 14) Die Bücherverdauende weitet den Bereich des Essbaren und damit zu Verdauenden auf den Bereich der Kunst aus. Literatur muss verdaut werden, man kann sogar von ihr »anschwellen«, prophezeit der Text und deutet voraus auf Jobsts Wanderungen, bei denen er ebenfalls Text verdauen wird.

Wenn Jobst die Welt betrachtet, wird alles zur Mahlzeit, zum Essen, zur Nahrung: Kunst, Körper und das eigene Ich. Mit den drei Beobachtungen Jobsts verzahnt der Text den Bereich des Essens sowohl mit Welt- als auch mit Kunst-

4 Dieses Verfahren setzt Jobst in den Bergen fort. Die Berge verhalten sich wie Hefeteig, sie »vergrößerten ihren Umfang zusehends, ihre Oberflächen rissen bei der Annäherung ein Stück auf« (Kronauer 2010: 17). Beim Durchqueren der Landschaft fühlt sich Jobst, als werde er »in diesen Felszopf regelrecht eingeflochten« (Kronauer 2010: 20).

wahrnehmung. Essbar ist Pizza und essbar sind Eier – wenn Jobst die Welt nicht mehr schmeckt und den Kopf seines Mitreisenden zum Ei werden lässt, korrelieren Wahrnehmungsvorgänge semantisch mit Essens- und Verdauungsvorgängen. Ähnlich wie die Welt besitzen auch Kunstwerke eine ›Verdaulichkeits-‹ bzw. ›Essbarkeitskomponente‹. Optimistisch geht daher der Schriftsteller davon aus, Jobst werde dieses »Lesen in der Einsamkeit, ein erstes Korrekturlesen, [...] garantiert *gut bekommen*« (Kronauer 2010: 14, Hervorhebung d. Verf.).

Krise eines Kranken: Bedrohliche Welt

Erst einmal kommt Jobst mit der Lektüre offenbar vom Regen in die Traufe, denn Wahrnehmungskrisen prägen motivisch auch den eingeschobenen Roman »Der böse Wolfsen oder Das Ende der Demokratie«. Der namenlose Ich-Erzähler der Binnengeschichte leidet unter zahlreichen psychischen Deformationen:

»Einmal hatte ich tagelang das Gefühl, von niemandem mehr verstanden zu werden, im wörtlichen, keineswegs im übertragenen Sinne, ein anderes Mal, ununterbrochen überwacht zu sein, beobachtet und ausspioniert, dann wieder, davor noch, glaubte ich, meine eigene Unordnung wäre eine autonome Macht, die mich zerstören wollte. Und erst kürzlich phantasierte ich mir überall partout das drohende Ende der Demokratie zusammen.« (Kronauer 2010: 111)

Das Verhältnis des Protagonisten zur Außenwelt ist kompliziert. Als nicht eindeutig beschreibt er Prozesse der Sinnkonstitution im Verlauf seiner Wahrnehmungsakte: »Ich habe nichts dazugetan«, klagt der Erzähler in einer Reminiszenz an Lord Chandos, »aber meine Augen wählen natürlich aus. Gehören etwa der Papierkorb und die Aschentonne doch noch zum Sinn dazu? Ich glaube nicht. [...] Die Sachen lauern ja nur darauf, daß man sie zusammenzählt zu einer vielsagenden Summe, zu einem Zeichen.« (Kronauer 2010: 74)

Der bevorzugte Aneignungsmodus des Erzählers ist derjenige eines chaotischen Sammlers. Dem Leiden der Messies vergleichbar, hortet er die Dinge, die ihm begegnen. In seiner Selbstbeschreibung ist er »einer, der die Dinge dem ihnen zugedachten Schicksal fürs erste entzieht, der sie birgt und verbirgt« (Kronauer 2010: 31). Die Überfülle der Dinge, die er letztlich fast unterschiedslos beherbergt, macht ihm zu schaffen: »Das Zeug überwuchert mich« (Kronauer 2010: 32), fürchtet er. Es gelingt nicht, eine stabile Ordnung herzustellen. Was ihn rettet, sind Zwangshandlungen, die die Dinge bannen. Spezielle Rituale führen zu dem Gefühl, »noch so eben in Sicherheit« (Kronauer 2010: 34) zu sein:

»Ich habe über alles die Zeremonien verhängt, eine Art Exerzieren von morgens bis abends, wo ich gehe und stehe. Fünf Bilder gibt es, die ich gleich nach dem Aufstehen grüßend betrachte, dann schnellt eine einzige Jalousie hoch, [...] danach streiche ich liebkosend, die Dinge benötigen das, über drei Tischchen mit Intarsienarbeit [...].« (Ebd.)

Während er so einerseits die Welt der Dinge bannt, gelingt dem Erzähler andererseits immer seltener der Kontakt zur lebendigen Außenwelt. Auch hier einem Lord Chandos nicht unähnlich, mag ihm die Sprache nicht mehr gehorchen: »Ich stammelte ja neuerdings ein bißchen, blieb auf einem Wort stehen und schaffte es nicht so leicht, davon runterzuspringen aus Furcht vor den Schluchten möglicher Unverständlichkeit.« (Kronauer 2010: 39)

Dem Protagonisten des Binnenromans ist die Welt nicht etwa nur fad und geschmacklos geworden. Besessen von paranoiden und apokalyptischen Ängsten ist sie ihm feindlich gesinnt.

Askese und Überdruss: Ess-Geschichten

Ähnlich wie im Fall Jobst sind Wahrnehmung und Weltaneignung im Monolog des namenlosen Protagonisten der Binnenhandlung semantisch immer wieder mit Essen verbunden. Weltwahrnehmung ist auch hier ›Verdauung‹, fatal ist es, wenn diese Aufgabe nicht mehr vom Einzelnen selbst geleistet werden kann oder muss. So fehle den Kindern seiner Umgebung der eigene Zugang zur Welt: »Mein Gott, was für Verdoppelungen von allen Seiten, ob sie schreien oder lachen. Sprechen sie erst, ist es ganz aus. Man hat tausendmal gehört, wie es ihnen *vorgekaut* wurde.« (Kronauer 2010: 63, Hervorhebung d. Verf.)

Dem Erzähler selbst fehlt dafür die Fähigkeit, die Geschehnisse der Welt hinzunehmen. Er schickt Bekannten »Zeitungsartikel, die mich in Aufregung versetzten, die ich nicht einfach alleine *schlucken* wollte« (Kronauer 2010: 40, Hervorhebung d. Verf.). Wenn seine Kommunikationsversuche misslingen, findet er auch dafür Bilder, die um die Nahrungsaufnahme kreisen. Seine Äußerungen haben in der ihn umgebenden Welt keinen Platz; sie werden ihm »von der Gesellschaft *in den Mund zurückgestopft*« (Kronauer 2010: 39, Hervorhebung d. Verf.).

Die Welt des Erzählers ist – wie in Jobsts Rahmen – essbar, wird als essbare und zu essende vorgestellt. Anders als in der Rahmung sind die mit dem Essen verknüpften Diskurse in der Binnenerzählung aber noch deutlich breiter aufgefächert und legen zahlreiche Assoziationsketten frei. Allesamt bleiben sie dabei grundsätzlich mit den Erkrankungen des Erzählers verbunden.

Gemeinsam mit seiner Freundin Dottie Wamser gerät der Erzähler in eine der Anorexie ähnliche Sucht, die zu seiner Sammlerleidenschaft in Opposition steht. Bei Dottie wird das Weniger, nicht das Mehr zum Ziel: Sie »wollte möglichst wenig fürs Essen ausgeben« (Kronauer 2010: 22), isst infolgedessen vor allem billige und »schlechte Ware« (ebd.): »Was bei anderen die Fett- und Freßsucht ist, wurde, jetzt erst richtig, bei ihr das Einsparen von allem Überflüssigen« (Kronauer 2010: 23). »Kein Luxus mehr« (ebd.), lautet die Parole.

Gerade fanatische Askese aber verspricht Genuss, der wiederum nur in essbaren Vokabeln Ausdruck findet: »Für die lügnerische Dottie […] ergab sich der Kitzel des Geizes, das merkte ich zu spät, aus seiner Verleugnung nach außen hin. Ein zusätzliches Bonbon.« (Kronauer 2010: 25) Die Sucht danach, Essen einzusparen, führt nicht weg vom Essen, sondern es bleibt als »Bonbon« am Ende des Satzes stehen – weil auch die Konzentration auf die Unabhängigkeit von etwas sich als Abhängigkeit herausstellt.

Der Versuch, sich die Welt qua Sammlung anzueignen, scheitert am Übermaß der Dinge; das Modell der Askese, konkret am Esskonsum vorgeführt, verspricht in diesem Zirkelschluss ebenso wenig Gutes. Abhängigkeit und körperliche Deformationen[5] sind die Folgen.

Die Beschäftigung mit dem Essen zieht auch Kreise, die den oben angesprochenen Bereich der Paranoia betreffen. Der Diskurs ums Essen weist eine ebenso bedrohliche Komponente auf wie die übrige vom Erzähler wahrgenommene Welt. Bei einer Autofahrt aufs Land bemerkt der vermeintliche Mörder Dottie Wamsers, es sei das »Schicksal der Bauern, daß sie dauernd ihre Tiere umbringen müssen« (Kronauer 2010: 83). Der Anblick eines »furchtbare[n] Gehöfts« setzt die Angst vor Verwertungsprozessen frei, die den Menschen selbst zum Gegenstand der Nahrung machen: »Die Schwärze dieses mühsam von der Ruine zusammengehaltenen Inneren brach hervor wie kalter Schweiß. Ich wusste plötzlich genau, dass sie dort ihre Toten an die Schweine verfüttern werden.« (Kronauer 2010: 84)

Sogar kannibalistische Vorgänge werden denkbar:

»Die Bewohner zündeten jetzt allmählich die Lichter an zu einem heuchlerischen Fanal von Freundlichkeit. Das war höchstwahrscheinlich. Machten sich so lange was vor, bis sie übereinander herfielen. Nur nach draußen dringen durfte es nicht.« (Ebd.)

Die Krise des Erzählers, die eine funktionale und angstfreie Wahrnehmung der Welt unmöglich macht, greift den Bereich des Essens auf und steigert damit ihre Bedrohlichkeit. Wenn die Wahrnehmung des Erzählers die kontemporäre Wirklichkeit als eine Welt konstruiert, in der die Alltäglichkeit der Nahrungsaufnahme in den Kreislauf der Abhängigkeiten gerät und paranoide Furcht vorm Gefressenwerden konnotiert, nimmt es nicht Wunder, dass die Apokalypse und Neuordnung aller Verhältnisse angstvoll prophezeit, aber gleichzeitig herbeigesehnt wird: »Eine neue Barbarei, hoho, wird alle Hindernisse hinwegfegen, alle mühsamen Errungenschaften der Aufklärung, der Zivilisation als Endphase eines Prozesses, den die, die dann zerschlagen werden, einleiten.« (Kronauer 2010: 102)

5 Wie Jobsts kürbisförmige Dicke im Zug transformiert die Nahrung auch die Körper von Dottie und ihrem co-süchtigen Partner. Bei ihr sind bald »[a]lle hübschen Polsterungen weg, aller Glanz auf der Haut dahin« (Kronauer 2010: 23), er ist zum Zeitpunkt der Erzählung »kein hübscher Mann mehr, denn ich habe die Visage eines leibarmen Fanatikers oder auch Pedanten gekriegt« (ebd.).

Welthunger und Kapitalismusgier – Essen als Politikum

Eine besondere Zuspitzung erfährt die Verbindung von Essen und Ängsten in der Analyse des kapitalistischen Systems. Ähnlich wie Jobst ist auch die Erzählerfigur des Wolfsen-Romans Teil einer Gesellschaft, der Nahrung im Überfluss zur Verfügung steht.[6] Während der Überfluss der Dinge den Erzähler in eher verwaltungsbedingte Probleme stürzt – »Das Zeug überwuchert mich« (Kronauer 2010: 32) – packt ihn nachgerade Ekel beim Gedanken an den Fleischkonsum der Massen:

»Ich sah die Bataillone der frischen Spanferkel-Bäuche, die elenden Regimenter des Frischwurst-Aufschnitts und die Barren des sogenannten Truthahnfrühstücks in endlosen Stapelungen. Auch die Münder, die sich daranmachten, viel für wenig Geld, die Unmengen der Preisbrecher zu verschlingen. Mit wohl jeweils einzelnem Appetit, was mir aber kaum vorstellbar war, in tausendfacher, unbekümmerter Multiplikation ursprünglich individueller Esser.« (Kronauer 2010: 61)

Unter dem Blick des Erzählers dreht sich im Konsum der Massen das Fressen und Gefressenwerden um: »Man scheucht die Herden auf die Warenhausweide« (Kronauer 2010: 63), wo sie selbst zu Schlachtvieh im kapitalistischen System werden: »Ich sah die Durchtriebenheit der Verkäufer an den Ständen, das Zwinkern ihrer dunklen und blauen Augen, das die froh gestimmten Käufer mit den Taschen und Körben ausnahmslos zu Lämmern, zu schlachtreifen Deppen machte.« (Kronauer 2010: 72)

Das Deutschland des Erzählers leidet am Nahrungskonsum, der immer mit der Masse kalkuliert und doch versucht, individuelles Event zu sein. Auch Jobst beobachtet Menschen, die sich »zum möglichst malerischen Einkaufen auf dem teuren Wochenmarkt« (Kronauer 2010: 10) versammeln. Der Erzähler der Binnengeschichte erinnert sich an die Reste einer Esskultur, mit »Stoffservietten, die doch für mich von Kindesbeinen an zum Eßvergnügen gehören« (Kronauer 2010: 27). In einem übersättigten Europa gelingt es ihm aber nicht einmal mehr im Luxusrestaurant, Freude am Essen zu empfinden: »War es denn nicht eine gespielte Einmaligkeit, die nur die Gestik, das Affentheater des Speziellen vorführte, um es, kaum drehte ich ihnen den Rücken, haargenau und auswendig gelernt, beim Nächsten zu rekapitulieren?« (Kronauer 2010: 62).

Während für den Erzähler im Kapitalismus Individualität in der Masse verschwindet, beispielhaft illustriert an der Massenabfertigung europäischer Esser, überrollt »[e]ine Flut gefrorener Hühnerteile aus der EU […] Westafrika« (Kronauer 2010: 91). Angesichts derartig grotesker Zusammenhänge ergeht es dem Leser des Textes ähnlich wie dem Erzähler der Binnengeschichte. Es wird

6 Auch für die Figuren selbst ist ›Not‹ keine realistische Bedrohung: Jobst hat durch ein Erbe finanziell ausgesorgt (vgl. Kronauer 2010: 8), der Erzähler des Binnenromans spricht von Spekulationen, von deren Gewinnen er leben kann (vgl. Kronauer 2010: 28).

schwierig zu entscheiden, wie die einzelnen Bausteine der Bilder zusammengehören, was zum Sinn des Bildes dazu gehört:

»Man selbst gehe schnell und ohne Barmherzigkeit an den vielen Bettlern und Musikanten [...] vorüber [...]. Andererseits der ausufernde Luxus, Champagner und Austern in Warenhäusern, Schokolade wie erlesenste Weine annonciert und auch so teuer. [...] Wie passe das alles zusammen?« (Kronauer 2010: 93f.)

Auf die Bedrohlichkeit des Kapitalismus verweist der Erzähler in einem inneren Monolog, der Hunger und Überfluss nebeneinander stellt. Das System, so erklärt es die Rede des Erzählers, ist »in die Macht und Willkür der Wölfe gegeben« (Kronauer 2010: 94f.), deren Gier der »böse Wolfsen« erahnen lässt, von dem der Erzähler am Ende des Romans geplündert wird. Die Bürger werden, essend, satt und zufrieden, bei Laune gehalten und verhalten sich wie Lämmer einer Herde:

»[W]ir wollen wieder das brave Volk sein, wir drängen nicht vor und protestieren nicht, wir senken den Kopf und sehen ein, dass es nicht anders geht. [...] [W]ir, die nicht ernst genommen, die zügig abgespeist werden und jedes Futter fressen, solange es was für uns gibt.« (Kronauer 2010: 101)

Ins Diskursfeld ›Essen‹ hat sich fast unmerklich eine Verschiebung eingeschlichen. Essen ist nicht mehr nur eine Frage der körperlichen oder psychischen Befindlichkeit. Das Leiden des Erzählers an asketischem Essverhalten und am übervollen Angebot für die konsumierenden Esser führt direkt in die Kritik am kapitalistischen System, das dann allerdings nicht mehr aus Essern, sondern aus Fressern besteht. Es gibt Brot und Spiele für die fressende Herde, die von fressenden Wölfen in Schach gehalten wird. Wo einst Kulturleistung, »Errungenschaften der Aufklärung« (Kronauer 2010: 102) und »Stoffservietten« (Kronauer 2010: 26) waren, wird nun verschlungen, was sich nicht wehrt.

In der Binnengeschichte vom »bösen Wolfsen« haben sich eine spezifisch pathologische Weltwahrnehmung und eine fundamentale Kritik am Kapitalismus im semantischen Bereich des Essens auf unterschiedlichen assoziativen Wegen miteinander verbunden. Ähnlich wie bei Jobst führt eine Krise, die eine Wahrnehmungsstörung beinhaltet, auf eine metonymische Spur, in der sich das ›Essen‹ mehr und mehr mit Bedeutungsbausteinen anreichert, die aufeinander Bezug nehmen und miteinander in Verbindung bleiben. Noch am Ende der Erzählung hallt so das asketische Projekt Dottie Wamsers nach, das an ihrem Anfang steht. Schließlich ist – auch außerhalb der Literatur – der Ruf nach Selbstbeschränkung im kapitalismuskritischen Diskurs schon lang zum Topos geworden.

Hat's geschmeckt, Jobst Böhme?

Jobst Böhmes Aufgabe, sich Texte des Schriftstellers einzuverleiben, provoziert im Wesentlichen zwei Fragen: Wie hat es Jobst geschmeckt und welche Nährstoffe hat sein Organismus aus der Lektüre gewonnen?

Affektive Zustimmung zum Roman lässt sich zunächst nicht erkennen. »›Ja was denn nun? Hat er oder hat er nicht?‹ brummte Böhme erst mal« (Kronauer 2010: 119), und bezieht sich damit auf die von der Geschichte im Unklaren gelassene Frage, ob der Erzähler seine Freundin ermordet hat oder nicht.

Schwierig ist die Lektüre des Binnenromans allemal. Dem namenlosen Ich-Erzähler ist nicht zu trauen. Seine Spleens unterminieren seine Glaubwürdigkeit. Jobst muss sich entscheiden: Ist der Erzähler tatsächlich verrückt oder eher hellsichtig? Ist er ein Irrer oder ein Prophet? Jobst urteilt nicht bewusst, Spuren seiner Lektüre finden sich aber im Verlauf seines Tages wieder.

Offensichtlich identifiziert er sich mit einer Person des gelesenen Textes – nicht allerdings mit ihrem Erzähler. Als er auf die Putzfrau trifft, die für sein Feriendomizil zuständig ist, bemerkt er: »Wenn sie sich einander vorgestellt hätten, wäre von ihm bestimmt ›Gestatten, Wolfsen‹ gekommen.« (Kronauer 2010: 122) Jobst wirft sich selbst in das Kostüm des Wolfs – und entgeht damit der Identifikation mit seinem Opfer, dem Erzähler des Binnenromans. Ihn soll die Gier, das Fressen kennzeichnen, nicht der Ekel vor dem Überdruss und die Angst vor dem Verschlungenwerden. Instinkthaft verhält sich, wer ein wahrer Wolf sein will:

> »Beim Aufschließen der Haustür sah er als erstes ein geblümtes Frauengesäß und dachte sofort: Da möchte ich jetzt ordentlich draufhauen! Aber gleich danach, nicht ohne Stolz: Mensch Böhme, was bist du instinktiv, um nicht zu sagen, primitiv!« (Kronauer 2010: 121)

In der Rolle des primitiven Wolfs gelingt es Jobst, seine Irritationen und Ängste zu verbergen, die aus der Entdeckung eines unheimlichen Lochs in der Badezimmerwand der Ferienwohnung resultieren: »[M]an sehe von dieser Stelle aus immerzu in die graue Tiefe hinein« (Kronauer 2010: 123), beschreibt es die Putzfrau. Jobst aber »fürchtete sich doch nicht vor den Abgründen hinter Badezimmerwänden, selbst wenn sich dort Spinnen oder ähnliches Ungeziefer eingenistet hätten.« (Ebd.)

Die Ängste, die Jobst in der Rolle des Fressenden zu bannen hat, führen allerdings an weitaus tiefere Abgründe. Jobst nimmt sich vor

> »sein Inneres nur, und äußerstenfalls, durch einen Spalt zu beäugen, sich die Finger vors Gesicht zu halten und bloß zu blinzeln. Das dort eingelagerte Problem sollte für sich brüten, besser noch: schrumpfen. Wenn man kein Licht dran ließ, erstickte es vielleicht sang- und klanglos von selbst. ›Wolfsen!‹, sagte er kopfschüttelnd vor sich hin.« (Kronauer 2010: 125)

Es ist die Rolle des Wolfs, die Böhme aus der Erzählung vom Bösen Wolfsen extrahiert – sie entlarvt ihn aber, anstatt ihn zu schützen. Ironischerweise zeigt sich das gerade am herausragendsten Attribut des Wolfs: dem Verschlingen und Fressen. Jobst will genau das nicht recht gelingen. Der Flirt mit der Putzfrau gleitet ins Skurril-Komische ab und das Restaurant, das er anschließend aufsucht, missfällt ihm auf Anhieb. Es ist, von ihm und dem Kellner abgesehen, leer – »ein fatales Zeichen für die Gastronomie« (Kronauer 2010: 124). Der Kellner gibt sich wortkarg und beleidigend (vgl. ebd.), der Wolf Böhme schafft es nicht einmal, das Gericht zu bestellen, für das er sich entschieden hat: »Fondue erst ab zwei Personen.« (Ebd.) Jobst weicht – in einem ironischen Rückbezug auf sein Leiden an der Welt als einer »gottverdammte[n] Pizza auf durchgefeuchtetem Papier« (Kronauer 2010: 11) – auf Pizza aus.

Auch als Selbstversorger und ›Jäger‹ ist Böhme denkbar schlecht. Die Brötchen, die er für den nächsten Tag als Proviant mitnimmt, enttäuschen ihn, er trinkt, »vage beleidigt, sein Leitungswasser dazu« (Kronauer 2010: 133).

Jobsts Krise, die sich im ersten Teil des Rahmens in dem Gefühl äußert, den Geschmack für die Welt verloren zu haben, erklärt sich im zweiten Teil mit Hilfe der Romane, die er liest und die immer mehr Zusammenhänge mit dem ›Essen‹ stiften. Böhmes Fehler ist sein Wolf-Sein-Wollen und -Nicht-Können. Wer Fondue bestellt und Pizza bekommt, wer an trockenen Brötchen nagt, anstatt, wie andere Wanderer, in eine »Dauerwurst« (Kronauer 2010: 130) zu beißen, lebt in selbstverschuldetem Mangel.

Alfred Döblin lässt Franz Biberkopf im Verlauf seiner Berlin-Odyssee erkennen, wie schädlich es ist, »vom Leben mehr zu verlangen als das Butterbrot« (Döblin 2007: 12). Jobst Böhme dagegen ist ein ständig Hungriger, dem seine Umgebung zwar Appetit macht, der letzten Endes aber unzufrieden das Restaurant verlässt. Ähnlich wie der namenlose Wolfsen-Erzähler bleibt er innerhalb der Dorfgemeinschaft Autist, scheut dabei die Auseinandersetzung mit dem Eigenen und kann sich auch mit seinen Mitmenschen nicht verständigen.[7] Der Protagonist des Binnenromans hat sich in paranoider Furcht von der Welt zurückgezogen. Jobst Böhme ist ihm ähnlicher, als seine Identifikation mit Wolfsen es auf den ersten Blick suggeriert.

Schluss: Kronauer lesen

Die Poetologie des Textes *Errötende Mörder* lässt das alltägliche ›Essen‹ als dreidimensionales Zeichen erscheinen, das im Lauf des Textes perspektivisch angereichert und in all seine Assoziationsmöglichkeiten aufgefächert wird. Die erste Binnengeschichte und seine Rahmung verbindet ein Mäandrieren des Begriffsfeldes ›Essen‹, das zwischen Rahmen und Binnengeschichte spezifische Bezüge herstellt.

Die Struktur des Textes lässt zahlreiche weitere Verknüpfungs- und damit Bedeutungsmöglichkeiten zu. Noch einzugehen wäre vor allem auf den prekären Status des Essens zwischen Natur (im Sinne eines Rohstoffs) und Kultur (im

7 Vgl. innerhalb dieses Rahmens insbesondere die Missverständnisse mit der Putzfrau und das Verhältnis zum Kellner.

Sinne eines bearbeiteten, zu verkaufenden, ausgestellten Dings). Sowohl Jobst als auch den Erzähler des Binnenromans umgibt eine Welt, in der natürliche und kulturelle Bereiche endgültig ineinander verwoben sind. Es ist nicht mehr auszumachen, welcher Bereich dem jeweils anderen an welcher Stelle nachempfunden wurde, eine Trennlinie ist im Status Quo nicht mehr sichtbar:

»Vor einigen Wochen hatte [Jobst] mit Natalja, um sie mit einer anderen Seite der Stadt zu verblüffen, einen Spaziergang durch ein Flusstal im Norden gemacht. Zu beiden Seiten des Wassers gab es noch schmale Streifen eines ursprünglichen Auwalds. Danach hatten sie in einer langgestreckten Einkaufspassage Kaffee getrunken. Konstruiert wie das Flusstal, musste er die ganze Zeit denken. Oder war die Reihenfolge umgekehrt gewesen? Dann hatte er eben während der Wanderung gedacht: Angelegt wie eine Einkaufspassage!« (Kronauer 2010: 10)

Diese Ratlosigkeit diskutiert der Text auf mehreren Ebenen auch für den Bereich des Essens. Biomärkte suggerieren Jobst und dem Roman-Protagonisten Ursprünglichkeit, die längst Fiktion ist; Märchendiskurse ranken sich um das Essen, sowohl bei Jobst als auch beim Bösen Wolfsen – Essen ist damit ein Bereich narrativer Gestaltbarkeit.

Der Begriff des ›Essens‹ erfährt eine sukzessive Aufladung, die er nicht wieder ablegen kann. Jobsts zweite Lektüre handelt von der grotesken Busfahrt einer Gruppe Senioren. Am Ende ihres Ausflugs glauben die Alten, im »Schlaraffenland«, gar im »Paradies« zu sein, weil man ihnen »einen Pott Kaffee ohne Coffein und eine Waffel mit heißer Sauce« (Kronauer 2010: 217) serviert. Der Leser fühlt sich nicht nur an das letzte Abendmahl erinnert, er kann gleichzeitig Rückbezüge herstellen zu den Essensdiskursen der ersten Erzählung. Ähnlich wie der Ich-Erzähler des Wolfsen-Romans es für die kapitalistische Gesellschaft prophezeit, werden die Alten gefüttert, bis sie satt und zufrieden sind. Ähnlich wie in der Wolfsen-Erzählung ist der Bereich des Essens auch der Bereich paranoider Ängste: Niemand weiß, ob man die Alten mit den Waffeln nicht vielleicht vergiften will. Im poetischen Textgefüge Kronauers antworten die beiden Textstücke aufeinander und kommentieren sich gegenseitig.

Kronauers Poetologie greift nach Begriffen und gestaltet sie mittels assoziativer Ketten. Sie lassen keinen Bedeutungsmittelpunkt mehr erkennen, müssen während des Lesens aufmerksam verfolgt werden und machen so einen großen Teil der Kunstfertigkeit – und sicherlich auch der Schwierigkeit – des Textes aus.

»Wohin ich fasse, greife ich nach Nichtnatürlichem, nach Vorgeformtem, nach artifiziell Aufbereitetem«, sagt Brigitte Kronauer in einem Interview mit Ijoma Mangold. Essen ist in den *Errötenden Mördern* genau als das zu lesen: als etwas kulturell und literarisch Rezipiertes, Narrativiertes, Assoziiertes, Verknüpftes. »Die brodelnde Natur gibt es nicht«, das kann der Leser bei Kronauer lernen: »Das Artifizielle ist das Reale.« (Mangold 2009)

Literatur

Appel, Ina (2000): *Von Lust und Schrecken im Spiel ästhetischer Subjektivität. Über den Zusammenhang von Subjekt, Sprache und Existenz in Prosa von Brigitte Kronauer und Ror Wolf*, Würzburg.

Arnold, Heinz Ludwig (Hg.) (1991): *Brigitte Kronauer. Text und Kritik* 112.

Bahners, Patrick (2005): »Vereinigung durch das Bild hindurch. Laudatio auf Brigitte Kronauer«. In: *Deutsche Akademie für Sprache und Dichtung. Jahrbuch*, Darmstadt, 124-132.

Cramer, Sibylle (1991): »Es gibt eine zarte Empirie, die sich mit dem Gegenstand innigst identisch macht«. In: Heinz Ludwig Arnold (Hg.): *Brigitte Kronauer. Text und Kritik* 112, 19-25.

Döblin, Alfred (2007 [1929]): *Berlin Alexanderplatz*, München.

Jung, Werner (1991): »Alltag – die Kulisse für das ordentliche Voranleben. Anmerkungen zu Brigitte Kronauers Prosa«. In: Heinz Ludwig Arnold (Hg.): *Brigitte Kronauer. Text und Kritik* 112, 42-53.

Kronauer, Brigitte (1987): »Vorwort«. In: Dies.: *Aufsätze zur Literatur*, Stuttgart, 7-8.

Kronauer, Brigitte (2010 [2003]): *Errötende Mörder*, München.

Kübler, Gunhild (1998): »Ruhelose Wahrnehmungs- und Spracharbeit«. In: Heinz Schafroth (Hg): *Die Sichtbarkeit der Dinge. Über Brigitte Kronauer*, Stuttgart, 93-101.

Mangold, Ijoma (2009): »Zu Besuch bei der Großmeisterin der Boshaftigkeit«. In: *Die Zeit* 42 (8.10.2009), http://www.zeit.de/2009/42/Kronauer-Text, 1.9.2011.

Modick, Klaus (1999): »Das große Ausatmen. Über Brigitte Kronauer«. In: Ders.: *Milder Rausch. Essays und Portraits*, Frankfurt a.M., 120-130.

»All or Nothing or Something Else«. Jonathan Safran Foers *Eating Animals* und die Rhetorik des Fleischverzichts

GWENDOLYN WHITTAKER

Hochkonjunktur der Lebensmittel-Manifeste

Für das erste Jahrzehnt dieses Jahrtausends lässt sich eine Flut medialer Aufklärung über die Bedingungen der gegenwärtigen Lebensmittelerzeugung und des Lebensmittelverzehrs verzeichnen: Seien es Filme[1] oder Literatur[2] – allein im deutschsprachigen Raum wurden unser Essen und unser Ernährungsverhalten in den letzten Jahren kritisch unter die Lupe genommen. Dabei drücken Titel wie *Abgeschmeckt und aufgedeckt*, *Die Joghurt-Lüge* oder *Die Essens-Fälscher* bereits den journalistisch-investigativen Anspruch gegenüber einer mächtigen Industrie und ihrer Lobbyisten aus, gegen welche die Filme und Bücher zu Felde ziehen. Solche Darstellungen konzentrieren sich in erster Linie auf die industrielle Erzeugung und chemische Belastung gegenwärtiger Lebensmittel und damit auf ihr gesundheitsgefährdendes Potential. Daneben sind aber auch Fragen ethischen Essverhaltens von Bedeutung,[3] auch und insbesondere, was den Verzehr von Fleisch betrifft. Bücher wie Eva Gorris' *Unser kläglich Brot* und Tanja Busses *Die Ernährungs-Diktatur* sind dabei eher den journalistischen Untersuchungen zuzurechnen, während Theresa Bäuerleins *Fleisch Essen, Tiere Lieben* und Karen Duves *Anständig Essen* in persönlicherem Ton gehalten sind. Insbesondere Duves Versuch, sich ein Jahr lang verschiedenen Ernährungsweisen im Selbst-

1 Vgl. etwa die Filme von Wagenhofer 2006, Kenner 2008, Robin 2008 sowie Robin 2011.

2 Vgl. als Auswahl Angres/Hutter/Ribbe 2006, Bäuerlein 2011, Bode 2008, 2010, Busse 2010, Duve 2010, Gorris 2007, Grimm 2008, Herzke/Schmoll 2009, Vollborn/Georgescu 2006.

3 So etwa Bäuerlein 2011, Busse 2010, Duve 2010, Foer 2009, Gorris 2007.

 © TRANSCRIPT 2012

test zu unterziehen – das Spektrum reicht von Bio-Kost im Januar bis zum fruktarischen Speiseplan im Oktober –, ist nach dem Erzählprinzip einer gesteigerten Askese organisiert und wird dadurch als autobiografische Konversionserzählung lesbar.

Duves Protokoll ihres Selbstversuchs erschien ein Jahr nach Jonathan Safran Foers einschlägiger Veröffentlichung *Eating Animals* (2009; *Tiere Essen* 2010) – eine eigenartige Konstellation. Denn sowohl Foer als auch Duve sind international bekannte Schriftsteller, die bis zu den Jahren 2009 beziehungsweise 2010 für fiktionale Literatur bekannt waren und die nun nahezu gleichzeitig Texte zur thematischen Verbindung von Essen und Kultur vorlegten. Beide Texte changieren zwischen journalistischer Investigation, kulturwissenschaftlicher Diagnose, kritischem Manifest und autobiografischer Läuterungserzählung und setzen sich dadurch von der Masse der eher populärwissenschaftlich orientierten Literatur ab.[4] Duve schildert ihren Selbstversuch in schnoddrig-ironischem Ton – oder, wie der Verlag das Buch bewirbt: »mit knochentrockenem Humor« (Duve 2010: Klappentext) –, der bei aller Aufgeschlossenheit gegenüber extremen kulinarischen Gewohnheiten die Position einer auch skeptische Leser ansprechenden, weil distanzierten Erzählinstanz betont. Foers Anliegen geht dagegen über die Kritik an den Bedingungen moderner Fleischproduktion hinaus, die er auf der Ebene des Aussagegehaltes ganz offensichtlich äußert. Dieses Mehrwerts wegen, der im Folgenden genauer erläutert werden soll, konzentrieren sich die weiteren Überlegungen auf Foers Text.

Foers *Eating Animals*

Mit *Everything is Illuminated* (*Alles ist erleuchtet*, dt. 2003) gelang dem damals 25-jährigen Foer 2002 der literarische Durchbruch. Aus verschiedenen Perspektiven erzählt, Fiktion und Autobiografie vermischend sowie mit typografischen Elementen experimentierend, arbeitet Foer darin eine vom Holocaust betroffene Familiengeschichte auf. 2005 folgte der Roman *Extremely Loud and Incredibly Close* (*Extrem laut und unglaublich nah*, 2005), der vor dem Hintergrund der Anschläge des 11. September 2001 die Queste des Halbwaisen Oscar Schell erzählt, der seinen Vater durch die Anschläge verlor. Seine Experimente mit visuell-grafischen Elementen entwickelte Foer hier weiter. Auf *Eating Animals* folgte 2011 der ebenfalls experimentelle Roman *Tree of Codes*, in dem Foer sein Lieblingsbuch als Material für eine neue Geschichte verwendet, die er mit Hilfe dieser Vorlage montiert. In dieser noch jungen Werkgeschichte kommt *Eating Animals* eine besondere Rolle zu. Wenngleich auch hier das Spiel mit der typografischen Dimension des gedruckten Wortes eine wichtige Rolle spielt, un-

4 Die Autoren haben die Situation insofern pragmatisch gelöst, als sie im Januar 2011 eine gemeinsame Lesereise nach Berlin, Wien und Zürich unternahmen.

terscheiden der investigative Impuls und der Anspruch einer ›Wirklichkeitserzählung‹[5] diesen Text von Foers übrigen.

Eating Animals hebt sich aber auch in auffälliger Weise von dem Genre der ›Aufklärungsliteratur‹ ab, das oben umrissen wurde. Eine Ursache für die Popularität des Buches mag in der seines Autors liegen, doch dies allein vermag das breite internationale Interesse an einem Manifest gegen die Massentierhaltung noch nicht zu erklären. Und tatsächlich ist es Foer nicht nur um diese Kritik zu tun. Darüber hinaus stellt der Text die Frage, wie eine Rhetorik für den Vegetarismus aussehen kann, die eine weniger dichotomisierende Wirkung hat: »There is something about eating animals that seems to polarize: never eat them or never sincerely question eating them; become an activist or disdain activists. [...] It's a way of thinking that we would never apply to other ethical realms« (Foer 2009: 32). Es geht dem Text also nicht nur um Fragen des Essens selbst, sondern um die Rede über das Essen, mithin um die kulturelle Praxis, in die das Essen eingebettet ist. Dieses Problem ist für Foer nicht zuletzt ein methodologisches, indem es die Frage des adäquaten Schreibens betrifft:

»I had to ask myself if it was possible to say something coherent and significant about a practice that is so diverse. [...] And eating animals is one of those topics, like abortion, where it is impossible to definitively know some of the most important details ([...] What is animal experience really like?) and that cuts right to one's deepest discomforts, often provoking defensiveness or aggression.« (Ebd.: 13)

Foer überschreibt das zweite Kapitel seines Buches mit »All or Nothing or Something Else« (ebd.: 19) und deutet mit diesem Titel den Versuch einer gemäßigten Programmatik an, die er mit *Eating Animals* verfolgen will: den Versuch, am Beispiel des Fleischessens als Extremfall eines ethischen Diskurses eine Redeweise zu entwickeln, die jenseits moralischer Extreme und Alternativlosigkeiten operiert. Aus dieser Perspektive betrachtet, berührt der Fleischverzehr im Übrigen nicht nur Fragen der Ernährung und der Tierethik, sondern ein ganzes Spektrum weiterer Themen, die Aspekte einer ›guten‹ Lebensführung betreffen:

»I've restricted myself to mostly discussing how our food choices affect the ecology of our planet and the lives of its animals, but I could have just as easily made the entire book about public health, workers' rights, decaying rural communities, or global poverty.« (Ebd.: 260)

Dass und wie der Text selbst eine Redeweise vorzuführen versucht, die jenseits moralischer Extreme funktioniert, soll anhand von drei Gesichtspunkten gezeigt werden. Erstens setzt Foer gegen die abstrahierende Tendenz von Fakten zur industriellen Fleischproduktion Strategien der Veranschaulichung (1) ein. Zweitens

5 In Anlehnung an Christian Klein und Matias Martínez wird unter diesem Begriff eine Erzählung verstanden, die sich im Unterschied zu genuin fiktionalen Erzählhaltungen »direkt auf unsere konkrete Wirklichkeit [bezieht] und [...] Aussagen mit spezifischem Geltungsanspruch« trifft (Klein/Martinez 2009: 1).

bedient er sich wirkungsästhetischer Techniken (2), die Gefühle des Ekels und des Schocks hervorrufen. Und schließlich rahmt er seine Untersuchung durch Auszüge aus seiner Familiengeschichte (3).

Sprachinventur für den Vegetarismus

Zunächst ist jedoch der narrative Anspruch augenfällig, den der Text explizit macht. Das verdeutlicht bereits die Struktur der Kapitel: Vier der acht Kapitel sind mit Differenzpaaren überschrieben (»Words/Meaning«, »Hiding/Seeking«, »Influence/Speechlessness«, »Slices of Paradise/Pieces of Shit«), während das erste und das letzte Kapitel mit »Storytelling« betitelt sind. Foer geht in diesen Kapiteln unter anderem auf den Zusammenhang ein, der – insbesondere in der jüdischen Tradition seiner Familie – zwischen Ess- und Erzählkultur bestehe: »[...] food serves two purposes: it nourishes and it helps you remember. Eating and storytelling are inseperable [...]« (Foer 2009: 11f.). Der Text stellt in dieser und in anderen Passagen sein Bewusstsein für und seinen Anspruch auf seinen narrativen Gestus sehr deutlich aus. Interessanter als solche teilweise auch in kulturwissenschaftliche Gemeinplätze abdriftenden Überlegungen ist aber das eigentliche *Verfahren*, mit dem Foer sein Argument entwickelt. Die oben genannten Techniken werden dabei erkennbar als Instrumente einer neuartigen Erzählung, die seinen Entschluss für den Fleischverzicht plausibel machen sollen.

Zunächst zur Technik der Veranschaulichung (1): Foer verzichtet – wohl bewusst – auf die aggressive Wirkung von Bildmaterial aus Schlachthöfen. In einem Interview mit der *NZZ* äußerte er dazu:

> »Wenn Sie ein Plakat mit der Parole ›Meat is Murder‹ und dem Bild eines geschundenen Tieres aufstellen, reagieren vielleicht zwei Leute darauf. Die Organisation PETA [...] arbeitet mit solchen Methoden und hat einiges damit erreicht; doch mir geht es um die restlichen acht Leute.« (Schrader 2011)

Er setzt demgegenüber auf die Imaginationskraft seiner Leser, indem er sich anderer Mittel zur Evidenzerzeugung bedient. Eines dieser Mittel findet er in der materiellen Dimension des gedruckten Textes. So versieht Foer beispielsweise jedes Kapitel mit einem Fakt zur Fleischindustrie, der grafisch veranschaulicht wird. Dem ersten Kapitel etwa ist der Hinweis beigefügt: »Americans choose to eat less than 25% of the known edible food on the planet« (Foer 2009: 1). Die Seite ist fast vollständig mit dünnen schwarzen Linien gefüllt, nur eine solche Linie wurde weggelassen und steht – als leerer weißer Strich – für dieses Viertelprozent der Lebensmittel, die in Amerika konsumiert werden. Das Kapitel »Hiding/Seeking« ist mit einem Hinweis auf die Größe des Käfigs von Legehennen beziehungsweise des – identischen – Raums versehen, der Legehennen ohne Käfig zur Bewegung eingeräumt wird. Den Platz veranschaulicht Foer durch ein Rechteck, das sich über eine knappe Doppelseite des Buches erstreckt und so den tatsächlichen Bewegungsraum grafisch erkennbar macht. Zudem benutzt er die materielle Dimension der Buchstaben zur Veranschaulichung abstrakter Zahlen: Das Kapitel »Speechlessness/Influence« etwa beginnt mit dem Hinweis: »On average, Americans eat the equivalent of 21,000 entire animals in a lifetime – one animal for every letter on the last five pages« (Foer 2009: 121). Die vorherigen Seiten sind in kleiner Schriftgröße mit wiederholten Folgen des Titels »Influence/Speechlessness« bedruckt. Und um die Anzahl der Tiere zu verdeutlichen, die jährlich durch die industriellen Lebensbedingungen zugrunde gehen (200.000), zieht Foer den Vergleich: »about two cows for every word in this book« (ebd.: 56).

Ein weiteres Mittel der Veranschaulichung ist in Foers Verwendung verschiedener Perspektiven zu suchen. Den Perspektivwechsel führt er bereits zu Beginn – im Rahmen eines Exkurses zum Verzehr von Hundefleisch – mit einem Hinweis auf die Augenanatomie ein:

»A simple trick from the backyard astronomer: if you are having trouble seeing something, look slightly away from it. The most light-sensitive parts of our eyes (those we need to see dim objects) are on the edges of the region we normally use for focusing. Eating animals has an invisible quality. Thinking about dogs [...] is one way of looking askance and making something invisible visible.« (Ebd.: 29)

Entsprechend dieser Überlegung lässt Foer immer wieder andere Personen zu Wort kommen: eine Tierschützerin; den Betreiber eines konventionellen Schlachthauses; einen Truthahnfarmer, der als der letzte ethisch korrekte Truthahnlieferant Amerikas dargestellt wird; eine vegetarische Viehzüchterin; einen PETA-Aktivisten; Schlachthausangestellte und einen vegan lebenden Schlachthauskonstrukteur. Insbesondere Figuren wie dieser letzte dienen ihm als Beispiele für den von ihm proklamierten Mittelweg – eine Verbindung scheinbar gegensätzlicher Identitätsmodelle, die dennoch als gelungen dargestellt wird. Durch dieses Aufbrechen der homogenen Stimme des Autor-Erzählers, wie sie für das Erzählen im moralisch-ethischen Diskurs als charakteristisch gelten kann (vgl. Klein 2009: 175), entwickelt Foer einen neuen Erzählmodus für den Diskurs über Fleischverzehr.

Eine dritte Technik der Veranschaulichung ist schließlich in Foers skrupulöser Sprachkritik zu suchen. Das Kapitel »Words/Meaning« ist als eine Art Lexikon verfasst, das landläufige Begriffe der Fleischindustrie ›übersetzt‹ und so deren Rhetorik als euphemistische durchschaubar macht. Zum Begriff »free-range« (Freiland-) schreibt Foer etwa: »I could keep a flock of hens under my sink and call them free-range« (Foer 2009: 61). Und zum Verkaufssiegel »fresh« höhnt er: »pathogen-infected, feces-splattered chicken can technically be fresh, cage-free and free-range, and sold in the supermarket legally (the shit does not need to be rinsed off first)« (ebd.: 61).

Eine drastische Variante solcher Techniken der Veranschaulichung stellen zweitens solche Passagen dar, in denen Foer sich wirkungsästhetischer Mittel (2) bedient, um Reaktionen wie Ekel oder Schock zu stimulieren. Ekelgefühle rufen zunächst solche Abschnitte hervor, in denen Foer – behutsam ausgedrückt – Szenarien der Verunreinigung schildert. Harmlos nimmt sich noch seine erste Reaktion während des Einbruchs in eine Truthahnfarm aus, den er mit Hilfe einer Tieraktivisten begeht. Noch bevor sie das Licht anknipst, ekelt ihn der Boden an: »With each step, my feet sink into a compost of animal waste, dirt and I-don't-yet-know-what-else that has been poured around the sheds. I have to curl my toes to keep my shoes from being left behind in the glutinous muck« (ebd.: 86). Die anschauliche Beschreibung eines durchschnittlichen Hühnerbetriebs und eines durchschnittlichen Hühnerlebens zusammen mit den typischen Erkrankungen der Tiere steigert den Ekel. In den unhygienischen Ställen erkranken nahezu alle Tiere:

»Beyond deformities, eye damage, blindness, bacterial infections of bones, slipped vertebrae, paralysis, internal bleeding, anemia, slipped tendons, twisted lower legs and necks, respiratory diseases, and weakened immune systems are frequent and long-standing problems on factory farms. Scientific studies and government records suggest that virtually all [...] chickens become infected with E.coli (an indicator of fecal contamination) [...]. Around 8 percent of birds become infected with salmonella [...]. Seventy to ninety percent are infected with another potentially deadly pathogen, campylobacter.« (Ebd.: 131)

Diese Umstände verhindern jedoch nicht die Vermarktung der Tiere. Denn nachdem die Keime während des unhygienischen Schlachtprozesses genügend Gelegenheiten zur Ausbreitung hatten, wird das Fleisch vor dem Verkauf für den Konsumenten präpariert, um den ›falschen‹ Geschmack zu übertünchen:

»Of course, consumers might notice that their chickens don't taste quite right – how good could a drug-stuffed, disease-ridden, shit-contaminated animal possibly taste? – but the birds will be injected (or otherwise pumped up) with ›broths‹ and salty solutions to hive them what we have come to think of as the chicken look, smell and taste. (A recent study [...] found that chicken and turkey products, many labeled as natural, ›ballooned with 10 to 30 percent as broth, flavoring, or water.‹)« (Ebd.)

Eine Klimax erreichen die Beschreibungen ekelhafter Zustände gegen Ende des Buches im Kapitel »Pieces of Shit«. Foer schildert darin die Verschmutzung, welche Massentierbetriebe in ihrer Umgebung verursachen: »All told, farmed animals in the US produce 130 times as much waste as the human population – roughly 87,000 pounds of shit per second« (ebd.: 174). Zur Entsorgung dieses kontaminierten Abfalls fehlt allerdings eine entsprechende Infrastruktur. Die Fäkalienbrühe besteht unter anderem aus folgenden Elementen:

»[...] ammonia, methane, hydrogen sulfide, carbon monoxide, cyanide, phosphorus, nitrates and heavy metals. In addition, the waste nurses more that 100 microbial pathogens that can make humans sick, including salmonella, cryptosporidium, streptococci and girardia [...]. And not all of this shit is shit, exactly – it's whatever will fit through the slated doors of factory farm buildings. This includes, but is not limited to: stillborn piglets, afterbirths, dead piglets, vomit, blood, urine, antibiotic syringes, broken bottles of insecticide, hair, pus, even body parts.« (Ebd.: 175f.)

Wenn die fußballfeldgroßen Becken, in die dieser Cocktail gepumpt wird, zu überfluten drohen, werden die überschüssigen Mengen in die Luft oder auf die Felder gesprüht – mit ernsten gesundheitlichen Folgen für die Bevölkerung der Umgebung (vgl. ebd.).

Schock und Entsetzen rufen solche Abschnitte hervor, in denen Foer den Alltag, insbesondere aber die Schlachtprozeduren in durchschnittlichen Massentierbetrieben schildert. Sie häufen sich als erschütternde Klimax am Ende des Buches. Foer beschreibt minutiös die Schlachtung von Geflügel, Schweinen und Rindern als hochindustrialisierte Optimierungsprozesse, die keine Rücksicht auf das Leiden der Tiere vorsehen. Häufig funktionieren die Betäubungen – etwa durch Bolzen bei Rindern – nicht oder nicht effektiv, so dass die Tiere während des Schlachtungsprozesses bei Bewusstsein bleiben: »No jokes here and no turning away. Let's say what we mean: animals are bled, skinned, and dismembered while conscious« (ebd.: 130). Beschreibungen solcher Schlachtungsprozesse sind über das ganze Buch verteilt. Zudem schildert Foer aber systematisch zu nennende Sadismen in solchen Betrieben: Geheime Aufnahmen, die ihm zugänglich waren, gaben einen Eindruck von Fällen krasser Folter etwa in Schweinebetrieben: Dort wurden (schwangere) Tiere mit Schraubenschlüsseln geschlagen, Zigaretten auf ihnen ausgedrückt, Eisenstangen in Vagina und Rektum von Muttertieren eingeführt; Tiere werden in die oben beschriebenen Fäkalienbecken geworfen, wo sie ertranken; Elektroden wurden in Ohren, Mäuler, Vagina und Anus eingeführt. Geahndet wurden diese Taten nicht (vgl. ebd.: 181f.). Eine ähnliche Horrorliste erstellt Foer für Geflügelbetriebe und für ein häufig vernachlässigtes Feld, die Fischzucht. Die drastischsten Fälle von Tiermissbrauch listet Foer anhand zahlreicher Arbeiterberichte und -bekenntnisse zum Schluss auf (vgl. ebd.: 253f.). Dabei wird jedoch deutlich, dass die Täter hier auch als Opfer begriffen werden müssen: Die Arbeitsbedingungen in Schlachthäusern fallen in den Bereich der Menschenrechtsverletzungen, die Arbeiter lassen den Stress und ihre Frustration an den Tieren aus.

Foer geht es bei diesen Darstellungen nicht nur um den sadistischen Umgang mit Tieren an sich, sondern um die Frage, was solche Praktiken sichtbar machen. Aus dieser Perspektive werden sie erkennbar als ein stellvertretender Schauplatz für einen gestörten Zustand einer hochindustrialisierten Zivilisation insgesamt: »The vastness of poultry farming means that if there is something wrong with the system, there is something terribly wrong in our world« (ebd.: 136).[6]

Dieses Argument der Betroffenheit leitet schließlich Foers dritte Strategie an, eine neue Redeweise über den Fleischverzicht zu entwickeln. Er personalisiert seine Recherchen in der Fleischindustrie auf intime Weise, indem er sie durch eine Familienerzählung (3) rahmt. Diese beginnt als Konversionserzählung: Mit ihrer Verlobung hatten seine Frau und er beschlossen, sich vegetarisch zu ernähren,

6 Diese synekdochische Figur findet sich wiederholt im Text, vgl. auch Foer 2009: 258.

hielten sich allerdings nicht konsequent an die Vereinbarung. Gleichwohl schien ihnen diese Inkonsequenz unproblematisch:

»And I assumed that was just fine. I assumed we'd maintain a diet of *conscientious inconsistency*. Why should eating be different from any of the other ethical realms of life? We were honest people who occasionally told lies, careful friends who sometimes acted clumsily. We were vegetarians who from time to time ate meat.« (Ebd.: 9, Hervorhebung d. Verf.)

Mit der Wendung der »gewissenhaften Inkonsistenz« gibt Foer einer moderaten Haltung Ausdruck, die er im Verlauf seines Buches einerseits propagiert, von der er sich persönlich aber verabschiedet hat. Denn mit der bevorstehenden Geburt seines ersten Kindes ändert sich seine Einstellung. Die Ankündigung seines Sohnes schildert Foer als eine positive Identitätskrise. Die zunächst aus pragmatischen Gründen – aus Interesse über die Grundlagen der künftigen Ernährung seines Sohnes – begonnene Recherche in der Fleischindustrie wird ihm zum Prüfstein nicht nur individueller, sondern auch genealogischer Identität und Integrität. Auf diese Weise wird die dramatische (Über-)Lebensgeschichte seiner jüdischen Großmutter, die Foer zu Beginn des Buches erzählt, zur Parabel. Das Thema des Fleischverzichts wird zum Medium, das eine von der Großmutter gestiftete Tradition transportiert und erzählbar macht: Auf ihrer Flucht vor den Nazis gegen Ende des Zweiten Weltkriegs war die Großmutter dem Hungertod nahe. Aus Verzweiflung aß sie »things I wouldn't tell you about« (ebd.: 17), wie sie ihrem Enkel erzählt. Ein russischer Bauer bot ihr, als ihre Not am größten war, ein Stück Schweinefleisch an – das sie ablehnte, weil es nicht koscher war. Auf die entgeisterte Frage ihres Enkels, warum sie ihr Leben dadurch in Gefahr gebracht habe, lautet die Antwort der Großmutter: »If nothing matters, there's nothing to save« (ebd.: 18).

Die Geschichte und ihre Betonung der *Bedeutung* von Ernährungsweisen ruft das Konzept von Tabus auf, das nicht zuletzt Fragen des menschlichen Wesens selbst berührt, indem es Grenzen zieht und Differenzen setzt: »To ask ›What is animal?‹ [...] is inevitably to touch upon how we understand what it means to be us and not them. It is to ask, ›What is human?‹« (Foer 2009: 46). Es sind diese von der Lebensgeschichte seiner Großmutter angestoßenen Fragen, die am Ende des Buches Foers eigene Entscheidung für einen konsequenten Fleischverzicht begründen. Er vermag es, diese Entscheidung nicht nur als Verlust, sondern auch als Gewinn zu deuten, wenn er von seinem ersten Thanksgiving ohne Truthahn berichtet. Wenngleich er in dieser amerikanischen Tradition eine so prominente Rolle einnehme, sei der Truthahn an Thanksgiving nicht entscheidend für das Gelingen des Festes:

»The point of eating those special foods with those special people at those special times was that we were being deliberate, separating those meals from others. Adding another layer of deliberateness has been enriching. I'm all for compromising tradition for a good cause, but perhaps in these situations tradition wasn't compromised so much as fulfilled.« (Ebd.: 195)

Dieser unerwartete Gewinn im Sinne einer produktiven Erneuerung einer familiären Tradition steht dabei ganz im Zeichen des moralischen Rigorismus seiner Großmutter:

»To accept the factory farm – to feed the food it produces to my family, to support it with my money – would make me less myself, less my grandmother's grandson, less my son's father. *This* is what my grandmother meant when she said, ›If nothing matters, there's nothing to save‹« (ebd.: 267).

Hier ist das Ende von Foers eigener ›Erzählung‹ zu finden, die über den Fleischverzicht eine genealogische Tradition fortsetzt und für seine eigenen Nachkommen erzählbar macht. Indem Foer seine Entscheidung durch seine Familiengeschichte rahmt, macht er sie aber auch als eine letztlich kontingente kenntlich: »My decision not to eat animals is necessary for me, but it is limited – and personal. It is a commitment made within the context of my life, not anyone else's« (ebd.: 198). Im Zusammenhang damit wirft Foer die Frage danach auf, welche ethisch-moralischen Ansprüche er aus seiner Entscheidung an seine Mitmenschen ableitet (vgl. ebd.: 199). An dieser Stelle beginnt Foers Argument, ambivalent zu werden. Denn einerseits legen seine ausdrückliche Entscheidung für einen konsequenten Fleischverzicht und verschiedene Passagen, die diese aus so diversen Gründen wie Klimabilanz, Tierschutz oder Arbeiterrechten als einzig rationale Option erscheinen lassen, die Aufforderung an den Leser nahe, dem Vorbild des Autor-Erzählers zu folgen. Andererseits aber vermeidet Foer bis zuletzt die Option, aus seiner Entscheidung allgemeinverbindliche Handlungsnormen abzuleiten. So rekapituliert er gegen Ende des Buches die verschiedenen biografischen Berichte und kommt zu dem Schluss, dass er trotz seines Vegetarismus einige wenige Formen der Tierhaltung und der Fleischproduktion unterstützenswert findet: »But ranchers can be vegetarians, vegans can build slaughterhouses, and I can be a vegetarian who supports the best of animal agriculture« (Foer 2009: 242).

Foer verdauen

Auf diese Weise endet die so leidenschaftliche wie wirkmächtige Erzählung aus den Höllen der Fleischindustrie mit einem Bekenntnis zur Halbheit.[7] Diese moderate Position und seinen Unwillen, anderen eine ähnliche Entscheidung abzuverlangen, hat Foer in der Berichterstattung nach Erscheinen seines Buches immer wieder bekräftigt: »Wenn alle Amerikaner nur jeweils eine Fleischmahlzeit pro Woche auslassen würden, würde das der Umwelt die Abgase von 5 Millionen Lastwagen ersparen, und ungefähr 200 Millionen Tiere weniger würden misshan-

7 Ein Ende, das im Übrigen auch Karen Duve wählt: Sie entwickelt nach ihrem Selbstversuch einen Kriterienkatalog, an dem sie ihr künftiges Essverhalten orientieren will. Einen vollständigen Verzicht auf Fleisch hält sie darin für unrealistisch, vgl. Duve 2010: 315-22.

delt und geschlachtet.« (Sezgin 2010) Den Vorwurf der Scheinheiligkeit akzeptiert Foer achselzuckend: »Okay, dann sei eben scheinheilig! Das Ziel ist ja nicht, ethisch rein zu sein, sondern die Welt besser zu machen.« (Ebd.) Während die deutschen Medien *Eating Animals* und Foers Botschaft fast ausschließlich euphorisch rezipierten, war das Echo der englischsprachigen und insbesondere der britischen Presse verhaltener. Neben Vorwürfen eines sentimentalistischen Stils und der Selbstgefälligkeit des Autor-Erzählers kaprizierte sich die Kritik aus dem anglophonen Raum zum einen auf die Frage nach der Verhältnismäßigkeit tierethischer Fragen in Anbetracht der Omnipräsenz menschlichen Leidens.[8] Zum anderen aber werfen sie Foer Inkonsequenz vor. Besonders prominent tut dies Matthew Fort im englischen *Guardian*: »Is *Eating Animals* a personal journey, a rant or an even-handed debate? Safran Foer never seems to make up his mind. Worse, a startling naivety and smugness run through the book, undercutting the thrust of the argument.« (Fort 2010) Und Fort verweist auf bessere, weil radikalere und konsequentere Beispiele:

> »Anyone who has read Colin Spenser, Joanna Blythman and Felicity Lawrence [...] will know this already. They have exposed the horrors in food production and retailing in this country with a rigour, clarity and purpose sadly lacking in *Eating Animals*.« (Ebd.)

Offensichtlich gehört Fort zu den zwei von zehn bereits informierten Menschen, für die Foer erklärtermaßen nicht schreibt. Ihm bleiben acht.

Literatur

Angres, Volker/Hutter, Claus-Peter/Ribbe, Lutz (2006): *Futter fürs Volk. Was die Lebensmittelindustrie uns auftischt*, München.

Bäuerlein, Theresa (2011): *Fleisch essen, Tiere lieben. Wo Vegetarier sich irren und was Fleischesser besser machen können*, München.

Bode, Thilo (2010): *Die Essensfälscher. Was uns die Lebensmittelkonzerne auf den Teller lügen,* Frankfurt a.M.

Busse, Tanja (2010): *Die Ernährungs-Diktatur. Warum wir nicht länger essen dürfen, was die Industrie uns auftischt,* München.

Duve, Karin (2010): *Anständig Essen. Ein Selbstversuch,* Berlin.

Foer, Jonathan Safran (2009): *Eating Animals*, London.

Fort, Matthew (2010): Buchbesprechung, *Guardian* vom 6.3., http://www.guardian.co.uk/'books/2010/mar/06/eating-animals-jonathan-safran-foer, 03.08.2011.

Gorris, Eva (2007): *Unser kläglich Brot. Gute Ernährung kommt nicht aus der Tüte*, München.

Grimm, Hans-Ulrich (2008): *Die Suppe lügt. Die schöne neue Welt des Essens*, München.

8 Vgl. dazu etwa die Buchbesprechungen Kakutani 2009, Rayner 2010.

Herzke, Katja/Schmoll, Friedemann (2009): *Abgeschmeckt und Aufgedeckt. Alles übers Essen,* Köln.

Kakutani, Michiko (2009): Buchbesprechung, *New York Times* vom 20.11., http://www.nytimes.com/2009/11/20/books/20book.html, 03.08.2011.

Kenner, Robert (2008): *Food, Inc.*, USA, Magnolia Pictures.

Klein, Christian (2009): »Von rechter Sittlichkeit und richtigem Betragen. Erzählen im moralisch-ethischen Diskurs«. In: Ders./Matias Martínez (Hg.): *Wirklichkeitserzählungen. Felder, Formen und Funktionen nicht-literarischen Erzählens,* Stuttgart, 160-78.

Klein, Christian/Martínez, Matias (2009): »Wirklichkeitserzählungen. Felder, Formen und Funktionen nicht-literarischen Erzählens«. In: Dies. (Hg.): *Wirklichkeitserzählungen. Felder, Formen und Funktionen nicht-literarischen Erzählens,* Stuttgart, 1-13.

Rayner, Jay (2010): Buchbesprechung, *Observer* vom 28.2., http://www.guardian.co.uk/books/2010/feb/28/eating-animals-jonathan-safran-foer, 03.08.2011.

Robin, Marie-Monique (2008): *Monsanto: Mit Gift und Genen. Vom Dioxin zum gentechnisch veränderten Organismus*, Frankreich, Arte France.

Robin, Marie-Monique (2011): *Unser täglich Gift. Wie die Lebensmittelindustrie unser Essen vergiftet,* Berlin, Arte France/INA.

Schrader, Angela (2011): Interview mit Jonathan Safran Foer, *NZZ* vom 25.1., http://www.nzz.ch/nachrichten/kultur/literatur/sachlichkeit_aus_wut_geboren_1.9210604.html, 03.08.2011.

Sezgin, Hilal (2010): Interview mit Jonathan Safran Foer, *DIE ZEIT* vom 16.8., http://www.zeit.de/2010/33/Vegetarismus-Interview, 03.08.2011.

Vollborn, Maria/ Georgescu, Vlad D. (2008): *Die Joghurt-Lüge. Die unappetitlichen Geschäfte der Lebensmittel-Industrie*, Köln.

Wagenhofer, Erwin (2007): *We feed the world*, Österreich, Allegro Films.

»Zwischen Suppe und Mund kann sich vieles ereignen«. Kulinarische Sitten im polnischen Film[1]

MAGDALENA SARYUSZ-WOLSKA

Als Adam Miauczyński im Film *Der Tag des Spinners* (*Dzień świra*, 2002, Regie: Marek Koterski), einem der meistgesehenen polnischen Filme mit beklemmenden Diagnosen über den Zustand des heutigen Polen, seine Mutter besucht, wird ihm zum Mittagessen Tomatensuppe vorgesetzt.

Abbildung 1: Filmstill aus Der Tag des Spinners

Er setzt sich an den Tisch und blickt appetitlos auf den Teller. Er versucht sich mit seiner Mutter zu unterhalten und ihr von seinem unglücklichen und einsamen Leben zu erzählen. Sie sitzt indessen am anderen Ende des Tisches und hört ihm

1 Der Beitrag ist im polnischen Original unter dem Titel »Milczkiem żwawo jedli – obyczaje kulinarne w filmie polskim« erschienen in: Piotr Zwierzchowski, Daria Mazur (Hg.): *Kino polskie po roku 1989*, Bydgoszcz 2007.

 © TRANSCRIPT 2012

gar nicht zu, nötigt ihn nur, endlich aufzuessen. Als Adam ihr von seinem Leid erzählt, fragt ihn die Mutter, ob an der Suppe womöglich Salz fehle oder sie Pfeffer zugeben solle (und antwortet sich selbst: »Pfeffer, der ist nicht gut für die Nieren«). Adam will weitersprechen, aber seine Mutter sagt: »Iss, sonst wird dir die Suppe kalt.« Schließlich schreit er irritiert: »Suppe, Suppe, Suppe!« Damit endet die missglückte Unterhaltung. Den Film beschließt eine Szene, in der Adam träumt oder sich vorstellt, wie er vor seiner Mutter davonläuft, die ihn mit einem Teller Suppe den Ostseestrand entlang jagt.

Warum sind diese Bilder so bedeutungsvoll? Der Grund ist ein kulinarischer. Essen muss jeder, und wenn der Protagonist ein Mensch aus Fleisch und Blut ist, muss er von Zeit zu Zeit etwas zu sich nehmen. Abgesehen von einigen Werken der Filmgeschichte, in denen das Essen das Hauptthema darstellt (so etwa *Das große Fressen*, 1973, Regie: M. Ferreri; *Babettes Fest*, 1987, Regie: G. Axel; *Der Koch, der Dieb, seine Frau und ihr Liebhaber*, 1989, Regie: P. Greenaway), sind Mahlzeiten in Filmen eher etwas Nebensächliches. Zwar erfüllen sie wichtige dramaturgische Funktionen, wenn sie Begegnungen und Gespräche der Protagonisten ermöglichen, aber der Speiseplan selbst wird selten bewusst wahrgenommen. In den polnischen Filmen (sowohl in denen, die als Klassiker gelten, als auch in den neueren) lässt sich jedoch eine frappierende Gesetzmäßigkeit beobachten: Auf dem Tisch eines polnischen Films steht außergewöhnlich oft ein Teller Suppe. Im Folgenden wollen wir uns einige Beispiele anschauen, wobei anzumerken ist, dass die Liste das Phänomen keineswegs erschöpfend erfasst.

Abbildung 2: Filmstill aus Niemand ruft

In der bekannten Komödie *Ewa will schlafen* (*Ewa chce spać*, 1957) setzt der Regisseur Tadeusz Chmielewski die Suppe als humoristisches Verfahren ein. Der Protagonist, Direktor eines Schulinternats, ein älterer Mann, im Wissen, dass die Titelheldin Ewa sein Abendessen gewürzt hat, fragt nicht nur: »Wer hat meine Suppe gesalzen?«, sondern fügt wütend hinzu: »Denken Sie, ich habe meine Nieren im Lotto gewonnen?« In dem Film *Niemand ruft* (*Nikt nie woła*, 1960, Regie: Kazimierz Kutz), der unter anderem von polnischen Umsiedlern handelt, die nach dem Zweiten Weltkrieg die abgetretenen Gebiete im Osten des Landes verlassen und in die so genannten »Wiedergewonnenen Gebiete« umsiedeln mussten, führt Kazimierz Kutz die Suppe in einem ernsthafteren Kontext ein. Die Protagonistin bezeichnet den ukrainischen Borschtsch als »mein Nationalgericht«, was auf das mit Zensur belegte Thema des von den Polen erlittenen Verlusts der Gebiete auf dem Territorium der heutigen Ukraine verweist (der Gewinn der Gebiete im Westen durfte thematisiert werden, der Verlust der östlichen Territorien nicht). In der Kriegskomödie *Giuseppe in Warschau* (*Giuseppe w Warszawie,* 1964, Regie: Stanisław Lenartowicz) essen die Protagonisten – eingeschlossen im Bad – Suppe und rufen, dass sei »die Suppe aller Suppen«. Jan Jakub Kolski, ein Regisseur, der das polnische Dorf porträtiert, lässt seine Figuren in *Der vom Teller spielte* (*Grający z talerza*, 1995) Dillsuppe und in der letzten Szene des Films *Jańcio, der Wassermann* (*Jańcio Wodnik*, 1992) Zalewajka, saure Kartoffelsuppe, essen. *Der Bekehrte* (*Zawrócony*, 1994) von Kazimierz Kutz zeigt eine Frau, die auf ihren im Bergwerk arbeitenden Mann mit einem Topf voll brodelnder Suppe auf dem Herd wartet, die sofort aufgetragen werden kann. Als der Ehemann schließlich kommt, sich an den Tisch setzt und den ersten Löffel Suppe zum Mund führt, zeigt sich auf seinem Gesicht der Ausdruck großer Entspannung und Zufriedenheit. Ein anderes Beispiel ist eine Szene aus *Vabanque – Alles auf eine Karte* (*Vabank,* 1981) von Juliusz Machulski, in der der Protagonist aus dem Gefängnis nach Hause zurückkehrt und an seinem Tisch, auf seinem Platz ein anderer Mann sitzt und Tomatensuppe isst. So markiert der Regisseur den Platzwechsel in der Familie des Protagonisten. Im Film *Der Stoß* (*Szstos*, 1997) von Olaf Lubaszenko bestellt Eryk, ein Händler und Gauner, im Restaurant eine Suppe. Als die Suppe kommt, sagt er: »Phh, warm, verdammt. Suppe muss doch heiß sein.« Danach wendet er sich an den Kellner: »Hallo, kommen Sie doch bitte mal her. Die Suppe ist kalt.« Und an seinen Freund gerichtet setzt er fort: »Mir knurrt der Magen Gott weiß wie, und dieser Trottel bringt mir eine lauwarme Suppe.«

Ein ganz anderes Bild der Suppe finden wir in dem finsteren Drama *Die Schuld* (*Dług*, 1999) von Krzysztof Krauze. Während eines gemeinsamen Mittagessens in der Familie beginnt der Vater – aufgebracht von der Tatsache, dass die Kinder in der Schule keine Gedichte mehr auswendig lernen – das polnische Nationalepos *Pan Tadeusz* zu rezitieren. Die junge Generation schaut den Vater verlegen an. Der Sohn, der seinen Vater unterbrechen will, ruft »Papaaa«. Aber der Vater bringt seinen Vortrag zu Ende, und schweigend, nur die Lippen bewegend, spricht seine Frau mit. Ein gemeinsames Mittagessen in der Familie zeigt auch Ryszard Zatorski in der bekannten romantischen Komödie *Niemals im Leben* (*Nigdy w życiu*, 2003). An einem Tisch sitzt sich ein in Trennung befindendes Ehepaar gegenüber, zwischen ihnen ihre Tochter im Teenageralter. Die Frau fragt ihren Mann, ob bei der Arbeit alles in Ordnung sei. Er antwortet: »Nein.« Der Dialog zu dieser Antwort wird sogleich fortgesetzt, aber es wird keinerlei Verständnis erzielt. So stellt sie eine neue Frage: »Soll ich dir noch Suppe nachschenken?« Er: »Nein, sie ist zu gehaltvoll.« Darauf sie spöttisch: »Das ist aber ein Rezept von deiner Mutter.« Er gehässig: »Du bist doch so modern, und dann kochst du nach Rezepten von vorgestern. Jetzt kocht man leichter.

Weniger Kartoffeln, mehr Gemüse.« Als er zu Ende gesprochen hat, nimmt er sich trotzdem eine weitere Portion. Sie sagt leise mit gerunzelten Brauen: »Kartoffeln sind Gemüse.«

Darauf folgt ein unangenehmer Wortwechsel zwischen den Ehepartnern, und die Tochter verlässt demonstrativ den Tisch. In dem Schweigen, das dem Streit unweigerlich folgt, redigiert die Frau in Gedanken einen Brief an eine Leserin der Zeitschrift, bei der sie arbeitet. In diesem Brief legt sie dar, eine gemeinsame Mahlzeit sei der Moment, in dem die ganze Familie in Ruhe zusammen kommen und sich unterhalten könne. Diese Gedanken stehen in starkem Kontrast zu dem auf der Leinwand gezeigten Bild. In einer der folgenden Szenen erfahren wir, dass die umstrittene Suppe Żurek, Sauermehlsuppe, war.

Das letzte Beispiel, auf das ich verweisen möchte, ist *Striemen* (*Pręgi*, 2004) von Magdalena Piekorz. Der junge Protagonist isst allein die von seinem verhassten Vater für ihn zubereitete Sauermehlsuppe. Er kann die Suppe nicht ausstehen, worüber er in einem kurzen Monolog Auskunft gibt. Die Szene ist umrahmt von Einstellungen, in denen wir sehen, wie sich der Junge ein Kissen in die Hose schiebt, damit ihn die Prügel weniger schmerzen, die er von seinem Vater zu erwarten hat.

Abbildung 3: Filmstill aus Striemen

An anderer Stelle finden sich Suppen nicht nur in einzelnen Filmszenen, sondern sogar im Titel. Denken wir nur an *Żurek* (2003) von Ryszard Brylski oder, *nomen est omen*, an *Die Suppe* (*Zupa*, 1974) von Zbigniew Rybczyński.

Interessant ist, dass die meisten der genannten Filme nach 1989 produziert worden sind. Lediglich vier von ihnen sind ältere Werke der polnischen Filmkunst (*Ewa will schlafen*, *Niemand ruft*, *Giuseppe in Warschau* und *Die Suppe*). Auch in studentischen Arbeiten kommen Suppen zur Genüge vor. In den beiden Titeln (*Habe nichts, gebe nichts/Nie mam, nie dam*, Regie: David Turner, und *Das Diplom/Dyplom*, Regie: Miron Bilski), die von der Staatlichen Hochschule für Film, Fernsehen und Theater Łódź beim Kurzfilmfestival in Clermont-Ferrant in Frankreich 2003 eingereicht wurden, legten die Protagonisten ihre Ellenbogen auf den Tisch, stützten ihren Kopf in die Hände und schauten unwillig auf die ihnen von ihrer Frau oder Mutter servierte Suppe. Ähnliche Beobachtungen lassen sich in den studentischen Beiträgen machen, die jährlich für das Festival Camerimage eingereicht werden (bis 2009 fand das Festival in Łódź statt, seither in Bydgoszcz). Außerdem zeigt sich, dass nicht nur in den Werken der älteren Künstler, die mit der traditionellen Küche aufgewachsen sind, der Speiseplan auf Suppe beschränkt bleibt, sondern auch in den Darstellungen der jüngsten Generation von Regisseuren.

Ähnliche Beispiele – aus studentischen und professionellen Arbeiten – ließen sich noch viele finden. Bleiben wir aber bei dem guten Dutzend Beispiele, die die Popularität der Suppe als wichtigstes Gericht im polnischen Film (insbesondere im zeitgenössischen Film) ausreichend belegen. Es ist schwer zu sagen, inwieweit sich die Regisseure absichtlich und bewusst dieses Gerichtes bedienen. Auf jeden Fall ist es eine interessante Gesetzmäßigkeit, auch in ethnografischer und anthropologischer Hinsicht. Der Anthropologe Bronisław Malinowski schreibt:

»Alles was die Nahrung angeht, sollte synthetisch untersucht werden, d.h. im Hinblick auf soziale Gruppierung, Wertesystem und Ritual, die sich um dieses biologische Hauptbedürfnis und geistige Interesse des Menschen bilden. Man kann keine Kultur verstehen, ohne ihre Nahrungsinstitutionen unter Bezug auf die Suche, Verteilung, Lagerung und den Verzehr von Nahrung herauszuarbeiten.« (Malinowski 1986: 96)

Es ist eine Binsenweisheit, dass sich die einzelnen Kulturen, Völker und Regionen in ihren kulinarischen Sitten voneinander unterscheiden und dass diese Unterschiede auch im Film sichtbar werden. Im internationalen Kino finden wir allerdings nicht besonders viele Suppen, obwohl ein Fall in der Filmgeschichte ein besonderes Echo hervorgerufen hat. Gemeint ist das Experiment von Lev Kulešov. Eine der Einstellungen, mit denen das Gesicht von Ivan Mozžuchin kombiniert wurde, ist ein Teller Suppe, aber dieses Beispiel ist eher eine die Regel bestätigende Ausnahme. In Hollywoodproduktionen wird Essen selten zelebriert, aus Papiereinkaufstüten, die man aus dem Supermarkt nach Hause getragen hat, holt man die verschiedensten Lebensmittel hervor (häufig französisches Baguette), Suppen sind eine große Seltenheit. Zu Feiertagen werden Truthähne verzehrt, im Alltag verschiedenes Fast Food in Drugstores. Der berühmte Dialog aus *Pulp Fiction* (1994, Regie: Quentin Tarantino) berührt die Überlegenheit der amerikanischen Burger über die europäischen.

Die Franzosen gelten zwar als Nation, die dem Essen große Aufmerksamkeit schenkt, im Film widmen sie sich aber keineswegs so oft dieser Beschäftigung, und wenn doch, dann ist Essen etwas Geselliges, Familiäres, etwas Gemeinschaftliches also. Ähnlich verhält es sich im italienischen Film, denken wir hier nur an die Szene der gemeinsamen Mahlzeit in *Roma* (1972) von Federico Fellini. In einer kleinen Straßenkneipe bestellen ganze, aus mindestens drei Generationen bestehende Familien eine um die andere Portion Makkaroni und bitten auch Fremde zu Tisch. In deutschen Filmproduktionen, insbesondere in Fernsehproduktionen, spielen Imbissbuden keine unbedeutende Rolle, man braucht sich nur die Kölner *Tatort*-Kommissare ins Gedächtnis zu rufen, die sich in jeder Serie an einer derartigen Bude am Rhein-Ufer treffen. Im polnischen Film hingegen isst der Protagonist seine Suppe meist zu Hause, allein, mit seiner Frau oder seiner Mutter.

Warum gerade Suppe? Die einfachste Antwort ergibt sich aus den technischen Bedingungen. Wenn der Kameramann einen essenden Protagonisten filmt, sieht ein zur Hälfte verzehrter Teller Suppe zumeist appetitlicher aus als zum Beispiel ein zerschnittenes Kotelett. Es ist auch einfacher, eine Szene ein weiteres Mal zu drehen – es reicht, Suppe nachzuschenken, das Gericht muss nicht noch einmal neu zubereitet werden. Während meiner Arbeit an dem vorliegenden Text legten mir verschiedene Personen diese Begründung als die wahrscheinlichste nahe. Sie ist allerdings unbefriedigend. Erstens deshalb, weil in den Filmen anderer Länder zumeist andere Gerichte auftauchen (was das Argument mit dem Kameramann eher widerlegt), und zweitens werden die Entscheidungen über die Verwendung bestimmter Requisiten meist sehr bewusst getroffen. Kehren wir daher zur oben bereits erwähnten Frage zurück: Warum Suppe? Es gibt schließlich so viele hervorragende Gerichte in der polnischen Küche, angefangen von Piroggen bis hin zum Bigos. Wer sagt außerdem, dass ein polnischer Protagonist unbedingt ein polnisches Gericht verzehren muss? Die soziokulturellen Veränderungen manifestieren sich schließlich unter anderem in den Ernährungsgewohnheiten. Auf dem polnischen Tisch finden sich heute viele Gerichte aus fremden Küchen, während sich der polnische Film häufig der traditionellen Suppe bedient. Es ändern sich auch nicht nur die von den Polen verzehrten Speisen, sondern das gesamte damit zusammenhängende Ritual. Die Protagonisten der oben genannten Filme (außer *Niemals im Leben*) essen ihre Suppe aus herkömmlichen tiefen Tellern. In der Realität werden diese heute nach und nach von Schüsseln oder großen Bechern abgelöst. Wir können natürlich davon ausgehen, dass dies eine Frage der Mode ist, die aus dem Westen nach Polen kommt. Nichtsdestoweniger verdient jedoch die filmische Darstellung eines Protagonisten, der seine Suppe aus einem traditionellen und offenbar bereits etwas anachronistischen Gefäß zu sich nimmt, umso mehr Aufmerksamkeit.

Elspeth Probyn zeigt, dass die Ernährungsregeln, die durch gesellschaftliche Erziehungsmuster vorgegeben sind, ein Merkmal unserer kulturellen Identität sind. Viele Menschen in modernen Gesellschaften lassen sich in diese Ernährungsmaschinerie hineinziehen, die einerseits hoch verarbeitete Lebensmittel, angereichert mit Vitaminen, Mineralstoffen und »freundlichen Bakterien«, anbietet und uns andererseits mit schwer verdaulichem Fast Food und Süßigkeiten lockt. »[...] in eating we constantly take in, chew up and spit out identities«, schreibt Probyn (2000: 7). Wie sieht nun die polnische Identität aus, betrachtet durch das Prisma der filmischen Suppe?

Auf der Suche nach einer Antwort auf diese Frage wenden wir uns zuerst der polnischen Literatur zu: »Wer seine Suppe nicht isst, muss sterben«, schrieb Wacław Szymanowski, Autor und Schriftsteller im 19. Jahrhundert, in seinem Buch *Eine sehr traurige Geschichte über einen Jungen, der seine Suppe nicht essen wollte* (*Historia bardzo smutna o chłopcu, który nie chiał jeść zupy*) (*Księga cytatów* 1998: 513). Das ist wahrscheinlich die stärkste Aussage zum Thema Suppe, die sich in der polnischen Literatur finden lässt. Zu den berühmtesten Gerichten der polnischen Literatur gehört jedoch die »czarna polewka«, das Schwarzsauer, aus dem Epos *Pan Tadeusz,* die dem Hauptthelden Jacek Soplica serviert wird und mit der man ihm zu verstehen gibt, dass er nicht um die Hand der geliebten Frau anhalten darf. In diesem Werk kommt Suppe ebenfalls im letzten Buch vor, in der Beschreibung der Hochzeit von Tadeusz und Zosia:

»[…] Hier schließt der Wojski und giebt mit seinem Stab das Zeichen.
Gleich kommen paarweis' die Diener, die die Speisen reichen:
Den Anfang macht der Barszcz, der Königsbarszcz genannt,
Dann altpolnische Brühe, bereitet von Künstlerhand;
der Wojski that noch auf geheimnißvolle Weise
Ein Münzenstück und mehrere Perlen in die Speise
Solch eine Brühe ist stärkend, blutreinigend. Weiter kamen
Gerichte aller Art, – aber wer nennt die Namen? [...]« (Mickiewicz 1882: 274f.)

Literarische Beispiele dieser Art gibt es nur wenige (*Pan Tadeusz,* der einen Blick hinter die Kulissen des Alltagslebens des Adels im 19. Jahrhundert gewährt, ist eine Ausnahme). Auch in ethnologischen Schriften finden sich nur wenige Bemerkungen über die Suppe. Bislang liegt noch keine umfangreichere Arbeit zu dem Thema vor. Geschrieben wurde über Festessen, über Brot, über Salz, aber nicht über die Suppe. Möglicherweise hängt das damit zusammen, dass die Suppe in der polnischen Kultur keine symbolische Bedeutung aufweist (im Gegensatz zum Beispiel zu Fisch oder Brot). Ihr Verzehr entbehrt jeglicher Feiertäglichkeit. In seinem Werk *Dzieje obyczajów w dawnej Polsce* (*Geschichte der Sitten im alten Polen*) rekonstruiert Jan Stanisław Bystroń die kulinarischen Vorlieben seiner Landsleute (Bystroń 1976: 479 f.), räumt aber der Suppe keinen eigenen Platz ein. In den von ihm angeführten Zitaten aus der altpolnischen Literatur kommt die Suppe gar nicht vor. Bystroń merkt lediglich an, dass sich bereits in einem Kochbuch aus dem Jahr 1682, dem *Compendium ferculorum oder Sammlung von Gerichten* Rezepte für Rosół (Bouillon), Barszcz (Rote-Rüben-Suppe) und Mandelsuppe finden. Aus seiner Beschreibung geht eher hervor, dass auf den Adelstafeln im alten Polen das Fleisch dominierte. Vertreter unterer Schichten aßen – nach Bystrońs Beschreibung – mehr pflanzliche Gerichte und Getreideprodukte und wesentlich weniger Lebensmittel tierischer Herkunft. Hat womöglich die Suppenkultur dort ihren Anfang genommen? Bekanntlich ist für Brühe nicht das beste Fleisch nötig, für viele Suppen benötigt man überhaupt kein Fleisch, und mit einer Suppe lassen sich viele Personen verköstigen. Eine Bestätigung für diese Hypothese lässt sich bei Bystroń jedoch nicht finden.

Einige Hinweise enthält jedoch der Sammelband *Etnografia Polski. Przemiany kultury ludowej* (*Polnische Ethnografie. Wandel in der Volkskultur,* 1976). Hier erfahren wir, dass die Volksküche der polnischen Gebiete über Jahrhunderte hinweg in der Hauptsache aus »Brühen und Suppen« (Kowalska-Lewicka/ Szromba-Rysowa 1976: 356) bestand. Auf dem Land waren Żur (Sauermehlsuppe), Kwaśnica (Sauerkrautsuppe) und Barszcz (Rote-Rüben-Suppe) am weitesten verbreitet. Manchmal wurden sie unter der Zugabe von Gemüse, z.B. Zwiebeln, zubereitet, das Kochen einer Sauerampfersuppe, die vor der Erntezeit gegessen wurde, war indessen ein Indiz für Hunger. Zu bestimmten Anlässen, zu Festtagen und wichtigen Feierlichkeiten kamen auch mit Wasser zubereitete Suppen mit geräuchertem oder gepökeltem Fleisch auf den Tisch, Schwarzsauer oder auch Biermuszka, Suppe aus Dörrpflaumen (ebd.). Für die Vertreter der oberen Schichten galten Suppen und Brühen im Gegensatz zu den ärmeren Volksschichten nicht als echte Mahlzeit, sondern nur als Beigabe. In den Küchen der reichen polnischen Familien des 17. und 18. Jahrhunderts wurden nicht nur die in *Pan Tadeusz* erwähnten Brühe und Barszcz zubereitet, sondern auch Weinsuppen, Biersuppen, Sauerkrautsuppe, Graupensuppe, Erbsensuppe, Tomatensuppe, Hanfsuppe, Mohn- oder Obstsuppe (vgl. Ferenc 2004: 152).

In vielen polnischen Familien gilt die Suppe heute als »erster Gang« (eine Eintopfkultur lässt sich in Polen kaum beobachten), worauf man den zweiten Gang erwartet, also Fleisch, Reibekuchen, Piroggen oder am Freitag Fisch. In den zuvor angeführten Filmbeispielen indessen beschränkten sich die Essensszenen überwiegend auf die Suppe. Obendrein liegt etwas sehr Bedrückendes im Anblick eines Mannes, der sich über einen Teller Tomatensuppe beugt und dessen Frau oder Mutter ihn nötigt, eben jenes Gericht aufzuessen. Worin liegt nun der Schlüssel zur Interpretation der Suppe im Film? Das Merkmal, das die meisten Suppenszenen verbindet, ist, so scheint es, Haus und Familie. Es ist nicht verwunderlich, dass Suppen nicht als Hauptgänge bei einem Geschäftsessen oder einem luxuriösen Empfang gereicht werden. Auch Freunde, die zu einem Essen nach Hause eingeladen werden, bewirtet man in der Regel mit anderen Gerichten. Eine Szene einer solchen Mahlzeit finden wir unter anderem in dem Film *Lauter als Bomben* (*Głośniej od bomb*, 2001) von Przemysław Wojcieszek. Die in dem Film gezeigte Familie ist vergleichsweise arm, aber die engeren Freunde werden mit Piroggen bewirtet. Die Suppe bleibt für die Familie und für Personen reserviert, mit denen die Protagonisten ihr Leben teilen. Dabei müssen sie nicht unbedingt miteinander verwandt sein. Giuseppe in dem Film *Giuseppe in Warschau* ist kein Mitglied der Familie, in der er lebt. Das Mädchen in *Niemand ruft* ist nicht die Frau des Jungen, zu dem sie sagt, der ukrainische Barschtsch sei ihr Nationalgericht, spielt aber konsequent mit ihm »gemeinsamer Haushalt«. Die Frau in *Der vom Teller spielt* ist auch weder die Frau noch die Tochter des Mannes, mit dem sie lebt, sondern er hat sie zu sich genommen. Die Protagonisten, denen Suppe serviert wird, loben sie oft, ist es doch ein einfaches, alltägliches und billiges Gericht. Sie lässt sich leicht aufwärmen (was wir im Film *Der Bekehrte*) sehen, sie lässt sich leicht verlängern für den Fall, dass die Zahl der Personen bei Tisch sich überraschend vergrößert. Es darf jedoch nicht übersehen werden, dass die Alltäglichkeit der Suppe keineswegs bedeutet, dass ihr Verzehr nicht zelebriert wird. Der Protagonist in *Der vom Teller spielt* zum Beispiel ergötzt sich sichtlich sowohl an der Mahlzeit selbst wie am Erraten, woraus die Suppe zubereitet worden ist. Und die Mutter serviert Adam Miauczyński die Tomatensuppe, indem sie sie wie einen sakralen Gegenstand mit zwei Händen trägt.

Wenn die Familienbande allerdings schwach sind, scheint die Suppe auf dem Tisch dies zu unterstreichen. So geschieht es nicht nur in dem bereits erwähnten

Film *Der Tag des Spinners*, in dem der Protagonist erfolglos versucht mit seiner Mutter eine Unterhaltung zu führen, sondern auch in *Striemen*. Der Teller Sauermehlsuppe wird hier zu einer wichtigen Requisite für die Darstellung der Einsamkeit und des Unglücks des jungen Protagonisten. Und die Ehefrau in *Niemals im Leben* versucht ihre verunglückte Ehe zu retten, indem sie zu Hause kocht und Sauermehlsuppe nach dem Rezept ihrer Schwiegermutter zubereitet. Diese erdrückende Diagnose zum polnischen Familienleben illustriert ein weiteres Zitat aus *Pan Tadeusz*: »dann setzen sich Alle in Ruh', / Und sprechen der Lithauersuppe schweigend und tapfer zu« (Mickiewicz 1882: 79) (bei Mickiewicz wird Chłodnik, Rote-Rüben-Kaltschale, serviert). Die Protagonisten in den erwähnten Filmen sprechen beim Essen meist nicht, sie verzehren ihre Suppe schweigend, und wenn sie doch sprechen, schlägt der Dialog schnell in Streit um. Vielleicht würde ihr bezeichnendes Schweigen weniger ins Auge fallen, wenn sie vor dem Fernseher oder beim Tee säßen. Sie sitzen aber beim gemeinsamen Mittagessen. Scheinbar setzen sie die Tradition der gemeinsamen Familienmahlzeit fort (was die Protagonistin in *Niemals im Leben* in ihren Gedanken hervorhebt), die für die Hausgenossen in der polnischen Kultur unabhängig von der gesellschaftlichen Herkunft verbindlich war. Dobrochna Kałwa befasst sich mit den kulinarischen Traditionen der Polen im 19. Jahrhundert und schreibt:

»Die gemeinsame Mahlzeit hatte eine große Bedeutung, denn dazu trafen sich alle Hausgenossen, die pünktlich bei Tisch zu erscheinen hatten. Nur in Ausnahmefällen, zum Beispiel bei einer Reise oder Krankheit, war es möglich, das Mittagessen in Abwesenheit des Familienoberhauptes einzunehmen, ansonsten hatten die Hausgenossen auf den Vater zu warten, wenn er unerwartet von Angelegenheiten außer Haus aufgehalten wurde.« (Kałwa 2004: 268)

Es gibt noch eine weitere Gesetzmäßigkeit, auf die verwiesen werden soll. In keinem der genannten Filme taucht Rosół (Bouillon) auf, die Suppe für den Feiertag, für den Sonntag und noch zu Beginn des 20. Jahrhunderts reicheren Tischen vorbehalten. Denn dort, wo Bouillon aufgetragen wird, muss es Fleisch geben, mit dem sie zubereitet wird. Viele Jahrzehnte lang galt Bouillon auch als Gericht zur Genesung (ebd.). Meiner Meinung nach lässt sich das Fehlen von Bouillon auf den Tischen der polnischen Filme nicht nur mit Armut in Zusammenhang bringen (fehlendes Geld für Fleisch), sondern auch mit dem Bezug zur Feiertäglichkeit. In der polnischen Alltagskultur werden gemeinsame Mahlzeiten selten zelebriert, eine Ausnahme bilden die Feiertage: das Abendbrot zu Heiligabend, das weihnachtliche Mittagessen oder das Osterfrühstück. In einigen Familien hat das Mittagessen am Sonntag bis heute einen besonderen Status, aber an normalen Wochentagen dient das Essen eher dazu, den Hunger zu stillen als Bedürfnisse nach Zusammensein und nach Kontakt zu anderen Menschen zu befriedigen. Die Autorinnen des bereits zitierten Textes über die traditionelle polnische Ernährung, Anna Kowalska-Lewicka und Zofia Szromba-Rysowa, sind der Ansicht, dass die polnische Volksküche sich in ihrem Verbrauch auf das absolute Minimum beschränkte. Die einzige Ausnahme bildeten wichtige Familienfeste und die jährlich wiederkehrende Feiertage. Das gesellschaftliche Umfeld verlangte übermäßige Sparsamkeit im Alltag und Üppigkeit an Festtagen. Das Zubereiten von Speisen, die als Festtagsgerichte gelten, im Alltag widersprach dem geltenden Erziehungsmuster, »das es aus Angst vor Kritik erforderte, eine bessere Ernährung im Alltag vor den Nachbarn geheim zu halten« (Kowalska-Lewicka/Szromba-Rysowa, 1976: 335). Das Essen von Suppe (mit Ausnahme von Bouillon) lässt sich in diese Tradition gut einfügen. Die Bouillon hingegen – als wohl einzige Suppe – bricht aus diesem Schema der Alltäglichkeit und Gewöhnlichkeit aus.

Trotzdem bleibt die wichtigste Frage noch unbeantwortet: Warum ist gegenwärtig, in einer Zeit intensiver gesellschaftlicher und kultureller Veränderungen, schwächer werdender familiärer Bindungen (einige Soziologen sprechen gar von einer Krise der polnischen Familie)[2] die althergebrachte Suppe im polnischen Film weiterhin das dominierende Gericht? Warum machen Regisseure, Drehbuchautoren und Bühnenbildner so gern von ihr Gebrauch? Wahrscheinlich lassen sich auf diese Weise leicht Assoziationen mit der traditionellen polnischen Familie hervorrufen. Mit Sicherheit ist das ein einfaches Requisit, das die Zugehörigkeit der Protagonisten zum Polnischen und ihre Verbundenheit mit der polnischen Kultur unterstreicht, und zwar nicht der Feiertags-, Volks- und Heldenkultur, sondern der Alltags- und Familienkultur. Denn obgleich die Polen ihre Mahlzeiten nicht in gleicher Weise zelebrieren wie Italiener oder Franzosen, sind sie doch weiterhin eine Gelegenheit, mit der Mutter, Frau, dem Mann oder Freund zusammen zu kommen. Eine wichtige Rolle in diesem Familienritual spielt der Tisch. Denn Suppen lassen sich weder im Gehen noch im Stehen essen (als Häppchen auf einem vornehmen Empfang). Es ist auch schwer vorstellbar, dass jemand, der einen tiefen Teller und einen Löffel in der Hand hält, auf einem Sofa oder in einem Sessel sitzt. Traditionell stand der Tisch in der Mitte der Hütte, und um ihn herum versammelten sich die Familienmitglieder; auch die Adligen und Bürgerlichen trafen sich zu Tisch. Die Funktion des wichtigsten Möbelstücks, um den herum sich die Hausgenossen versammeln, übernimmt heute nicht selten der Fernseher oder der Computer. Im Bruch dieser neuen Gewohnheit ist die Rolle der Suppe recht spezifisch, denn sie ist eines der wenigen Gerichte, das unbedingt einen Tisch erfordert.

Manchmal wird die Suppe als subtile Synekdoche, als feines Signal für kompliziertere Probleme in den Film eingefügt. Als ironisches Mittel, das Adam Miauczyński und seine nicht besonders guten Beziehungen zu seiner Mutter charakterisiert, setzte sie der Regisseur in *Der Tag des Spinners* ein. Bitter ist die Aussage des rhythmischen Schlagens der Löffel, wenn wir die Kluft zwischen den Generationen in der Familie des Protagonisten in *Die Schuld* sehen. Der Teller mit Sauermehlsuppe unterstreicht die ohnehin schon dramatische Einsamkeit des Jungen in *Striemen* und in banalerer Weise die Einsamkeit der Ehefrau in *Niemals im Leben*. Aber die Bedeutungen dieser spezifischen, filmischen Esstradition lassen sich auch außerhalb des familiären Bereiches erkennen. In Filmen wie *Giuseppe in Warschau* oder *Niemand ruft* liegt sie in der Armut, die eine Begleiterscheinung des Krieges (*Giuseppe in Warschau*) oder der Umsiedlung

2 Vgl. Marody/Giza-Poleszczuk 2004: Kapitel 6.6.

(*Niemand ruft*) ist. Der Verzehr von Suppe durch die auf dem Dorf lebenden Protagonisten von Jan Jakub Kolski (*Der vom Teller spielt; Jańcio, der Wassermann*) lässt sich mit der traditionellen polnischen Volksküche erklären, die von den erwähnten Ethnologen beschrieben worden ist. Aber wie verhält es sich wiederum mit der Suppe, die auf den Tellern der gebildeten Protagonisten in den modernen polnischen Städten auftaucht, in Filmen wie *Der Bekehrte*, *Der Tag des Spinners*, *Die Schuld*, *Niemals im Leben* oder *Striemen*? Hier ist der Verzehr von Suppe zum Symbol für Einfachheit geworden. Die in den Filmen dargestellten Familien sind nicht besonders vermögend, die erwachsenen Protagonisten repräsentieren eine Generation, die noch in der Volksrepublik Polen aufgewachsen ist. Diese postsozialistische Schlichtheit zeigt sich nicht nur im Geschirr, dem besagten tiefen Teller, der heute mehr und mehr als veraltet empfunden wird, sondern auch in dem Gericht selbst. Während die Veränderungen der übrigen Sphären des Alltagslebens, die sich seit 1989 vollzogen haben, durch die meisten aktuellen Filme detailliert widergespiegelt werden, ist auf den Tischen im polnischen Film die Zeit quasi stehengeblieben. Entgegen der sich ändernden Umwelt, der Übernahme von Mustern aus dem Westen, entgegen neuer demokratischer Prinzipien und der Ausbreitung der Marktwirtschaft im postsozialistischen Polen erweist sich die Suppe im Film als etwas erstaunlich Konstantes. Vielleicht ist das ein etwas merkwürdiges Signal für die Beständigkeit der polnischen kulturellen Tradition; aufgenommen in so viele aktuelle Filme ist sie ein besonderes Zeichen für die gesellschaftliche und psychische Verfassung der Protagonisten, die auf die Gewöhnlichkeit ihres Leben Bezug nimmt.

Aus dem Polnischen übersetzt von Claudia Dathe.

Literatur

Axel, Gabriel (1987): *Babettes gæstebud,* Dänemark, Panorama Films A/S.

Biernacka, Maria/Kopczyńska-Jaworska, Bronisława/Kuczeba-Pojnarowa, Anna/ Paprocka, Wanda (Hg.) (1976): *Etnografia Polski. Przemiany kultury ludowej*, Band 1, Wrocław/Kraków/Gdańsk.

Bilski, Miron (2002): *Dyplom*, Polen, PWSFTviT.

Brylski, Ryszard (2003): *Żurek*, Polen, Pro Arte.

Bystroń, Jan Stanisław (1976): *Dzieje obyczajów w dawnej Polsce*, Warszawa.

Chmielewski, Tadeusz (1957): *Ewa chce spać*, Polen, Zespół Filmowy ›Syrena‹.

Fellini, Federico (1972): *Roma*, Italien, Ultra Film/Les Productions Artistes Associés.

Ferenc, Marek (2004): »Stół«. In: Andrzej Chwalba (Hg.): *Obyczaje w Polsce. Od średniowiecza do czasów współczesnych*, Warszawa, 148-158.

Ferreri, Marco (1973): *La Grande Bouffe,* Frankreich/Italien, Films 66/Mara Films/Capitolina Produzioni Cinematografiche.

Greenaway, Peter (1989): *The Cook the Thief His Wife & And Her Lover*, Frankreich/Niederlande/UK, Allarts Cook.

Hertza, Pawła/Kopalińskiego, Władysława (Hg.) (1998): *Księga cytatów z polskiej literatury i prozy od XIV do XX wieku*, Warzawa.

Kałwa, Dobrochna (2004): »Stół«. In: Andrzej Chwalba (Hg.): *Obyczaje w Polsce. Od średniowiecza do czasów współczesnych*, Warszawa, 246-281.

Kolski, Jan Jakub (1992): *Jańcio Wodnik*, Polen, Telewizja Polska.

Kolski, Jan Jakub (1995): *Grający z talerza*, Polen, Telewizja Polska et al.

Koterski, Marek (2002): *Dzień świra*, Polen, Agencja Produkcji Filmowej.

Kowalska-Lewicka, Anna/Szromba-Rysowa, Zofia (1976): »Pożywienie«. In: Maria Biernacka/Bronisława Kopczyńska-Jaworska/Anna Kuczeba-Pojnarowa/Wanda Paprocka (Hg.): *Etnografia Polski. Przemiany kultury ludowej*, Band 1, Wrocław/Kraków/Gdańsk.

Krauze, Krzysztof (1999): *Dług*, Polen, Studio Filmowe Zebra/Canal+ Polska/ ITI Cinema.

Kutz, Kazimierz (1960): *Nikt nie woła*, Polen, Zespól Filmowy ›Kadr‹.

Kutz, Kazimierz (1994): *Zawrócony*, Polen, Telewizja Polska.

Lenartowicz, Stanisław (1964): *Giuseppe w Warszawie*, Polen, Studio Filmowe ›Kadr‹.

Lubaszenko, Olaf (1997): *Szstos*, Polen, Telewizja Polska (TVP).

Machulski, Juliusz (1981): *Vabank*, Polen, Zespól Filmowy ›Kadr‹.

Malinowski, Bronisław (1986): »Synthetische Darstellung«. In: Ders.: *Schriften zur Anthropologie*, Frankfurt a.M., 83-104.

Marody, M./Giza-Poleszczuk, A. (2004): *Przemiany więzi społecznej. Zarys teorii zmiany społecznej*, Warszawa.

Mickiewicz, Adam (1882): »Herr Thaddäus oder der letzte Einritt in Lithauen«. In: Ders.: *Poetische Werke*, Band 1, Leipzig.

Piekorz, Magdalena (2004): *Pręgi*, Polen, Studio Filmowe Tor.

Probyn, Elpseth (2000): »The Indigestion of Identities«. In: *M/C: A journal of media and culture* 2/7, 1-7.

Rybczyński, Zbigniew (1974): *Zupa*, Polen, Se-ma-for Studios.

Tarantino, Quentin (1994): *Pulp Fiction*, USA, Miramax Films.

Turner, David (2002): *Nie mam, nie dam*, Polen, PWSFTviT/Fundacja Kościuszki.

Wojcieszek, Przemysław (2001): *Głośniej od bomb*, Polen, Agencja Produkcji Filmowej/Canal+Polska/Komitet Kinematografii.

Zatorski, Ryszard (2003): *Nigdy w życiu*, Polen, Agencja Produkcji Filmowej.

Gastronomy & Jouissance: From *La Grande Bouffe* to *Julie & Julia*

BRENDON WOCKE

»Many years had elapsed during which nothing of Combray, save what was comprised in the theatre and the drama of my going to bed there, had any existence for me, when one day in winter, on my return home, my mother, seeing that I was cold, offered me some tea, a thing I did not ordinarily take. I declined at first, and then, for no particular reason, changed my mind. She sent out for one of those squat, plump little cakes called ›petites madeleines‹, which look as though they had been moulded in the fluted valve of a scallop shell. And soon, mechanically, dispirited after a dreary day with the prospect of a depressing morrow, I raised to my lips a spoonful of the tea in which I had soaked a morsel of the cake. No sooner had the warm liquid mixed with the crumbs touched my palate than a shudder ran through me and I stopped, intent upon the extraordinary thing that was happening to me. An exquisite pleasure had invaded my senses, something isolated, detached, with no suggestion of its origin. And at once the vicissitudes of life had become indifferent to me, its disasters innocuous, its brevity illusory – this new sensation having had on me the effect which love has of filling me with a precious essence; or rather this essence was not in me, it was me. I had ceased now to feel mediocre, contingent, mortal. Whence could it have come to me, this all-powerful joy? I sensed that it was connected with the taste of the tea and the cake, but that it infinitely transcended those savours, could not, indeed, be of the same nature. Whence did it come? What did it mean? How could I seize it and apprehend it?« (Proust 1982: 48)

I

It is with this gustatory pleasure, the soft crumbling of a delicate shell shaped citrus tea cake upon the tongue that Marcel Proust launches his magnum opus, *In Remembrance of Things Past*, his narrator transported untold distances in memory by the extraordinary, incomprehensible and exquisite pleasure of the

 © TRANSCRIPT 2012

senses visited upon him. But while both the excessive and unexpected pleasure of this iconic moment and the exquisite pain of memory and loss invade Proust's narrator, the dangerously orgiastic potential of true *jouissance* remains nevertheless contained – rare is the occasion when a literary character surrenders himself to the uncontained joy and pleasure of *gourmandise.* Yet this is precisely the topic of Marco Ferreri's 1973 film *La Grande Bouffe* where four friends reunite for a weekend of unadulterated pleasure – their plan is to dine themselves to death; their unlimited *jouissance*, in the true Lacanian sense, takes them from the pleasures of the feast to the intended fulfilment of their collective suicide. Highly controversial at the time of its release, the film remains unabashedly excessive, marking one of the most unmediated cinematic relationships between food, pleasure and death. Subsequent films such as Gabriel Axel's *Babette's Feast* (1987) as well as Lasse Hallström's *Chocolat* (2000) and more recently Nora Ephron's *Julie & Julia* (2009) also present the particular relationship between French cuisine, the gastronomic, and *jouissance*. Yet none of these subsequent films highlighting »gastronomic *jouissance*« express its unlimited and ultimately dangerous nature to the same degree that *La Grande Bouffe* details it. In fact, these subsequent films detail not only the relationship between French food and transcendently excessive pleasure and (oftimes) pain, but rather, set the scene for the re-inscription of *La Grande Bouffe's* orgiastic *jouissance* into the mechanic of the pleasure principle: »not too much but just enough«. This changing role of food, and in this case, especially of French food, within the structure of films in which the gastronomic is central, is precisely the subject of this paper, which proposes a Lacanian analysis of the relationship between cinematic *jouissance* and gourmandise and the manner in which this relationship has become, in the course of the last 35 years, re-inscribed into the dynamic of the pleasure principle.

Jouissance, drawn from the French *jouir* (to orgasm) is perhaps one of the most complex Lacanian terms, whose early appearance and association with intense, extreme pleasure belies the evolution of the term and the importance that it ultimately takes on within the structure of Lacanian psychoanalysis (Evans 1999). First included in the seminar of 1958 (Braunstein 2003), *jouissance* has become a term of such critical importance to Lacanian psychoanalysis that it can perhaps be said to be rivalled only by the object a: »it became a term rich in nuances, a term that would get progressively more complicated, multiplying and defining itself until it was transformed into the foundation of a new psychoanalysis: a ›notion‹ without which all else becomes inconsistent« (Braunstein 2003: 102). While *jouissance* is, from the outset, linked to pleasure, in *Seminar VII* Lacan details the manner in which it can be seen paradoxically as implying both pleasure and suffering, its structural relationship tied in this manner to both the death drive and the pleasure principle. In considering Freud's *Civilisation and its Discontents* (*Das Unbehagen in der Kultur*) Lacan concludes that *jouissance* is evil: »this formula nevertheless leads us to something that we have to resolve here, to something that remains on our hands from this adventure, something that changes the basis of the ethical problem, namely, that *jouissance* still remains forbidden [...] if we continue to follow Freud in a text such as *Civilization and Its Discontents*, we cannot avoid the formula that *jouissance* is evil« (Lacan 1992: 184). Underlying the notions drawn on through Freud's *Civilisation and its Discontents* is the fact that *jouissance* can be seen as related at once to the law and to its transgression and thus, ultimately, to the pleasure principle:

»A word here to shed light on the relationship between law (droit) and jouissance. ›Usufruct‹ – that's a legal notion, isn't it? – brings together in one word what I already mentioned in my seminar on ethics, namely, the difference between utility and jouissance. What purpose does utility serve? That has never been well defined owing to the prodigious respect speaking beings have, due to language, for means. ›Usufruct‹ means that you can enjoy (jouir de) your means, but must not waste them. When you have the usufruct of an inheritance, you can enjoy the inheritance (en jouir) as long as you don't use up too much of it. That is clearly the essence of law – to divide up, distribute, or reattribute everything that counts as jouissance.« (Lacan 1998: 3)

The law prescribes a just and economic use of material, an economic amount of pleasure and enjoyment, true ›unlimited‹ *jouissance* is precisely that which is forbidden in that it exceeds the economic, transgresses the law established by the principle of pleasure,

»Even before the formulations of *Beyond the Pleasure Principle*, it is evident that the first formulation of the pleasure principle as an unpleasure principle, or least-suffering principle, naturally embodies a beyond, but that is, in effect, calculated to keep up on this side of it rather than beyond it.« (Lacan 1992: 185)

The pleasure principle aims thus at the maintenance of the psychic organism, the regulation of pleasure and of pain in economic terms, »the pleasure principle follows from the principle of constancy« (Freud 1961: 3) but also forms the boundary of law against which the spectre of *jouissance* rubs itself: »the pleasure principle actually seems to serve the death instincts« (Freud 1961: 57). As Lacan states:

»This track, this pathway, is familiar to us. It's ancestral knowledge. And what is this knowledge, if we don't forget that Freud introduces what he himself calls ›beyond the pleasure principle‹, the pleasure principle itself not being overturned thereby? Knowledge is what brings life to a halt at a certain limit on the path to jouissance. For the path toward death – this is what is at issue, it's a discourse about masochism – the path toward death is nothing other than what is called jouissance.« (Lacan 2007: 18)

But contrary to pleasure conceived in a non psychological sense, *jouissance* retains its inaccessibility, moving constantly out of reach,

»[t]he problem involved is that of jouissance, because jouissance presents itself as buried at the center of a field and has the characteristics of inaccessibility, obscurity, and opacity; moreover, the field is surrounded by a barrier which makes access to it difficult for the subject to the point of inaccessibility, because jouissance appears not purely and simply as the satisfaction of a need, but as the satisfaction of a drive – that term to be understood in the context of the complex theory I have developed on this subject in this seminar. As you were told last time, the drive as such is something extremely complex ... It isn't to be reduced to the complexity of the instinct as understood in the broadest sense; in the sense that relates it to energy. It embodies a historical dimension whose true significance needs to be appreciated by us. This dimension is to be noted in the insistence that characterizes its appearances; it refers back to something memorable because it was remembered. Remembering, ›historicizing‹, is coextensive with the functioning of the drive in the human psyche. It is there, too, that destruction is registered, that it enters into the register of experience.« (Lacan 1992: 209)

Jouissance considered in these terms serves precisely as a motivator for the death drive in so far as the transgression implied in the fulfilment of the drive moves dangerously far beyond the normal inscription of the principle of pleasure. Likened to the potlatch, the act of ›pure‹ *jouissance* is violent and unpredictable, spectacular and destructive, even as it fulfils one of the most fundamental drives. Finally, for Lacan, *jouissance* implies a particular relationship to language – *jouissance* in its entirety is unavailable through language, echoing Freud's concept of resistance: there remains after analysis a kernel of *jouissance* which is beyond symbolization, thus resisting the linguistic interventions of the analyst. Nevertheless, it is clear that language and symbolism are shot through with and underpinned by *jouissance* which Lacan later identifies with the sinthome, and that linguistic endeavours can approach and begin to identify, or initiate the subject's identification with *jouissance* as sinthome even if the ultimate act remains inaccessible (Evans 1999: 13).

II

Marcello (Marcello Mastroianni), a commercial pilot, Michel (Michel Piccoli), a television executive, Ugo (Ugo Tognazzi), a restaurateur and Philippe (Philippe Noiret) a judge, retreat, in Marco Ferreri's infamous 1973 film, *La Grande Bouffe*, to Philippe's country house for a weekend of gastronomic debauchery (Ferreri 1973). Escaping their privileged lives and dispensing with certain administrative formalities that hint at the finale to come: Philippe arranges with the bank for the housekeeper who raised him to have power of attorney while Michel offers his apartment to his daughter. And so it is that shortly after their arrival certain provisions are delivered, among these a wild boar, two deer, a dozen hens, three dozen Ardennes roosters, a hindquarter of beef from the Charolais region and five lambs from Mont St Michel. As the produce is taken inside Michel, brandishing a head of veal, proclaims: »to be or not to be, that is the question« answered by Marcello in »que la fête commence«, already indicative of their collective response to the existential question.

On this first evening, the sumptuous multicourse dinner is accompanied by a slideshow of pornographic photographs collected by Philippe, including pictures of his deceased relatives, soliciting a pointed remark that he's »getting hot over a funeral« – the lines between life, pleasure of both the carnal and gastronomic variety, and death itself thus begin ever more to blur. For this »seminaire gastronomique« is no »vulgar orgy«, even when Marcello organises the arrival of three prostitutes, who join dinner on the second evening, together with Andrea, a school teacher whose class had wandered the grounds of the mansion earlier on the first day and who had finally decided to accept Philippe's invitation. This then sets the scene for the true intentions of Marcello, Michel, Philippe and Ugo, who have in fact formed a suicide pact, proposing to eat themselves to death in the comfort of the country mansion. Faced with the increasingly grotesque and mechanical obsession with the production and consumption of food, calls of »who is cooking, someone must cook« and »eat!«« the prostitutes flee, unable to swallow any more. As Michel suffers from catastrophic indigestion, Ugo, having prepared an enormous dish of »medicinal« mashed potatoes continues to spoon feed Michel. »Mange encore!« he says, »if you don't eat you won't die!«

As they continue to eat, Marcello is the first to die, freezing to death during a snowstorm outside in the Bugatti sports car he had previously uncovered. Having failed to climax with Andrea, he declares to the others that they cannot eat themselves to death because they are eunuchs, that »there is no fantasy in this story«; he disappears into the night, but unable to start the Bugatti, freezes to death in the garden. Michel is the next to die, succumbing to his indigestion and flatulence. Having stored the corpses of Marcello and Michel in the cold room, Ugo prepares a colossal cathedral-shaped terrine of duck, goose and chicken paté, aided by Andrea and Philippe, he notes that he »could have been a millionaire in a month preparing this for others but they don't know what they're missing«. While Philippe, who has momentarily lost his appetite, and Andrea leave the kitchen Ugo continues to eat, mouthful by mouthful, savouring the delicate flavour, mechanically working toward his intended goal: »we have to eat.« Returning to the kitchen, Philippe and Andre spoon feed Ugo the last of his terrine as he too passes away. Philippe is the last to die, passing away, in the garden, in Andrea's arms, as she feeds him a breast shaped jelly she has prepared. The movie closes with the final delivery of provisions, carcasses thrown into the garden before a number of salivating dogs, as Andrea enters the house and the screen fades.

Scandalising the 1973 Cannes film festival and presented as a critique of societal consumption and the social excesses that marked its era, *La Grande Bouffe* can also be considered as the foremost example of gastronomic *jouissance* that has graced the silver screen. Marcello, Michel, Philippe and Ugo from the outset endeavour to transcend the boundary of the pleasure principle, to go beyond their gastronomic tastes, to exceed the palate to such a degree that it should lead to their deaths. However, one immediate distinction must be made – between their act and suicide. While it is true that the intended consequences of their plans are ultimately mortal, the manner in which they go about this destabilises any simple notion of suicide, the effort and planning which goes into the continuous production of culinary delights together with the component of their demise that speaks to the gastronomic pleasure they derive, marks the point at which their fate enters the realm of true *jouissance*. It would be easy to prepare and serve one single poisoned dish, an elegant and economic suicide which can be contrasted to the parade of Dionysian meals which move from pleasurable to near macabre.

Their orgiastic feast grows more and more mechanical as the pleasure they take is stripped away: Michel suffers from indigestion, Marcello is sexually frustrated, the prostitutes abandon them to their sinister fate, yet at every turn the call is made »à table! Eat!« Their violent transgression as they move through the pleasure principle, shattering its economy underlines the fact that their pleasure, in conventional terms, becomes lost and their continuation on this path necessitates an ever greater and more concerted effort (in feeding each other). Finally their gluttonous episode draws to its close in the fulfilment of their desire – the fulfilment of the death drive. Their plan remaining, to the end, linguistically inaccessible, hinted at in conversation, never openly discussed, and the results unpredictable; the order and nature of their deaths are unforeseen, with Marcello perishing as he tries to leave not necessarily a direct victim of gastronomic excess. Truly, they discover that in *jouissance* proper »there is no fantasy«, pursuing nevertheless, and despite this, the course that they have laid out.

In many ways the final dinner that features so heavily in *Babette's Feast,* Gabriel Axel's 1987 film mirrors the *jouissance* that the four world weary gentlemen of *La Grande Bouffe* seek to enact. Having fled counter revolutionary massacres in Paris, Babette arrives on the coast of Jutland, in the household of Philippa and Martine, where she is taken on as a housekeeper through an introductory letter sent by Philippa's former admirer, a celebrated baritone now living in Paris. For years Babette works for the sisters, who follow in the footsteps of their father, a minister, in dedicating their lives to good works, until one day Babette wins the lottery. Requesting that she personally prepare and pay for the dinner that the sisters had planned in order to celebrate the centenary of their father's birth (and heal the factiousness that had settled within the community), Philippa and Martine fear that this will be the final dinner that Babette will prepare in their house. As provisions for the dinner arrive (including a live turtle) the sisters begin, in turn, to fear the godless indulgence before them and strike a pact with their aging congregation: during the dinner none will speak of the food, lest the spell of the devil be upon them. Course after course arrive upon the table, an amontillado, Potage à la Tortue (Turtle soup), Blinis Demidoff au caviar, Caille en Sarchophage avec Sauce Perigourdine (Quail in puff pastry with a truffle and foie gras sauce), a salad of Belgian Chicory and walnuts vinaigrette, and finally a rum sponge cake with figs and glacé fruit. This mouth-watering feast, carefully prepared by Babette is accompanied by rare wines such as an 1845 Clos de Vougeot and an 1860 Veuve Clicquot. Only Lorens, Martine's former admirer, now a celebrated general, articulates his surprise and delight at the sumptuous meal before him – the rest of the table clinging to their vow of silence.

The meal nevertheless has a powerfully transformative effect on the faithful, restoring their sense of community, reigniting passions and sweeping away grudges and arguments. Later, in thanking Babette for the meal, Philippa and

Martine discover that Babette has spent her entire fortune on this single meal, 10 000 francs, the price of a meal for twelve at the Café Anglais, where she once was the chef and where Lorens once dined. Her power to »unite the gastronomic and the spiritual, transforming the dining experience into a love affair« was once legendary and Philippa and Martine question why she does not return to Paris and what she will now do with her life: Babette replies that an »artist is never poor«, electing to remain in Jutland.

The extraordinary sacrifice of her winnings, the careful delicacy with which the meal is prepared, the manner in which her culinary art surpasses itself and brings about ecstatic transformation in the diners are all indicative of the degree to which Babette's feast opens into the realm of *jouissance*. This is reinforced by the silence that reigns during the banquet – the pleasure that dare not speak. For Babette, *jouissance* lies in the reclamation of her lost art; she seizes what she knows to be her last opportunity for true culinary expression. The sacrifice of her winnings, a veritable fortune, is at once a tribute to the kindness of Philippa and Martine, but more importantly a gratuitous gift to herself, a reckoning with the past that allows her to continue with life and finally come to terms with the traumatic events of her past. In cooking this final meal, Babette puts her past to rest, completing the veritable social death occasioned by her exile. Yet her *jouissance* is not unlimited, in the manner that Michel, Marcello, Ugo & Philippe experience it, although the planning, preparation and sacrifice, even the manner in which the gustatory and sensual (but not the carnal) are brought together during Babette's feast mirror the relationship between food and *jouissance* that characterise *La Grande Bouffe*. Babette's *jouissance* is already inscribed in the pleasure principle, she does not physically move from life to death, or to the fulfilment of the death drive in the manner in which the four friends of *La Grande Bouffe* do – her movement is from life to life, the painful sacrifice and pleasure of the preparation are the price she pays in order to continue to live. Similarly the *jouissance* of the twelve guests at »Babette's last supper« remains inscribed with the principle of pleasure, linked to their preparation for the end of their lives and the transformative rekindling of the community. One can nevertheless note the particular manner in which the feast remains unaddressed linguistically, both by Babette and by her guests; while the twelve guests have taken a vow of silence, their body language betrays a powerful and inexpressible experience – their unexpected *jouissance* is precisely beyond the realm of language.

Chocolat, directed by Lasse Halström and released in 2000, offers a marginal variation on the dialectic between gastronomic *jouissance* and the pleasure principle presented in *Babette's Feast* and completely absent from *La Grande Bouffe*. The *chocolaterie* opened by Vianne Rocher (Juliette Binoche) during the first week of the Lenten fast ultimately becomes a focal point for the renewal of the town in spiritual, moral and certainly gastronomic terms, disturbing the staid tranquillity which characterised Lansquenet-sous-Tannes before Vianne's arrival, »awaken[ing] the passions« of the quiet village. It is however, the dinner that she prepares for Armande Voizin (Judi Dench) as a birthday celebration that truly underscores the notion of *jouissance* as represented by the death of Voizin. For

Armande, as is revealed earlier in the film by her estranged daughter, is a chronic diabetic, in the process of losing her eyesight and who nevertheless resists being sent to the retirement home near Toulouse which Josephine (Lena Olin) reminds us is referred to as *la mortuaire* – literally the house of the deceased. Armande, insisting that »there are worse ways to die«, requests the feast, proposing that a dejected Vianne (the mayor having spoken out against Vianne's chocolate »temptation«) and her »show the bastards [that] we're ready to go down dancing«. When Vianne resists referring to the diabetes of which Voizin suffers, Armande replies that she »needs this«: »you do this for me and I promise I check into *la mortuaire* tomorrow without a care in the world«.

The sumptuous dinner is everything that Armande desires, her grandson offers her a touching gift, the food served by Vianne and Josephine is excellent, and the dinner ends in dancing on the gypsy riverboats that have recently docked (much to the dismay of the tranquillity obsessed mayor). It is after the celebrations, while clearing the dishes that Armande's young grandson finds her dead – a consequence of her evening's indulgence. The persistent desire to continue feasting and her acceptance of death »without a care in the world« underlie her *jouissance,* which, while temperate in comparison to the orgiastic scenes of *La Grande Bouffe* nevertheless ultimately fulfils the Lacanian structure of *jouissance* – pleasure at the price of an accepted death. The rest of the village, notably the Comte de Reynaud, inscribe their enjoyment into the notion of the pleasure principle: they are indulgent within limits. Even the discovery of the Comte on Easter Sunday in the window of the *chocolaterie*, having finally ceded to his temptation (long after all others have) and broken into the shop, devouring everything in a transcendent gluttony, is inscribed into the principle of pleasure, normality returns, albeit in a more relaxed, less austere version. As in *Babette's Feast* the gastronomic experience is portrayed as fundamentally transformational, even if the uncontained *jouissance* of Armande Voizin harkens the dark pleasures of *La Grande Bouffe*.

By contrast Nora Ephron's *Julie & Julia* (2009) represents the complete re-inscription of gastronomic *jouissance* into the pleasure principle, especially in terms of Julie Powell whose decision to cook her way through Julia Child's celebrated French cookbook is based less upon the pleasure of cooking and more upon the desire to blog about her adventures and in so doing, become a published author. The film contrasts Julia Child, as she writes her celebrated cookbook, and Julie Powell as she decides to escape her lacklustre and depressing job at the Lower Manhattan Development Corporations call centre, answering telephone calls from victims of the September 11 attacks, by cooking every single recipe in Julia Child's 1961 classic, *Mastering the Art of French Cooking*. While Powell's project is initially escapist, a therapeutic, almost self-help inspired manner for her to deal with the stresses of her job, it quickly takes on more serious undertones as her blog is featured in the *New York Times*, and begins to lead to the fulfilment of her ideal – to become a writer.

Powell's story is contrasted to the experiences of Julia Child, who, living in Paris in the 1950's attends Le Cordon Bleu in order to learn French cooking and begins to collaborate with Simone Beck and Louisette Bertholle on a cookbook. Without doubt, both characters enjoy and derive pleasure from their culinary pursuits, one can even say that Child has a more immediately pleasurable relationship to cooking, she does not cook in order to escape; she cooks out of sheer enjoyment and curiosity. Powell's enjoyment of cooking is thus more conditional; her initial foray into Child's cooking being directly related to her growing frustration with her job rapidly becomes a »second job,« something which even begins to stress her relationship with her husband. Nevertheless, in both cases there is a distinct lack of excessive pleasure, behind all the exuberance, the delight and enjoyment felt by both, Julia and Julie remains anchored and normalised. And while the transcendental nature of their culinary experience is made repeatedly evident, especially in the manner in which both Powell and Child are able to forge a career out of their gastronomic flair, it is precisely in this manner that their pleasure and enjoyment are normalised and made to service the domain of work and occupation.

Contrast this to Armande Voizin in *Chocolat*, and Marcello, Philippe, Ugo and Michel in *La Grande Bouffe* whose disregard for the fetters of occupation and acceptance of the ultimate price of their indulgence are key to the manner in which they embrace an unlimited *jouissance*. For Powell, despite her tenacity and the manner in which her enjoyment wanes, and the near torturous manner in which she doggedly continues to cook through *Mastering the Art of French Cooking* (mirroring the deformation of pleasure implicit in the act of *jouissance*), the stated goal is not self indulgence or orgiastic gastronomic delight, but rather the opportunity to become a writer. Her goal is resolutely economic, both psychologically and in the most banal fiscal sense of the word. One can furthermore contrast the actions of Julie and Julia with those of Babette, who sacrificed everything precisely in order to *lose,* to bid farewell to, her former occupation – in economic terms she gains nothing, the uneconomic nature of her *jouissance* being underlined by her statement that »an artist is never poor.« Babette has gained in artistry what she lost economically, an exchange that the Philippa and Martine have difficulty in understanding. In opposition to this, *Julie & Julia* lose little and gain much, their enjoyment motivates them, folded into the principle of pleasure their near-*jouissance* ultimately does little more than fuel the economic calculations of their new found occupation, the film reduces any notion of sacrifice to a moot point.

There is nevertheless a degree to which the lack of dialectic between *jouissance* and the pleasure principle forms a bridge between *La Grande Bouffe* and *Julie & Julia*, but only in so far as the films present one section of what is essentially a transgressive continuum. *La Grande Bouffe* leaves no other option for the central characters other than the foregone conclusion of ecstatically destructive *jouissance*, whereas *Julie & Julia* proposes nothing other than the reinscribed systematic and economic ontology of the pleasure principle, excluding any true transgression. In this light, *Babette's Feast* and *Chocolat* present the problematic notion of *jouissance* and its relationship to gastronomy in dialectical terms, offering both the a hint of true transgression, or, as in the character of Armande

Voizin, transgression itself, while nevertheless preserving the structure of the pleasure principle.

III

In his 1961 article, *Towards a Psychosociology of Contemporary Food Consumption* Roland Barthes notes that »in contemporary French society *food has a constant tendency to transform itself into situation*« (Barthes 1997: 26), a notion which underscores much of what *La Grande Bouffe* represents as a critique of the 70's consumer society. Yet the ›situation‹ of consumption, the orgiastic, uncontrolled, violent portrayal of senseless gluttony, that is to say, the situation of *jouissance* which characterises Ferreri's cinematic depiction of gastronomy can be seen in more positive terms. The film is perhaps the last, if not one of the only truly unmediated cinematic depiction of the relationship between the culinary arts and the subject that exists entirely outside the realm of the controllable, the rational and the economic.

The movement within subsequent films is a result not only of the reinscription into the pleasure principle of the concept of gastronomic *jouissance* and of the culinary event (noting that each of the films deals precisely with the French gastronomic tradition) but also of changing attitudes in the consumption and portrayal of food and in a certain sense, a return to a more original relationship between the gastronomic and the consumption thereof. As Coveney details in *Food, Morals And Meaning: The Pleasure And Anxiety Of Eating*, the consumption of food in Greek antiquity was related to self-control:

»Regime, then, implied the right amount (of food, sex, sleep and so on) at the right time. The importance of moderation, especially in regard to pleasure, was uppermost. Overindulging one's appetite, whether it be in sexual acts or food, was considered to be ugly and ›improper‹« (Coveney 2006: 26).

Exploring the Greek concept of *dietetics*, especially as discussed by Foucault (1992), Coveney notes the relation between *dietetics* and reason,

»Moderation and self-mastery were, then, important principles within *dietetics*. For the Greeks these ›ascetics‹ were fundamental in the formation of the self – an ethical subject. With these practices one was brought closer to the truth through the concept of a natural reason, or *logos*.« (Coveney 2006: 27)

The Greek gustatory ›ethics‹ relating moderation and self mastery to reason can furthermore be seen in a continuum (albeit with some differences) with the more contemporary religious overtones of self control and sin as well as concepts of nutrition and even beauty:

»Within contemporary Western society, conduct around food *is* problematic, and the pleasures of eating require careful consideration within today's mores, where overt enjoyment of a gustatory nature is invariably modified by manners and customs which are to operate not only in public but also in private. Again it would be easy to relate these issues for the modern subject directly to food conduct of subjects in antiquity and pre-modern times. « (Coveney 2006: 44)

Similarly for Harrus-Révidi, in *Psychanalyse De La Gourmandise* (1994), the notion of diet and of self control has displaced a more carnal relationship with food, underlining an almost masochistic denial of pleasure or the utter re-inscription of food, no longer even considered in terms of *gourmandise*, purely as a means to an end. This contemporary calorie counting obsession is reflected to a degree in the surprise with which Julie discovers precisely how much butter she should use for the first recipes that she attempts to cook from *Mastering the art of French Cooking.* And while her notion of pleasure, at the end of the film is no longer quite so undercut by material considerations (such as the amount of *fattening* butter in the dish) this initial start points at least to cultural differences in the consumption and the presentation as well as production of food. For as Priscilla Clark points out (Clark 1975: 39), gastronomy is a particularly French and particularly bourgeois invention which can be traced to the revolutionary years which saw the number of restaurants in Paris blossom, from 30 to 3000 between 1789 and 1820 (Clark 1975: 37). In this manner we return to the notion of a privileged consideration of *La Grande Bouffe* in these terms – with regards to the social setting and the class of the characters and to their nationality. Their »bourgeois Frenchness« underlines their relationship to gastronomy and their openness to the dangerous pleasures therein, whereas the practicality and stereotypical pre-occupations of Powell as a contemporary American preclude this access.

This defining difference in both the production of the various films (*La Grande Bouffe* being a franco-italian production, whereas *Babette's Feast* is Danish in origin, *Chocolat* and *Julie & Julia* being Anglo-British productions) and the social setting (the bourgeois consumption of *La Grande Bouffe* contrasting with the peasant simplicity of *Babette's Feast* and the quiet village of *Chocolat*) reinforce the particular ›French‹ nature of *La Grande Bouffe*. The further industrialisation of food, the production of ›fast-food‹ and ›minute-meals‹, further objectifies and compartmentalises gastronomy, precisely one of the reasons for which, in the most contemporary of the films, Julie Powell embarks on her quest – in order to rekindle the everyday culinary pleasures. These pleasures are by their very nature part of the pleasure principle, a daily ritual of delight that goes as far as a second or third helping (at most) but no further, and which have become so problematic in contemporary ›fast-food-calorie-counting‹ that the representation of a completely unmediated relationship to food has become increasingly impossible. Films such as *Eat, Pray, Love* (Murphy 2010) or *Under the Tuscan Sun* (Wells 2003) present a particularly unproblematic relationship to food in terms of the discovery of Italian food, nevertheless, like so many other films which portray food – food is completely normalised. These films, unlike *Babette's Feast* or *Chocolat*, do not even present the possibility of a dialectic between the gustatory *jouissance* that food makes possible and the pleasure principle which regulates it.

Nevertheless the relationship between gourmandise and *jouissance* remains powerful, given the pleasure and enjoyment that can accompany even the most humble of the culinary arts. Consider the celebrated scene where Marcel Proust's narrator is veritably undone by the small mouthful of *petites madeleines* – the importance of this scene both within the structure of the novel and more generally within the literary canon underlying the importance of the powerfully transcendent effect that gustatory *jouissance* can have – even when limited by the pleasure principle. It is thus that Ferreri's classic represents not only a parody of a society bent on wanton expenditure, or the exploration of the limits of a certain genre of works that consider the powerful role of the gustatory, but also the jubilant singularity that marks a particular moment in cinematographic gastronomy, where the pleasure principle is resolutely and unflinchingly transgressed; a moment all the more significant, given the prevailing trends in the depiction of food, in that it cannot easily be replicated.

References

Axel, Gabriel (1987): *Babette's Feast*, Denmark, Nordisk Film.

Barthes, Roland (1997): »Toward a Psychosociology of Contemporary Food Consumption«. In: C. Counihan & P. V. Esterik (Hg.): *Food and Culture: A Reader*, London/New York, 28-36.

Braunstein, Néstor A. (2003): »Desire and Jouissance in the Teachings of Lacan«. In: Jean-Michel Rabaté (Hg.): *The Cambridge Companion to Lacan*, Cambridge, 102-116.

Clark, Priscilla P. (1975): »Thoughts for Food, I: French Cuisine and French Culture«. In: *The French Review* 49, 32-41.

Coveney, John (2006): *Food, Morals And Meaning: The Pleasure And Anxiety Of Eating*, London/New York.

Ephron, Nora (2009): *Julie & Julia*, United States, Columbia Pictures.

Evans, Dylan (1999): »From Kantian Ethics to Mystical Experience: An Exploration of Jouissance«. In: Dany Nobus (Hg.). *Key Concepts of Lacanian Psychoanalysis*, New York, 1-29.

Ferreri, Marco (1973): *La Grande Bouffe*, France, Mara Films.

Freud, Sigmund (1961): *Beyond the Pleasure Principle*, London/New York.

Foucault, Michel (1992): *The History of Sexuality. Volume Two: The Use of Pleasure,* Harmondsworth.

Hallström, Lasse (2000): *Chocolat*, United States, Miramax.

Harrus-Révidi, Gisèle (1994): *Psychanalyse De La Gourmandise,* Paris, Payot.

Lacan, Jacques (1992): *The Ethics of Psychoanalysis. The Seminar of Jacques Lacan VII.*, hg. v. Jacques-Alain Miller, London/New York.

Lacan, Jacques (1998): *On Feminine Sexuality the Limits of Love and Knowledge. The Seminar of Jacques Lacan XX*, hg. v. Jacques-Alain Miller, London/New York.

Lacan, Jacques (2007): *The Other Side of Psychoanalysis. The Seminar of Jacques Lacan XVII*, hg. v. Jacques-Alain Miller, London/New York.

Levy-Stokes, Carmela (2001): »Jouissance«. In: Huguette Glowinski/Zita M. Marks/Sara Murphy (Hg.): *A Compendium of Lacanian Terms*, London/New York. 101-110.

Murphy, Ryan (2010): *Eat Pray Love*, United States, Columbia Pictures.

Proust, Marcel (1982): *Remembrance of Things Past: Volume I – Swann's Way & Within a Budding Grove,* London.

Wells, Audrey (2003): *Under the Tuscan Sun*, United States, Touchstone Pictures.

Gogol's Hunger(n) – Eine Speisekarte des 20. Jahrhunderts. Hungern als ästhetische Selbstvernichtung[1]

RAINER GRÜBEL

> »Nicht die Vernichtung, nicht der Tod ist schrecklich für uns, ganz im Gegenteil, in dieser Minute liegt etwas Poetisches, das im Wirbelsturm zum seelischen Genuß strebt […].« (Gogol' 1952a [1834]: 109)

> »Wie süß es ist zu sterben.« (Gogol' 1856; zit. in Veresaev 1990: 563)

Hunger allgemein und Gogol's Hunger im Besonderen: »Dieser Tod birgt ein Geheimnis«[2]

> »P. Wieviele Veränderungen erfährt er [der Mensch]? – A. Sechs. – P. Welche genau? – A. Hunger und Sättigung; Ruhe und Arbeit; Wachsein und Schlaf.«
> Apukin und Pinin der Erste im didaktischen Gespräch (Filippova/Jastrebickaja 1995: 367)

1 Der Text erschien auf Kroatisch unter dem Titel »Gogoljeva glad – jelovnik dvadesetog stoleća. Gladovanie kao estetsko samouništenie«. In: Jasmina Vojvodić (Hg.) (2010): *Hrana od gladi do prejedanja*, Zagreb, 59-84. Wir publizieren hier eine gekürzte Version des Originaltextes.

2 Ivan Turgenev über Gogol's Tod gemäß einem Brief des Bildhauers Nikolaj Ramazanov an Nestor Kukol'nik, 22. Februar 1852; Ramazanov fertigte Gogol's Totenmaske an (gogol.lit-info 2007).

 © TRANSCRIPT 2012

Hunger ist ein inneres Körpergefühl des Menschen (Näslund/Hellström 2007: 256-262), ein physiologisches Phänomen biologischer Natur. Hunger ist als individueller oder kollektiver seelischer Zustand des hungrigen Menschen ein psychisches Phänomen des homo sapiens sapiens (vgl. Russell 2005). Hunger ist als Fehlen von Nahrung eine sozioökonomische Erscheinung der Gesellschaft. Hunger ist als Metapher für Ungenügen ein semiotisches Phänomen der Kultur. Physiologisch steht dem Hunger der Unwille zur Nahrungsaufnahme gegenüber, psychisch das Gefühl der Sattheit, sozioökonomisch das Verhalten der Völlerei, semiotisch die Zeichen von Überfluss, Rest, Fülle. Der Name ›Gogol'‹ reimt sich mit dem russischen Wort für ›Hunger‹, ›golod‹, der Name des Dichters ›Chlebnikov‹ trägt das russische Wort für ›Brot‹, ›chleb‹, in sich. »Les extrêmes se touchent«, schreibt Pascal:[3] Gogol' und Chlebnikov sind Hungers gestorben.

Vor Hunger gestorben ist auch Daniil Charms.[4] Er hat ein Gedicht über den Hunger geschrieben, das die physiologischen Wirkung des Hungers auf das Bewusstsein des Menschens bezeugt und so die Physiologie mit der Psychologie des Hungers verschränkt:

»Так начинается голод:	So beginnt der Hunger:
с утра просыпаешься бодрым,	Morgens erwachst Du munter,
потом начинается слабость,	dann setzt Schwäche ein,
потом начинается скука,	dann setzt Langeweile ein,
потом наступает потеря	dann beginnt die Einbuße
быстрого разума силы,	an Kraft raschen Verstands,
потом наступает спокойствие.	Dann setzt Beruhigung ein.
А потом начинается ужас.	Und dann beginnt der Schrecken.
28 сентября 1937«[5]	28. September 1937

Hieronymus Boschs Gemälde *Kampf des Karnevals mit dem Fasten*[6] sowie Pieter Breughels Bild *Der Kampf zwischen Karneval und Fasten* (*De strijd tussen de vasten en vastenavond*[7]) zeigen das dialogische Band zwischen Völlerei auf der linken Seite und Hunger auf der rechten. Die Künstler vermitteln den zeitlichen Bruch vom Karneval zur Fastenzeit im christlichen Kirchenkalender als räumliche Aufteilung der Menschen und Gegenstände auf der linken und rechten Bild-

3 »Les sciences ont deux extrémités qui se touchent« (Pascal 1670: 327).

4 Daniil Charms ist den Hungertod im sowjetischen Gefängnis der von der Deutschen Wehrmacht belagerten Stadt Leningrad gestorben. Der nationalsozialistische deutsche und der realsozialistische sowjetische Totalitarismus arbeiteten Hand in Hand, um den russischen Dichter zu vernichten, vgl. Kobrinskij 2008.

5 Charms 1991a: 553, die Übersetzungen aus dem Russischen stammen hier und im Folgenden, wenn nicht anders angegeben, vom Verfasser. Die russischen Namen sind wissenschaftlich transliteriert, sofern sie nicht aus Übersetzungen zitiert werden.

6 Hieronymus Bosch, *De strijd tussen Carnaval en vasten*, ca. 1540, olieverf op paneel, 59,3 x 118,3 cm, Noordbrabants Museum 's-Hertogenbosch. Inv.-Nr. 12076. Vgl. Pleij 1992.

7 Pieter Breughel, *De strijd tussen de vasten en vastenavond*, 118 x 164,5 cm Wien, Kunsthistorisches Museum. Inv.-Nr. 1016.

hälfte. Im heidnisch-karnevalesken und im christlich-religiösen Modell der Welt erscheinen Hungern und Völlerei als Kehrseiten einer Medaille. Zwei Bilder der Physiologie des Hungers bestimmten in der ersten Hälfte des 19. Jahrhunderts die kulturelle Praxis in Russland: erzwungener Hunger oder Hunger durch Armut, vor allem als Folge von Missernten (vgl. Isaev 1892), und mehr oder weniger freiwilliges Fasten-Hungern vor Ostern. Der christlich-religiöse Diskurs bestimmte das Fasten als Askese, als innere Reinigung des menschlichen Körpers vor der jährlichen Wiederkehr der Leiden Jesu Christi im religiösen Kalender.

Die agronomische Erscheinung des Hungers dagegen, die Abwesenheit von Nahrung, wurde durch die Malthus'sche Theorie erklärt: Gegen Ende des 18. und zu Beginn des 19. Jahrhunderts entwickelte der englische Nationalökonom Malthus die Auffassung, die demografische Entwicklung der Welt führe zum Anwachsen der Bevölkerung in geometrischer Progression, während die Nahrungsmittel nur ein arithmetisches Wachstum erlebten (vgl. Malthus 1798, Malthus 1820). Seiner Ansicht nach war dem Anwachsen der Bevölkerung nur durch Gegenmaßnahmen entgegenzuwirken, die mit ethisch begründeter Enthaltsamkeit einhergingen, sonst käme es zu Katastrophen: Krieg, Epidemien und eben – Hunger.

Die russische Geschichte der ersten Hälfte des 20. Jahrhunderts umfasst ein Massenhungern der Menschen in den Städten und noch mehr in den Dörfern als Folge der Oktoberrevolution, des Bürgerkrieges (1917-1923) in Verbindung mit dem Kriegskommunismus (1917-1921) und einer falschen Landwirtschaftspolitik der Kommunistischen Partei (›Entkulakisierung‹ 1929-1933, Zwangskollektivierung 1928-1938, vgl. Ivnickij 1995, Ivnickij 1996), die zu Opfern in Millionenhöhe führte.[8]

Im fünften Kapitel des ersten Bandes der *Toten Seelen* spricht Sobakevič mit Čičikov über einen dritten Hungertypus, über die Diät. Die Passage führt die vielfräßige, nicht feinschmeckerische Haltung des Gogol'schen Helden vor:

»›Was hast du denn, mein Schatz‹, sagte Sobakewitsch, ›als ob ich das selbst so machte! Aber ich sage dir ins Gesicht, ich für meine Person werde eklige Dinge nicht essen. Mir kannst du einen Frosch mit Zucker kandieren, ich nehme ihn nicht in den Mund, und Austern auch nicht: ich weiß, was ich von Austern zu halten habe. Nehmen Sie noch vom Hammel‹, fuhr er, Tschitschikow zugewandt, fort, ›das ist Hammelfleisch mit Buchweizengrütze! Das ist nicht so ein Frikassee, wie es in herrschaftlichen Küchen aus Hammelfleisch gemacht wird, das vier Tage lang auf dem Markt herumgehangen hat! Das haben sich alle diese deutschen und französischen Ärzte ausgedacht: aufhängen würde ich sie deshalb! Die Diät haben sie sich ausgedacht, mit Hunger wollen sie einen heilen! Haben selbst so einen spillerigen deutschen Körperbau mit kniefigen Knochen und bilden sich nun ein, mit einem russischen Magen fertigwerden zu können! Nein, das ist alles nicht das Wahre, das sind alles Spinnereien, das sind alles…‹ Hier schüttelte Sobakewitsch sogar ärgerlich den Kopf. ›Da reden sie von Aufklärung, Aufklärung, aber diese ganze Aufklärung ist Scheibenkleister! Ich könnte mich ja auch noch ganz

8 Vgl. zum Massentod durch Hunger 1932-1933 L. I. Gincberg 1999 und Courtois/Werth/Panné/Bartosek/Margolin/Paczkowski 1997.

anders ausdrücken, nur bei Tisch gehört sich das nicht. Bei mir ist das anders. Bei mir kommt, wenn es Schweinefleisch gibt, ein ganzes Schwein auf den Tisch; wenn es Hammelfleisch gibt, dann her mit dem ganzen Hammel; wenn es Gänsebraten gibt – eine ganze Gans! Besser ich esse zwei Gerichte, aber diese richtig, so wie es mir richtig behagt!‹ Sobakewitsch bekräftigte seine Worte mit der Tat: er zog sich die halbe Hammellende auf seinen Teller hinüber, aß alles auf, nagte und lutschte auch noch den letzten Knochen ab.
›Ja‹, dachte Tschitschikow, ›der kann etwas vertragen.‹« (Gogol' 1988: 125-126)

Aller Wahrscheinlichkeit nach hat Sobakevič [Sobakewitsch] den deutschen Arzt Christoph Wilhelm Hufeland im Sinn, der 1797 das Buch *Die Kunst, das menschliche Leben zu verlängern* (Hufeland 1797) veröffentlichte, das bald ins Russische übersetzt wurde. Im Zuge der Säkularisierung gewann freiwilliges anstelle durch den Kirchenkalender auferlegtes religiöses Hungern medizinische Bedeutung.

Gogol' selbst galt als Gourmand. Von Kind an liebt er vor allem Süßigkeiten. So hat sein ›letztes Wort‹, »Wie süß das Sterben ist«, doppelte Bedeutung. In den *Toten Seelen* aber taucht das Motiv des Hungertods auf, wenn auch in scherzhafter, ironischer Form. In der in den Roman eingebetteten Geschichte des Hauptmann Kopejkin geht der durch den Dienst invalide Held, dessen Namen die Erzählung trägt, erfolglos die Obrigkeit um Mittel für seinen Lebensunterhalt an.

Da der Minister ihm außer freundlichen Worten nichts gewährt, denkt der Kapitän: »So nicht, […] da gehe ich wieder hin, erkläre, daß ich am letzten Stück Brot nage – wenn sie nicht helfen, muß ich in gewisser Weise Hungers sterben!« (Gogol' 1988: 263). »In gewisser Weise Hungers« starb auch der Autor selbst.[9]

Gogol's tödliches Hungern war Folge einer mehr oder weniger freien Entscheidung des Autors (Voropaev 2009). Das unterscheidet seinen Tod vom Massenhunger in Russland in den 1880er Jahren, der ein Ergebnis natürlicher Gegebenheiten war, starker und langer Dürre und der Ökonomie des Anbaus und der Verteilung von Getreide. Das unterscheidet ihn auch vom Massenhunger in der Sowjetunion in den 1920er und 1930er Jahren, der ein Ergebnis der Politik der Kommunistischen Partei war.

Als materielle Absage ans Essen hängt der Hunger semiotisch mit der Ablehnung, der Unproduktivität oder sogar der Zerstörung von Handschriften und Büchern zusammen (das Rezipieren von Texten wird oft als Text-Essen dargestellt). Physiologisch hängt er mit dem Tod zusammen, ideologisch mit der Ewigkeit. Ungefähr drei Wochen vor seinem Tod hat Gogol', der bekannte Liebhaber von Süßigkeiten, der Vielfraß und Gourmand, sich geweigert zu essen, und er hat den Hunger als ein Fasten länger als zwei Wochen durchgehalten.

9 Die Tatsachen sind relativ klar: Anfang Februar 1852 hat Gogol' die Nahrungsaufnahme verweigert und nur noch Wasser mit einem Schuss Wein zu sich genommen. Am Morgen des 21. Februar ist er verstorben. Da er in dieser Zeit alle Seiten des zweiten Bandes der *Toten Seelen* und alles Übrige von ihm Geschriebene vernichtet hat, geht im russischen kulturellen Gedächtnis sein Hungertod mit der Vernichtung des zweiten Teils des Romans einher: Hungertod ist Textvernichtung.

Da der 42jährige Gogol' vor allem in Folge seiner Weigerung zu essen starb, war sein freiwilliges Hungern für die russische Öffentlichkeit ein Skandal. Es gelang nicht, diesen Akt mit dem gesunden Menschenverstand zu vereinbaren oder mit gesellschaftlichen Stereotypen guten Benehmens oder auch mit den Alltagssitten des Christentums. Nach Überzeugung orthodoxer Christen gilt der Selbstmord als Sünde. Als Visarion Belinskij nach der öffentlichen Lesung von Gogol's *Ausgewählten Stellen aus dem Briefwechsel mit Freunden* verkündete, ihr Autor habe den Verstand verloren, deuteten die Menschen, die den Schriftsteller an seinen letzten Tagen begleiteten, sein Hungern und seinen Tod als Erscheinung und Folge des Wahnsinns. So auch Moskaus Ärzte, denen es nicht gelang, den armen ›Kranken‹ zu heilen.

Am 3. März 1852 schrieb Ivan Turgenev, der Gogol' kurz vor seinem Tod in Petersburg aufgesucht hatte, indes an Aksakov: »Mir scheint, dass er deshalb starb, weil er beschlossen hatte, dass er sterben wollte, dass es ein Selbstmord ist …« In einem anderen Brief fügte er hinzu: »Das ist ein Geheimnis, ein dunkles Geheimnis, und man muss versuchen, es zu ergründen« (Turgenev 1987: 125).

Die Lösung dieses geheimnisvollen Hungertodes ist ein Menü des 20. Jahrhunderts, und als reichhaltige Speisenfolge besteht es aus sechs verschiedenen Gerichten: aus einem medizinischen und einem religiösen Diskurs, aus zwei kulturologischen Reflexionen, aus einer funktionalen Übertragung sowie aus Gerüchten, die sich aus der Folklore speisen. Beginnen wir mit den letzten als der Vorspeise.

Gerüchte darüber, dass Gogol' lebendig begraben wurde. Gogol's Hungertod als Gegenstand der russischen Folklore

»Niemand stirbt vom Fasten.«
Russisches Sprichwort (Dal' 1957: 805)

Nikolaj Gogol' selbst hat dem Gerücht, man habe ihn lebendig begraben, Vorschub geleistet. In seinem bekannten »Vermächtnis«, das er als ersten Teil der *Ausgewählten Stellen aus dem Briefwechsel mit Freunden* herausgab, betont er:

> »Im Vollbesitz meiner Sinne und meines gesunden Verstandes lege ich hiermit meinen letzten Willen nieder.
> 1. Ich verfüge, daß mein Körper solange nicht beerdigt wird, ehe sich nicht deutliche Anzeichen der Verwesung zeigen« (Gogol 1981: 129).

Aus der in jener Zeit verbreiteten Furcht, man werde ihn lebendig begraben, legte der Schriftsteller sich mehrere Monate nicht ins Bett, sondern schlief angekleidet und in Stiefeln auf einem Sessel.

Anfang der 1930er Jahre befahlen sowjetische Kulturverwalter, Gogol's Überreste aus dem Danilevskij-Kloster auf den Friedhof des Neujungfrauenklosters umzubetten. Am 31. Mai 1931 öffnete man seinen Sarg. An der Umbettung nahmen etwa 30 Menschen teil, unter ihnen Jurij Oleša, Michail Svetlov, Vsevolod Ivanov sowie der Schriftsteller Vladimir Germanovič Lidin. Der Grabstein wurde vom Grab entfernt. Man begann zu graben. Zunächst stieß man auf einen Schädel. Die Expertise ergab, dass es sich dabei *nicht* um Gogol's Kopf handelte. Als der Sarg geöffnet wurde, sah man, dass Gogol's Schädel zur Seite gedreht war. Dies überzeugte viele von der »nicht ganz unbegründeten Besorgnis« Gogol's. Und in Moskau verbreitete sich das Gerücht, Gogol' habe sich im Sarg umgedreht. Das bedeutete natürlich: Er war lebendig begraben worden!

Aus dem Sarg zogen sie, außer einem Stück Stoff, eine Rippe, einen Knochen des Schlüsselbeins und, so beteuerte Lidin, einen Stiefel. Nachdem der Sarg wieder geschlossen worden war, kam es zu Bacchanalien aus Anlass der Plünderung der Überreste. Und bald geschahen, Berichten des Moskauer Schriftstellers Jurij Alechin zufolge, »mystische Dinge«. »Es vergingen drei Tage«, so berichtete Lidin, »da rief mich der Direktor des Friedhofs an und sagte: ›Vladimir Germanovič, ich kann nicht schlafen. Schon die dritte Nacht kommt Gogol' zu mir und sagt: ›Gib mir meine Rippe wieder!‹‹« (Vasendin 2004).

Auch Abram Terc alias Andrej Sinjavskij führt diese Gerüchte am Anfang seines Buches *Im Schatten Gogol's* an:

»Es begann damit, daß ein alter Mann so etwas irgendwo gehört und behalten hatte und bei einer Unterhaltung mit mir sich dafür interessierte, ob Gogol' wirklich lebendig begraben worden wäre, vor der Zeit, und man es später gemerkt hätte, beinahe schon in unseren Tagen, als man das Grab öffnete. Er soll auf der Seite gelegen haben, hieße es.« (Terz 1979: 7)

Dieses Zitat ist von Interesse, weil Terc hinzufügt: »Ich habe es nie gehört« und damit endet, dass »all das genauso war, wie der alte Mann sagt, und ich wusste es immer, ohne einen Begriff davon zu haben. [...] Mit ihm konnte dies geschehen.« (Ebd.) Als realisiertes Gerücht führt Sinjavskij/Terc die Stadtfolklore in die Literatur ein. Er ist überzeugt, Gogol' sei als Leichnam geboren und dafür nach der Beerdigung lebendig geblieben. Das poetische Denken von Abram Terc verleiht dem Hunger eine schöpferische Bedeutung: Der Autor wird aus dem Nichts geboren, *Gogol'* wird aus dem *Hunger* geboren.

1973 hat Andrej Bitov in englischer Sprache einen Text unter dem Titel *Being Buried Alive; or, Gogol' in 1973* veröffentlicht. In diesem Essay schreibt er: »So then, being buried alive, is a condition for the immortality of the corpse.« Und er erklärt die übertragene Bedeutung von »lebendig begraben sein« so:

»[...] suffering is life, and conscience is God, and there is no way to fix things up, and conscience cannot be bought off by suffering – to us such a person is in the grip of arrogance and the devil. Gogol's suffering seems somehow quite just to us because he is not a person« (Bitov 1992: 18).

Nach Ansicht einiger Gogol'-Liebhaber hat der Verfasser das Manuskript vom zweiten Band der *Toten Seelen* gar nicht verbrannt, sondern es Menschen aus seiner Umgebung anvertraut. Natürlich, in der karnevalesken Stadtfolklore sterben Menschen nicht vor Hunger und Manuskripte brennen nicht. Die Erzählung von Igor' Zolotusskij, Gogol's Biografen, über seinen Tod evoziert einen ambivalenten ›Geist‹, irgendwo in der Mitte zwischen unreiner Macht und Inspiration: »Hier wirkte eine einflüsternde Kraft, die sein Bewusstsein schon zu dem Gedanken überredet hatte, das Ende sei unvermeidlich.« (Zolotusskij 1984: 517) War diese Vorspeise rein heidnisch, ist die zweite, der religiöse Diskurs über den Tod, eine heidnisch-religiöse Mischung.

Der religiöse Diskurs: Gogol' und der Teufel als Kunstreligion

> »Nachdem wir die Erfahrung des Krieges und der Revolution gemacht hatten, schauten wir mit anderen Augen auf Gogol' – als ›Märtyrer des Christentums‹, wie S. T. Aksakov ihn nannte; und anders erklingt auch sein *Vermächtnis*: ›Seid nicht tote, sondern lebendige Seelen. Es gibt keine andere Tür als jene, die Jesus Christus uns zeigt.‹«
>
> Konstantin Močul'skij, Paris, 29. Oktober 1933 (2004: 6)

Die religiöse Erklärung von Gogol's Tod stößt auf ein Problem: Das freiwillige Hungern endete mit dem Tod des Schriftstellers, das bedeutet, es war eigentlich ein Selbstmord, eine Sünde. Dieses Problem umgingen die Vertreter dieser Theorie, indem sie einen Dritten erfanden, den sie beschuldigten, er habe sich in das Leben und das Schicksal Gogol's eingemischt. Zu Beginn des Diskurses über Gogol's Tod ist dieser Dritte niemand anderer als der Teufel. Vor allem Dmitrij Merežkovskij und Konstantin Močul'skij vertraten dieses Konzept, und sie entnahmen es dem Werk und den Briefen ihres Helden (Putney 1999).

Hier ist ein Ereignis aus dem Leben des fünfjährigen Nikolaj Gogol' zu erwähnen. Wir wissen davon aus den Aufzeichnungen von P.A. Viskovatyj, dem Gogol', damals schon erwachsen, selbst davon erzählt hat:

»Ich war fünf Jahre alt. Ich saß allein in Vasil'evka herum. Vater und Mutter waren weg gegangen. Bei mir war meine alte Njanja, und auch sie war irgendwohin gegangen. Es dämmerte. Ich presste mich an eine Ecke des Sofas und lauschte in vollkommener Stille auf das Schlagen des Pendels der alten Uhr. Es dröhnte in meinen Ohren, etwas näherte sich und ging irgendwo hin. Ob ihr es glaubt oder nicht, mir schien damals, dass das Klopfen der Uhr das Klopfen der Zeit war, die in die Ewigkeit verschwand. Plötzlich zerstörte das schwache Miauen der Katze die mich belastende Ruhe. Ich sah, wie sie, miauend, vorsichtig auf mich zu schlich. Ich werde nie vergessen, wie sie lief, schlürfte, und ihre weichen Tatzen klapperten schwach mit den Krallen auf dem Parkett, und ihre grünen Augen leuchteten in einer unguten Farbe. Mir wurde unheimlich. Ich kletterte auf das Sofa und schmiegte mich an die Wand. ›Kätzchen, Kätzchen‹, murmelte ich und, um mir Mut zu machen, sprang ich hinunter und griff nach der Katze, die sich leicht von mir in den Arm nehmen ließ, lief in den Garten, wo ich sie in den Teich warf und sie mehrmals, als sie versuchte, heranzuschwimmen und ans Ufer zu kommen, mit einer Stange zurückschubste. Ich hatte Angst, ich zitterte, und zugleich empfand ich eine gewisse Befriedigung, vielleicht als Rache dafür, dass sie mich erschreckt hatte. Aber als sie ertrank und als die letzten Kreise auf dem Wasser auseinander liefen – es herrschte völlige Ruhe und Stille –, wurde mir plötzlich schrecklich zumute und das ›Kätzchen‹ tat mir leid. Ich spürte Gewissensbisse. Mir war, als hätte ich einen Menschen ertränkt. Ich weinte ganz fürchterlich und beruhigte mich erst, als mein Vater, dem ich bekannte, was ich getan hatte, mich verprügelte.« (Veresaev 1990: 43)

In dem Kapitel »Nikolai Gogol's Personal Devil: A Biographical Sketch (to 1835)« seines Buchs über *Gogol's Devils* stellt der amerikanische Slavist Christopher Putney die These auf, die Katze verkörpere für den jungen Gogol' eine »böse Macht« (»evil power«), die in die »Sicherheitszone« (»zone of safety«) des Kindes vorgedrungen sei (Putney 1999).[10]

1906 nannte der Symbolist Merežkovskij sein Buch genau so: *Gogol' i čert* (*Gogol' und der Teufel*). Wie der Vij in Gogol's gleichnamiger Erzählung, so starb auch sein Autor, wie Merežkovskij meint, »vor Angst« (1906: 205). Merežkovskij sieht Gogol's Tod als Folge dessen, dass der Autor seine Muse getötet habe: »Seine eigene, von ihm selbst getötete Muse, die in schrecklicher Schönheit leuchtende Hexe im Sarg zwischen der Kirche und dem gegen ihn, den Mörder, erhobenen eisernen Finger des Vij« (Merežkovskij 1906: 206). Merežkovskij argumentiert wie folgt: Der Schriftsteller geriet unter den Einfluss von Vater Matvej, der von ihm forderte, der Welt und der Literatur zu entsagen.[11] Merežkovskij interpretiert Gogol's »Selbsttötung« als »großes Opfer für uns alle« (Merežkovskij 1906: 214). Bereits das Heranziehen des griechischen Motivs der Muse und die Axiologie der Schönheit zeigen, dass wir es hier nicht mit einer traditionellen (christlichen) Religion zu tun haben, sondern mit einer Kunstreligion.[12] Fast zwanzig Jahre später schreibt Konstantin Močul'skij das Leben Gogol's in die neue Ästhetik der Moderne ein:

10 Übrigens ist der Teufelsglaube in der russischen Kultur ein Hybrid aus Folklore und Religion, vgl. Pomeranceva 1975.

11 Vladimir Nabokov charakterisiert Matvej als »[...] a fanatical Russian priest, who combined the eloquence of Joh. Chrysostomos with the murkiest fads of the Dark Ages [...]« (Nabokov 1981: 52).

12 In der russischen Kultur hat den Begriff ›Kunstreligion‹ (›religija iskusstva‹) erstmals der klassische Philologe Faddej F. Zelinskij in seinem Buch *Religija ėllenizm* (1922; *Die Religion des Hellenismus*) verwendet und so näher bestimmt: »[...] die Sakralisierung der Kunst und die Ästhetisierung der Religion sind zwei Seiten ein und derselben Medaille, so dass die Offenbarung Gottes in der Schönheit in gleichem Maße zu beiden führen soll« (Zelinskij 1996, §48). Der Fall Gogol' ist dadurch von Belang, dass in seinem Schaffen und Leben nicht nur das Sakrale (vgl. dazu Grübel 1996) in den Bereich der Kunst versetzt wird, sondern auch das Satanische. Hunger und Tod Gogol's sind in dieser Perspektive gerade die ἀκμή einer sol-

»In Gogol's Seele sind primär: das Erleben des kosmischen Schreckens und eine elementare Furcht vor dem Tod, und vor diesem Hintergrund nimmt er das Christentum als Religion der Sünde und der Vergeltung wahr.« (Močul'skij 2004: 125)

Merežkovskij und Močul'skij sehen Gogol's Tod als Selbstmord an: »Gogol' hat sich einfach durch Hungern unter die Erde gebracht.« (Močul'skij 2004: 125)[13] Doch Močul'skij deutet den unchristlichen Selbstmord mit Hilfe einer himmlischen Macht zu einem religiösen Ereignis um: »Gogol' wurde sein Tod verkündet von oben, er hörte auf, um das Leben zu kämpfen, seine letzten kostbaren Tage nutzte er für die christliche Vorbereitung zum großen Sakrament.« (Ebd.) Ganz zum Schluss aber kommt auch Močul'skij nicht ganz ohne Teufel aus. In der Todesnacht, so schreibt er, »fand Gogol's letzter Kampf mit dem Teufel statt.« (Ebd.: 128).

Michail Vajskopf schreibt: »[Gogol's] Tod war der typische maskierte Selbstmord eines Gnostikers, der die fleischlichen Fesseln löste« (Vajskopf 1993: 493). Gogol's Hungertod wiederholte so das Schicksal seiner fliehenden Nase aus der gleichnamigen Erzählung, nur in umgekehrter Form: Den armen sterbenden Gogol' kleidete man im Versuch, ihn in die verhasste Welt zurück zu holen, in heißes Brot.

Die Figur des Künstlers, den Reaktionäre aus der Institution Gesellschaft heraus führen, ist für die russische Kultur des 19. und 20. Jahrhunderts stereotyp. So ›erklärten‹ die revolutionären Demokraten bereits den aus ihrer Sicht irrationalen Tod Puškins. Tatsächlich aber verwandelten die beiden romantischen Dichter, Gogol' und Puškin, den Tod im Einklang mit ihrem epistemologischen Modell aus einer Erscheinung der Natur in ein Phänomen der Kultur. Aus dieser Perspektive ist der Hungertod ein Sieg der Kunst.[14]

chen Verteidigung des Autors gegen das Diabolische. Vgl. allgemein zur Leben-Kunst-Relation in der russischen Kultur Schahadat 2004.

13 Močul'skij schrieb sogar kategorisch: »Die reale Einmischung des Teufels in Gogol's Leben zu bestreiten, heißt seinen ganzen geistlichen Weg durchzustreichen.« (Močul'skij 2004: 128)

14 Es fällt auf, dass in Gogol's Kurztext *Der historische Maler Ivanov* (*Istoričeskij živopisec Ivanov*, Gogol' 1952b: 328-337) aus den *Ausgewählten Briefen* das Substantiv »Hunger« nicht weniger als siebenmal in Wendungen wie »die/der Künstler starben/starb Hungers« (328: dreimal, 332, 334, 337: zweimal) begegnen.

Nikolaj Gogol's ›Große Krankheit‹: Sein Hungertod im medizinischen Diskurs des 20. Jahrhunderts[15]

»An Gogol' hat die russische Kultur fast alle positiven Versuche ausgereizt, den Tod in den Grenzen der Empirie zu verstehen.« (Isupov 1994: 109)

Gegen Ende des 19. Jahrhunderts bricht die Zeit des dritten Ganges an: des medizinischen Diskurses. Obwohl Konstantin Močul'skij (2004: 128) eine religiöse Erklärung für Gogol's Ende gefunden hatte, sah er im Verbrennen des zweiten Bandes der *Toten Seelen* auch eine Verrücktheit.

Über Gogol's Gemütskrankheit begannen die russischen Ärzte zu spekulieren, nachdem der Kritiker Belinskij seine Ansicht vom Autor der *Ausgewählten Stellen* hatte verlauten lassen und diese Auffassung von der russischen Gesellschaft angenommen worden war. Sobald die öffentliche Meinung indes ein neues Dichter- und Künstlerbild bevorzugte, verloren die Diagnosen der Ärzte zu Gogol's Krankheit ihre Anziehungskraft. Das Dichterbild wandelte sich erneut zur Zeit des Symbolismus, und zwar in der Zeit zwischen den beiden Gogol'-Jubiläen 1902 und 1909.

Zu Beginn des 20. Jahrhunderts änderte sich der Blick auf Gogol's Krankheit und damit auch auf ihren Träger unter dem Einfluss der These Cesare Lombroso über den Zusammenhang von Genie und Wahnsinn (Lombroso 1864). Im Kontext der Moderne wird das alte Motiv des *furor poeticus*[16] aus einem psychischen Zustand des Dichters in der Zeitspanne kreativer Tätigkeit zum allgemeinen Habitus des Schriftstellers umgeformt. Jetzt hebt gerade der Wahnsinn den genialen Dichter oder Philosophen wie Nietzsche ab vom durchschnittlichen Menschen.

Anlässlich des 50. Todestages Gogol's erschien 1902 in Moskau das Buch des russischen Psychiaters Nikolaj Nikolaevič Baženov, *Krankheit und Tod Gogol's* (*Bolezn' i smert' Gogolja*), und zwei Jahre später kam die Monografie seines Kollegen Vladimir Fedorovič Čiž, *Gogol's Krankheit* (*Bolezn' Gogolja*), heraus. In beiden Büchern nahmen die Ärzte Gogol' sowohl als Genie als auch als kranken Menschen wahr. So diagnostizierte Baženov Gogol's Krankheit als manisch-depressive Psychose (1902: 38), und Vladimir Čiž (2001 [1904]) bestimmte sie als Form allgemeinen Schwachsinns. Dabei kritisierte Baženov die Therapie seiner Kollegen, die einst Gogol' behandelt hatten:

»Man hätte gerade das Gegenteil von dem tun müssen, was sie mit ihm gemacht haben, – d.h. man hätte ihn verstärkt, geradezu gewalttätig ernähren müssen, und anstelle des Aderlasses hätte man ihm Kochsalzlösung unter die Haut injizieren müssen.« (Baženov 1902: 38)[17]

15 Vgl. Gupalo 2003.

16 Vgl. Horaz, Carmina III, 4, 5 und William Shakespeares Sonnet XVII.

17 Bereits die Gogol' ›behandelnden‹ Ärzte waren unterschiedlichster Meinung. Der junge Moskauer Arzt A.T. Tarasenkov (1816-1873) bezeichnete seinen älteren Kollegen gar umstandslos als »Arzt und Henker« (Veresaev 1990: 566).

Die ›Diagnose‹ des Psychiaters Čiž ist besonders aussagekräftig: Gogol' war wahnsinnig, aber da er zugleich ein Genie war, hat er sogar in der letzten Phase seiner Krankheit die gewöhnlichen Sterblichen mit seinem Verstand übertroffen. Im psychoökonomischen Diskurs dieser Ärzte bezahlt das Genie seine Exzellenz mit psychischer Krankheit. In diesem Sinne ist der tödliche Hunger Gogol's der Preis für seine geniale Kunst. Schöpferisch sein und gut leben – das wäre zuviel!

Obwohl die Diagnose »Schizophrenie« im weiteren Verlauf keinem Zweifel mehr unterlag, störte sie den Erfolg von Gogol's Prosa weder beim sowjetischen noch beim russischen Leser im Exil. Dabei entwickelte sich die Idee der Genialität so erfolgreich, dass, als der hoch angesehene Arzt Vladimir Sigalin in den 1920er Jahren vorschlug, ein »Institut für Genialität« einzurichten (tatsächlich ging es um eine Leichenhalle, wo man das Gehirn und den Körper toter Genies untersuchen wollte), dieser Vorschlag auf positiven Widerhall stieß (Sorkin 1992). Dennoch wurde dieses Projekt nicht verwirklicht, wenngleich das Gehirn des ›Genies‹ Lenin untersucht wurde und bis heute sorgfältig aufbewahrt wird.

Dmitrij Evgen'evič Melechov (1899-1979), von 1951 bis 1956 Direktor des Staatlichen Forschungsinstituts für Psychiatrie vom Ministerium für Gesundheit der RFSFR, versuchte, die medizinische und die religiöse Interpretation von Gogol's Ende miteinander in Einklang zu bringen. In dem Kapitel »Beziehungen und gegenseitiger Einfluss geistigen und seelischen Erlebens bei affektiven Psychosen« seines Buches *Die Psychiatrie und Probleme des geistigen Lebens* (Melechov 1997)[18], das heute bei der russischen Geistlichkeit populär ist, in Sowjetzeiten aber nicht veröffentlicht werden konnte, werden in der Diagnose von Gogol's »seelischer Krankheit« sowohl psychiatrische als auch religiöse Aspekte berücksichtigt. Dabei schlägt der Psychiater im Einklang mit dem traditionellen trichotomischen Modell der menschlichen Persönlichkeit die Einteilung in eine körperliche, eine seelische und eine geistige Sphäre vor: Bestimmte Ärzte (Internisten, Neurologen etc.) sollten die *körperlichen* Leiden heilen, Psychiater die *geistigen* und der Geistliche die *geistlichen*. Die Folgen einer misslungenen kooperativen Therapie zeigte Melechov an dem historischen Beispiel Gogol's: Die Geistlichen hätten die psychische Verwirrung ›übersehen‹.

Melechov war der Meinung, Gogol' habe an »zirkulärer Psychose« gelitten, d.h. an einer manisch-depressiven Psychose oder an anfallartiger Schizophrenie, die sich in den ersten Stadien in Form affektiver Anfälle äußerte. Seiner Ansicht nach erfuhr Gogol' in einem Zeitraum von 18 Jahren nicht weniger als neun depressive Anfälle, die von Mal zu Mal schlimmer wurden. Gogol' starb, so Melechov, an schwerer Auszehrung bei Störung des Stoffwechsels, an einem sündigen Wahn, an Selbstverleugnung und auf der Höhe eines Anfalls durch störrisches Ablehnen von Speisen, durch einen schweren Stau in der Mobilität und im Denken sowie an Mutismus: Zehn Tage lang sagte er kein einziges Wort. Das Verbrennen des zweiten Bandes der *Toten Seelen* fand nach Ansicht von Melechov während eines depressiven Anfalls im schmerzlichen Bewusstsein eigener Sündhaftigkeit und der seines Werkes statt. Der Geistliche verstand nicht, dass er es nicht mit einer gewöhnlichen Buße zu tun hatte, »der Trauer über die

18 Zu Melechov vgl. Petrjuk/Bragin 2005, Smirnov 2008.

Sünden« eines gesunden Menschen, die in der Dialektik gesunder Buße mit der Freude über das Verzeihen und der Rückkehr zum Vater ende. Bei Gogol', so Melechov, lag eine vitale Depression vor, bedingt durch natürliche biologische Prozesse. Daher riet der Geistliche Matvej Gogol' irrtümlich, alles aufzugeben und ins Kloster zu gehen, anstatt dem Kranken zu erklären, dass er krank geworden sei, dass diese Krankheit eine natürliche biologische Ursache habe, dass man diese Krankheit annehmen und mit Geduld aushalten müsse, so, wie der Mensch Typhus erträgt oder eine Lungenentzündung. Matvej habe Gogol' stattdessen in Verzweiflung gestürzt, als er ihm während seines letzten Anfalls mit einer Strafe im Jenseits drohte.

Der Reduktionismus von Melechovs Konzeption ist unübersehbar, wenn man sie mit Vladimir Nabokovs Vision von Gogol's Ende konfrontiert. Nabokov war der Ansicht, Gogol' habe in der Periode der »großen Erwartungen« (»great expectations«) daran gelitten, dass er die »magische Fähigkeit« (»magic capacity«) eingebüßt hatte, Leben aus dem Nichts zu schaffen (»creating life out of nothing; Nabokov 1981: 50). Nabokov nimmt den Schriftsteller Gogol' der 1840er Jahre so wahr, wie manche den Dichter Puškin in den 1830er Jahren sahen: Die Schriftsteller hatten ihre Kreativität verloren und so suchte der eine den romantischen Tod durch das Duell und der andere den spektakulären Tod nach Christi Vorbild. Gogol's Tod erscheint aus dieser Perspektive als künstlerischer Akt. Nur ist er nicht für die Menschheit gestorben, sondern für seine Kunst.[19]

Die Analyse von Gogol's Hungertod bei Zoščenko: Der Sieg chaotischer Gefühle über den ordentlichen Verstand

> »Krankheit, Psychose und Tod Gogol's
> sind außerordentlich charakteristisch und lehrsam.«
> Zoščenko (1987a: 88)

In dem Buch *Wiedergewonnene Jugend* (*Vozvraščennaja molodost'*, 1933/1968), einem hybriden fiktional-faktografischen Werk, das Gleb Struve optimistisch als Parodie auf die didaktischen Texte der 1930er Jahre gelesen hat, bestimmt Zoščenko den frühen Tod Gogol's als dessen persönlichen Irrtum, einen »äußerst groben Fehler, der zu seiner seelischen Erkrankung und zu seinem frühen Tod geführt hat« (Zoščenko 1987a: 88). Gogol' habe seit seinem 30. Lebensjahr auf der Suche nach seiner »verlorenen Jugend« Europas Kurorte bereist, obgleich Heilung ihm nur von innen hätte zuteil werden können. Dieses Urteil platziert der Kritiker in den Absatz, der den »Fall« Gogol's »noch nicht entschieden« nennt, und zehn Jahre später kehrt er in dem Buch *Vor Sonnenaufgang* (*Pered voschodom solnca*, 1972 [1943]) zu ihm zurück, das auch den anspruchsvollen Untertitel »Erzählung vom Verstand« (»Povest' o razume«) trägt.

19 Vgl. zum Weg aus der Fiktion ins Leben bei Gogol' in *Das Porträt* Grübel 2000.

In dem Kapitel »Weh der Vernunft« führt Zoščenko aus, Gogol' habe den Grund seiner Krankheit nicht erfasst und sei deshalb so früh gestorben. Im Einklang mit Freuds Psychoanalyse nimmt Zoščenko ein frühkindliches Trauma bei Gogol' an, das er als Ursache für dessen Krankheit und auch die Störungen seiner Beziehungen zu Frauen angibt: die gestörte Mutterbindung. Zudem deutet er (ein in der Sowjetunion unerhörtes Wagnis) Gogol's Tod als gezielte Selbsttötung.

Nun litt Zoščenko selber sein Leben lang an Anorexie, die er just durch den Gegensatz zu Gogol's unwissendem Verhalten kraft Auto-Analyse an sich selbst diagnostizieren und behandeln wollte. Er war so kühn, ungeachtet des inzwischen geltenden sowjetischen Verbots der Psychoanalyse einen Zusammenhang zwischen eigener frühkindlicher Nahrungsaufnahme und seiner Sexualität zu (re-)konstruieren. Während eines Gewitters habe ihn die Mutter, von Blitz und Donner erschreckt, beim Saugen fallengelassen. Dem Kind wurde die Mutterbrust entzogen und es stürzte zu Boden. Diese Urszene, die zugleich eine Antiszene ist, habe bei ihm eine »sexuelle Psychoneurose« (Zoščenko 1987b: 619) ausgelöst.

Zoščenko war überzeugt, sich im Gegensatz zu Gogol' und gerade auch durch die Analyse von dessen Fehlverhalten mit der Folge des schrecklichen Hungertods durch eigene triftige Analyse selbst geheilt zu haben. Die Kräfte des ordnenden Verstands hätten so über die chaotischen Gegenkräfte des Gefühls obsiegt. Wir wissen es besser: Die Selbstheilung (Freud zufolge ist sie ja gar nicht möglich) war eine Fiktion: Bis zu seinem Tod im Alter von 62 Jahren plagte Zoščenko eine lebensbedrohliche Appetitlosigkeit (Murchanskaja 1990: 476-490).

Dann, wie beim Gewitter, drohende Zeichen der Zeit: Das Erscheinen eines Teils der *Wiedergewonnenen Jugend* im Herbst des Kriegsjahrs 1943 in der revolutionären Zeitschrift *Oktjabr'* hatte Zoščenko mit einem erklärenden und Vergebung erbittenden Brief an den »Führer der Werktätigen«, Stalin, zu bezahlen. Der bewahrte ihn nicht vor der Verurteilung im Jahr 1946 durch Ždanov, die ein Berufsverbot und eine nun fast natürliche Hungerzeit nach sich zog.

Nach diesem optimistischen Tatsachenbericht über eine geheilte Essstörung, der sich als traurige Wunschgeschichte entpuppt hat, verlangt es den Geschmack nach einem heiteren Zwischengericht, einem ›entremets‹. Dazu eignet sich Bachtins frohe Deutung, Nichtdeutung und Neudeutung von Gogol's Hunger.

Gogol's Hungertod bei Bachtin: von der *imitatio Christi* zum Karneval, oder: das Lebensexperiment

»Nach Puškin und Gogol' ist die (karnevalistische) Lachlinie der russischen Literatur abgebrochen.« (Bachtin 1996a: 376)

»Wir haben nichts zu essen. Wir hungern schrecklich.«
Daniil Charms, Tagebuch, 1. Juni 1937 (1991b: 133).

»Heute werden wir hungern.«
Daniil Charms, Tagebuch, 4. Oktober 1937 (ebd.)

Das Gogol'-Bild in Bachtins Werk, soweit es in der Sowjetunion publiziert wurde, umgeht das Motiv der Askese. In seinem Aufsatz »Rabelais und Gogol' (Die Kunst des Wortes und die Lachkultur des Volkes)« (»Rable i Gogol' [Iskusstvo slova i narodnaja smechovaja kul'tura]«) heißt es: »Gogol' eignete eine karnevaleske Weltwahrnehmung, die allerdings in den meisten Fällen romantisch gefärbt war« (Bachtin 1973: 489).

Freilich finden sich bei Bachtin unterschiedliche Gogol'-Bilder. Fünfzehn Jahre früher hatte er im Kontext der *Ausgewählten Stellen aus dem Briefwechsel mit Freunden*, wie seine Schüler vermerkten, geäußert: »Mit seinem geistigen Akt wollte Gogol' das tun, was Christus getan hätte« (Bachtin 2000b: 425). D.h., in den 1920er Jahren hat Bachtin Gogol's Tod als religiöse *imitatio Christi* gedeutet; so wird das Hungern zu Gogol's Kreuzweg. Das hat in der UdSSR freilich keine Zensur zu drucken erlaubt.

Zu einer Synthese beider Konzepte kommt es zu Beginn der 1940er Jahre. An erster Stelle steht der religiöser *risus paschalis*, an zweiter das irdische »rekreative Lachen« (Bachtin 1996b: 45). Für Bachtin ermöglicht das Band des Lachens mit dem Tod die Schöpfung von »Lachvisionen«. Nach Aussagen Hungernder führt langes Hungern häufig zu intensivierter Wahrnehmung und zu einem erhöhten, ja euphorischen psychischen Zustand. Das Lachen ist nach Bachtin mit der Tradition der »Darstellung von Rechtsstreitigkeiten« (Bachtin 1996b: 45) verknüpft, und diese findet sich auch bei Gogol' (Bachtin 1990: 534). Zu guter Letzt umging Bachtin das Thema Hunger während der hungrigen 1930er Jahre. Oder, ganz im Gegenteil: Der hungernde Bachtin[20] schreibt über Rabelais Völlerei.

Der junge Bachtin sah in Gogol' eine von der russischen Kultur noch nicht akzeptierte Provokation. Aus dieser Perspektive wird Gogol' zum Erfinder des Experiments in der russischen Kunst. Außer Dostoevskij ist Gogol darin, so Bachtin, niemand gefolgt. Er beschließt seine Überlegungen zum »Ort Gogol's in der russischen Literatur« mit dem sibyllinischen Satz: »Doch eine [solche] Konstruktion wird es geben, und man muss dafür eine neue Ästhetik erschaffen«

20 In den 1920er Jahren sah Bachtin den Hunger noch als Grenze zwischen dem Ich und dem Anderen aus der Perspektive der Phänomenologie: »Wertmäßig unterscheidet sich mein Hunger stark von dem Hunger des anderen Wesens.« (Bachtin 1994: 131)

(Bachtin 2000b: 426). Bedeutet dies, dass Gogol's Tod für Bachtin sein Lebensexperiment war? Jurij Mann hat bemerkt, dass »die Abwendung Gogol's vom karnevalesken Grund nirgends so deutlich ausgedrückt ist wie in der Darstellung des Todes [d.h. in seinen Werken]« (Mann 1987: 26). In Gogol's Sterben fiel der Tod gänzlich mit dem karnevalesken Element zusammen: Er bedeutete die Befreiung vom Leiden, die Wiedergeburt und den Beginn eines neuen Lebens. Nur fand dies nicht unter den Bedingungen der Mythologie oder der Religion statt, sondern im Bereich der Kunst: Dieser Tod war ein künstlerischer Akt, eine künstlerische Performance. Und so erstaunt es nicht, dass diese »Heldentat« (Aksakov) zum Sujet einiger literarischer Texte im 20. Jahrhundert geworden ist.

Fiktionale Transformation von Gogol's Hungertod in Kafkas »Hungerkünstler«, *Gogol's Tod* von Donaldini und Kjell Johanssons *Gogol's Antlitz*

> »Seine Beziehung zum Tod ist das wichtigste Kriterium, um Gogol' als modernen Autor zu sehen.« (Mann 1988: 26)
>
> »Er, der das Essen so sehr liebte, zehrte sich durch das Fasten aus bis hin zum Hungertod.« (Johansson 1988: 219)

Als Dessert werden Verweise auf drei funktionale Transformationen von Gogol's Hungertod angeboten – bei dem deutschen Juden Kafka, bei dem italienischen Kroaten Donaldini und bei dem ›russifizierten‹ Schweden Kjell Johansson.

1923 verwandelt Franz Kafka in seiner Erzählung *Ein Hungerkünstler* (Kafka 1970)[21] Gogol's Alltags- und Lebenshandlung, sein faktisches Hungern, in das fiktionale Sujet einer Erzählung. Die Praxis der Negation wird nicht mehr auf dem Territorium des Alltags realisiert, der Medizin oder der Religion, sondern im Feld der Kunst. Als zweiter Bezugspunkt für die Erzählung (vgl. Saße 2007: 249f.) diente die öffentliche Vorführung des Hungers, die der amerikanische Arzt Henry Tanner 1880 realisiert hat (Anderson 2007). Tanner hatte gewettet, er werde 40 Tage lang in der New Yorker Clarendon Hall hungern. Nachdem er das Experiment erfolgreich am eigenen Körper durchgeführt hatte, hat er es noch einige Male wiederholt (Vandereycken u.a. 1992). Auch in Europa, zum Beispiel in Wien, traten seine Nachahmer in analogen Vorstellungen auf. Obwohl das Interesse an solchen öffentlichen Vorführungen gegen Ende der 1920er Jahre nachließ (Hunger war erneut eine europäische Realität), saß der englische Künstler David Blaine 2003 in London erneut in einer Glaskiste und hungerte gar 44 Tage lang.

21 Vgl. zur Kafka-Rezeption Gogol's: Grübel 1995: 58-83 sowie Mann 1999.

In Kafkas Erzählung setzt man nach dem Hungertod des Künstlers einen jungen Leoparden in dessen Käfig. In umgekehrter Folge kommt es nach dem Karneval nicht zur Fastenzeit, sondern auf das Hungern folgt fröhliches Leben:

»›Nun macht aber Ordnung!‹ sagte der Aufseher, und man begrub den Hungerkünstler samt dem Stroh. In den Käfig aber gab man einen jungen Panther. Es war eine selbst dem stumpfsten Sinn fühlbare Erholung, in dem so lange öden Käfig dieses wilde Tier sich herumwerfen zu sehn. Ihm fehlte nichts. Die Nahrung, die ihm schmeckte, brachte ihm ohne langes Nachdenken die Wächter; nicht einmal die Freiheit schien er zu vermissen; dieser edle, mit allem Nötigen bis knapp zum Zerreißen ausgestattete Körper schien auch die Freiheit mit sich herumzutragen; irgendwo im Gebiß schien sie zu stecken; und die Freude am Leben kam mit derart starker Glut aus seinem Rachen, daß es für die Zuschauer nicht leicht war, ihr standzuhalten. Aber sie überwanden sich, umdrängten den Käfig und wollten sich gar nicht fortrühren.« (Kafka 1970: 171)

Mit der Inversion der Inversion, mit der Rück-Verwandlung der Kunst zum Leben, werden wir auch bei dem kroatischen Expressionisten Ulderico Donaldini konfrontiert. Schwer an Tuberkulose erkrankt, schrieb er 1921 das Drama *Gogol's Tod.* In diesem Drama sucht Liza, eine junge Frau, den russischen Schriftsteller auf; er aber weist sie ab, um sich ganz Jesus Christus zu widmen. Čičikov, der zum Revolutionär geworden ist, kehrt bei ihm ein; und es kommt Chlestakov, der zwar wie ein Zar gekleidet ist, Gogol' aber dennoch um Geld bittet. Zwei Jahre später setzte Donaldini seine Theorie oder besser: seine Kunst in die Praxis um, indem er im Alter von 27 Jahren Selbstmord beging.

Gogol's Antlitz des schwedischen Schriftstellers Kjell Johansson riskiert das Erzählen über Gogol's Tod in der ersten Person. Es handelt sich dabei um den dritten Teil von Johanssons Trilogie über die »Erschrockenen«.[22] Die fiktive Autobiografie des russischen Schriftstellers nach einem fiktiven Dialog mit dem Grafen Tolstoj schließt – wie auch mein eigener Text und unsere Mahlzeit – mit einem absoluten Ende, dem Schweigen:

»Ich habe heute Nacht ein großes Opfer gebracht. Du fragst, wem? Du fragst nach dem Sinn. Mein Suchen ist vorbei. Niemand kommt an mich heran. Ich bin befreit und versöhnt. Ich sehe das Leben, wie es sein könnte. Ich habe mich selbst aufgegeben und gesiegt. Ich sehe mein Angesicht. Ich sehe das Lächeln Gottes.
Es ist vollbracht.
Ich bin still und schweige.
Ich habe alles erzählt.« (Johansson 2000)[23]

---

22 Die anderen Teile dieser Trilogie heißen: *En rädd människas berättelse* (*Erzählung eines erschrockenen Menschen*, 1984) und *Ormbunksblomman* (*Farnblüte*, 1986).

23 Johanssons Buch enthält einen u.E. überflüssigen und unpassenden Epilog. In ihm berichtet ein anderer Erzähler aus der Außensicht von Gogol's Ende. Gleichwohl können wir dem Urteil des Kritikers der Russischen Nationalbibliothek über dieses Buch nicht zustimmen: »Natürlich geht es hier nicht um Gogol' und überhaupt nicht ums 19. Jahrhundert; in dem Roman geht die Rede ausschließlich von einem

Literatur

Anderson, Patrick (2007): »Trying Ordeal: Henry Tanner and Chris Burden in the Event of Subjectivity«. In: *Radical History Review 98*, 136-154.

Auerochs, Bernd (2006): *Die Entstehung der Kunstreligion*, Göttingen.

Bachtin, Michail (1973): »Rabelais i Gogol' (Iskusstvo slova i narodnaja smechovaja Kul'tura (1940/1970))«. In: Ders.: *Voprosy literatury i èstetiki*, Moskau, 484-495.

Bachtin, Michail (1990): »Rable i Gogol'«. In: Ders.: *Rabelais i narodnaja literatura srednevekov'ja i renaissansa*, Moskau, 526-536.

Bachtin, Michail (1994): *Raboty dvadcatych godov*, Kiew.

Bachtin, Michail (1996a): »Zametki 1962r.-1963r«. In: Ders.: *Sobranie sočinenij v semi Tomach*, Tom 5, Moskau, 375-378.

Bachtin, Michail (1996b): »K voprosam ob istoričeskoj tradicii i o narodnych istočnikach gogolevskogo smecha«. In: Ders.: *Sobranie sočinenij v semi Tomach*, Tom 5, Moskau, 45-47.

Bachtin, Michail (2000a): »Tret'ij period v tvorčestve Gogolja«. In: Ders.: *Sobranie sočinenij v semi Tomach*, Tom 2, Moskau, 422-422.

Bachtin, Michail (2000b): »Vybrannye mesta iz perepiski s druz'jami«. In: Ders.: *Sobranie sočinenij v semi Tomach*, Tom, Moskau, 425-426.

Baženov, Nikolaj Nikolaevič (1902): *Bolezn' i smert' Gogolja*, Moskau.

Bitov, Andrej (1992): »Being Buried Alive; or, Gogol' in 1973«. In: Susanne Fusso/Priscilla Meyer (Hg.): *Essays on Gogol. Logos and the Russian Word*, Evanston, Illinois, 14-18.

Charms, Daniil (1991a): »Tak načinaetsja golod«. In: Ders.: *Polèt v nebesa: Stichi. Proza. Dramy. Pis'ma*, Leningrad, 553.

Charms, Daniil (1991b): »Gorlo bredit britvoj. Slučai, rasskazy, dnevnikovye zapisi«. In: *Glagol* 4, Leningrad.

Courtois, Stéphane/Werth, Nicolas/Panné, Jean-Louis/Bartosek, Karel/Margolin, Jean-Louis/Paczkowski, Andrzej (1997): *Le Livre noir du communisme. Crimes, terreur, répression*, Paris.

Čiž, Vladimir Fedorovič (2001[1904]): *Bolezn' Gogolja*, Moskau.

Dal', Vladimir (1957): *Poslovicy russkogo naroda*, Moskau.

Filippova. B./Jastrebickaja A. (1995): *Evropejskij mir X-XV vv*, Moskau.

Gincberg, L. I (1999): »Massovyj golod v sočetanii s èksportom chleba v načale 30-ch godov. Po materialam ›osobych papok‹ politbjuro CK BKP(b)«. In: *Voprosy istorii* 10, 119-126.

Gogol', Nikolaj (1952a): »Poslednij den' Pompei. (Kartina Brjulova)«. In: Ders.: *Polnoe sobranie sočinenij*, [V 14 t.] T. 8. Stat'i, Moskau/Leningrad, 107-114.

Gogol', Nikolaj (1952b): »Vybrannye mesta iz peripiski s druz'jami«. In: Ders.: *Polnoe sobranie sočinenij*, [V 14 t.] T. 8. Stat'i, Moskau/Leningrad, 213-418.

Schweden unserer Zeit und seinen intimen Problemen.« (http://orel.rsl.ru/nettext/bibliograf/lit_isk/lit_isk1995.html, 20.10.2009)

Gogol', Nikolaj (1960a): »Mertvye duši«. In: Ders.: *Sobranie chudožestvennych sočinenij v pjati tomax*, T. 3, Moskau, 139-140.

Gogol, Nikolaj (1981): *Essays und ausgewählte Stellen aus dem Briefwechsel mit Freunden*. In: Ders.: *Gesammelte Werke in fünf Bänden*, Band 4, hg. v. Angela Martini, Stuttgart.

Gogol, Nikolaj (1988): *Die toten Seelen*. In: Ders.: *Gesammelte Werke. In fünf Bänden*, Band 2, hg. v. Angela Martini, Stuttgart.

Grübel, Rainer (1995): »Fantastičeskoe i real'noe v fokuse vozvyšannogo. Dva vida recepcii Gogolja v nemeckoj kul'ture«. In: G. Wedel (Hg.): *Nemeckaja i ukrainskaja kul'tura*, Kiew, 58-83.

Grübel, Rainer (1996): »›Zangezi‹ Chlebnikova kak konfrafaktura liturgii (Vtoričnaja sinkretičeskaja aksiologija sinteza iskusstv i konec iskusstva)«. In: Rainer Grübel/Viktor Odinokov (Hg.): *Russkaja literatura i religija: sbornik naučnych trudov*, Novosibirsk, 227-311.

Grübel, Rainer (2000): »The ›Vanished Picture‹, ›Living eyes‹, and a ›Fallen Angel‹. Metaphysics of Light in Gogol's ›The portrait‹«. In: *Wiener Slawistischer Almanach* 45, 5-26.

Gupalo, Sergej (2003): »Vysokaja Bolezn' Nikolaja Gogolja«. In: *Zerkalo nedeli* 13 (438), 5-11 aprelja 2003.

Hufeland, Christoph Wilhelm (1797): *Die Kunst das menschliche Leben zu verlängern*, Jena.

Isaev, Andrej (1892): *Neurožaj i golod*, Sankt-Peterburg.

Isupov, Konstantin Glebovič (1994): »Russkaja filosofskaja tanatologija«. In: *Voprosy filosofii* 3, 106-114.

Ivnickij, Nikolaj (1995): »Kollektivizacija i raskulačivanie (po materialam Politbjuro CKBKP (b) i OGPU«. In: J. N. Afanas'ev (Hg.): *Kooperativnyj plan: illjuzii i dejstvitel'nost': Sb. Stat'ej*, Moskau, 34-71.

Ivnickij, Nikolaj (1996): *Kollektivizacija i raskulačivanie (načalo 30-ch gg.)*, Moskau.

Johansson, Kjell (1989): *Gogols ansikte*, Stockholm.

Johansson, Kjell (1993): *Lico Gogolja. Perevod s švedskogo A. A. Afinogenovoj*, Moskau.

Johansson, Kjell (2000): *Gogols Welt*, München.

Kafka, Franz (1970): »Ein Hungerkünstler«. In: Ders.: *Sämtliche Erzählungen*, hg. v. Paul Raabe, Frankfurt a.M./Hamburg, 175-209.

Karlinsky, Simon (1976): *The Sexual Labyrinth of Nikolai Gogol*, Cambridge.

Kjetsaa, Geir (1992): »Soviet Views on Gogol' Today«. In: *Stanford Slavic Studies* 4/2, 123-160.

Kobrinskij, Aleksandr (2008): *Daniil Charms*, Moskau.

Lombroso, Cesare (1864): *Genio e folli*, Mailand.

Lobroso, Cesare (1892): *Genial'nost' i pomešatel'stvo*, Sankt-Petersburg.

Malthus, Thomas Robert (1798): *An Essay on the Principle of Population*, London.

Malthus, Thomas Robert (1820): *The Principles of Political Economy Considered with a View to their Practical Application*, London.

Mann, Jurij (1986): *Poètika Gogolja*, Moskau.

Mann, Jurij (1999): »Vstreča v labirinte (Franc Kafka i Nikolaj Gogol')«. In: *Voprosy literatury* 2, 162-186.

Maus, Derek (2002): »The Devils in the Details: The Role of Evil in the Short Fiction on Nikolai Vasilievich Gogol and Nathaniel Hawthorne«. In: *Papers on Language & Literature* 38 /1, 76-107.

Melechov, D. E. (1997): »Psichiatrija i problemy duchovnoj žizni«. In: *Psichiatrija i aktual'nye problemy duchovnoj žizni: Sbornik pamjati doktora medicinskich nauk, professora D. F. Melechova*, Moskau, 5-61.

Merežkovskij, D. (1906): *Gogol' i čert*, Moskau.

Močul'skij, Konstantin (2004): *Duchovnyj put' Gogolja*, Moskau.

Murchanskaja, M. (1990): »Bez literatury«. In: Dies.: *Vospominanija Zoščenko*, Leningrad, 476-490.

Nabokov, Vladimir (1981): *Lectures on Russian Literature*, London.

Näslund E./Hellström, P. M. (2007): »Appetite Signaling: from Gut Peptides and Enteric Nerves to Brain«. In: *Physiology & Behavior* 92/10 (1-2), 256-262.

Pascal, Blaise (1670): »Pensées Morales«. In: Ders.: *Pensées de Pascal sur la religion et sur quelques autres sujets, qui ont este trouvées après sa mort parmy ses papiers*, Paris.

Pleij, Herman (1992): »Van Vastelavond tot Carnaval«. In: Charles de Mooij (Hg.): *Vastenavond-Carnaval. Feesten van de omgekeerde wereld*, Zwolle, 10-44.

Pomeranceva, E. V. (1975): *Mifologičeskie personaži v russkom fol'klore*, Moskau.

Putney, Christopher (1999): »Russian Devils and Diabolic Conditionality«. In: *N. Gogol' – Evenings on a Farm Near Dikanka*, New York.

Petrjuk, P. T./Bragin, P. B. (2005): »Professor Dmitrij Evgen'evič Melechov – krupnyj učenyj-psichiatr, odin iz osnovatelej otečestvennoj social'noj psichiatrii i verujuščij čelovek (k 105-letiju so dnja roždenija)«. In: *Psichične zdorov'ja* 1, 72-76.

Russell, Sharman Apt (2005): *Hunger: An Unnatural History*, New York.

Saße, Günter (2007): »Aporien der Kunst. Kafkas Künstlererzählungen«. In: Sabina Becker/Helmuth Kiesel (Hg.): *Literarische Moderne. Begegnung und Phänomen*, Berlin, 245-255.

Schahadat, Schamma (2004): *Das Leben zur Kunst machen. Lebenskunst in Russland vom 16. bis zum 20. Jahrhundert*, Frankfurt a.M.

Sorkin, Ju. Ė. (1992): »G. V. Segalin i ego ›kliničeskij archiv genial'nosti i odarennosti‹«. In: *Institut genial'nosti*, Ekaterinburg, 5-10.

Terz (Terc), Abram (1979): *Im Schatten Gogols*, Darmstadt.

Turgenev, I. S. (1987): *Polnoe sobranie sočinenij i pisem*. V 30 t. *Pis'ma*, T. 2, Moskau.

Vajskopf, Michail (1993): *Sjužet Gogolja. Morfologija, ideologija, kontekst.* Moskau.

Vasendin, D. (2004): »Tajna smerti Gogolja«. In: *Večernij Novosibirsk*, 21.02.2004.

Vandereycken, Walter/ Deth, van, Ron/ Meermann, Rolf (1992): *Hungerkünstler, Fastenwunder, Magersucht. Eine Kulturgeschichte der Eßstörungen*, München.

Veresaev , Vikentij (1990): *Gogol' v žizni*, Moskau.

Zelinskij, Faddej F (1996 [1922]): *Religija ėllinizma*, Tomsk.

Zolotusskij, I. (1984): *Gogol' (= Žizn' zamečatel'nych čelovek)*, Moskau.

Zoščenko, Michail (1987a): »Vozvraščennaja molodost'«. In: Ders.: *Sobranie sočinenij trex tomach*, Tom 3, Leningrad, 5-160.

Zoščenko, Michail (1987b): »Pered voschodom solnca«. In: Ders.: *Sobranie sočinenij trex tomach*, Tom 3, Leningrad, 477-693.

Žolkovskij, Aleksandr (1999): *Michail Zoščenko: poėtika nedoverija*, Moskau.

Weblinks

Smirnov, Konstantin (2008): »Gogol' ne omuril sebja golodom, ne sošel s uma, ne umer ot meningita. On byl otravlen vračami!«. In: *Čudesa i priključenija* 11/1995. http://bibliotekar.ru/chip/1195-19.htm, 12.12.2008.

Voropaev, V. A. (2009): *Poslednie dni Gogolja kak duchovnaja i naučnaja problema.* http://www.portal-slovo.ru, 12.1.2009.

http://gogol.lit-info.ru, 22.2.2007.

http://gogol.lit-info.ru/gogol/bio/pismo-o-smerti.htm, 22.2.2007.

http://www.gramota.ru/lenta/news/8_1025, 22.2.2007.

http://orel.rsl.ru/nettext/bibliograf/lit_isk/lit_isk1995.html, 20.10.2009.

Wie sollen wir uns verbessern? Neuro-Enhancement und die Ethik der menschlichen Selbstgestaltung

ROLAND KIPKE

Das Problem und das Projekt

Wie ist es zu beurteilen, wenn Menschen ihre gesunden mentalen Eigenschaften durch Medikamente verbessern? Das ist die Frage, die im Zentrum der ethischen Debatte um das Neuro-Enhancement steht, die seit geraumer Zeit in Wissenschaft und Öffentlichkeit geführt wird. Antidepressiva zur Stimmungsverbesserung, Ritalin zur Konzentrationssteigerung, Modafinil als Wachmacher – eine Reihe von Medikamenten wird bereits heute als Neuro-Enhancer genutzt. Hier geht es nicht um Krankheitsbehandlung, sondern um die Optimierung von Gesunden. Zwar sind die heutigen Mittel noch kaum wirksam und haben teilweise unangenehme Nebenwirkungen (Lieb 2010b: 59-96). Doch was ist, wenn zukünftig Mittel mit einem günstigeren Nutzen-Risiko-Profil bereitstehen? Über 80% der Schüler und Studenten erklären, dass sie zu Neuro-Enhancern greifen würden, wenn sie keine Nebenwirkungen hätten (Lieb 2010). Die verbreitete Nutzung von Neuro-Enhancern dürfte nicht ohne erhebliche Folgen für Individuum und Gesellschaft bleiben.

Allerdings ist das Streben nach Selbstverbesserung nichts Neues. Menschen versuchen seit jeher, ihre Persönlichkeit zu verändern, neue Fähigkeiten zu entwickeln, sich zu verbessern. Das geschah und geschieht nicht nur mit chemischen Substanzen, sondern v. a. auch mit mentalen Methoden. Auch heute ist diese mentale Arbeit an sich selbst, die *Selbstformung*, eine weit verbreitete Praxis. Bestsellerlisten und Buchhandlungssortimente strotzen nur so vor entsprechender Ratgeberliteratur, ungezählte Seminare zur Persönlichkeitsentwicklung erhalten regen Zulauf, in etlichen Internetforen wird über Selbstformungsbemühungen diskutiert.

 © TRANSCRIPT 2012

Selbstformung zielt auf verschiedene Eigenschaften kognitiver und emotionaler Art. Sie reicht vom einfachen Konzentrationstraining über Meditationstechniken bis hin zum namentlich schwer greifbaren, doch vielpraktizierten Bemühen, seine Verhaltensweisen übend zu ändern, zum Beispiel seine Schüchternheit zu überwinden, geduldiger zu werden, Gelassenheit zu entwickeln usw.

Bei der Suche nach einer ethischen Antwort auf Neuro-Enhancement kommen wir also nicht um diese Frage herum: Wie verhält sich Neuro-Enhancement zu diesen traditionellen, mentalen, nicht-medikamentösen Methoden der Selbstformung? Worin ähneln sich die beiden Wege? Wie unterscheiden sie sich? Und vor allem: Sind die Unterschiede ethisch relevant?

Tatsächlich spielt dieser Vergleich in der ethischen Debatte eine zentrale Rolle. Die bisherigen Ansätze haben jedoch ein großes Manko: Sie sind allesamt extrem oberflächlich. Die einen scheren die verschiedenen Mittel leichtfertig über einen Kamm und meinen, Neuro-Enhancement sei nichts grundsätzlich Neues, um es damit als harmlos zu erweisen (vgl. Schöne-Seifert 2006, Merkel 2009: 187). Die anderen heben rasch ein paar vermeintliche Unterschiede hervor, um damit die Andersartigkeit und Problematik von Neuro-Enhancement zu betonen (vgl. Schäfer/Groß 2008: 211). Die Auseinandersetzung mit dem Verhältnis zwischen Neuro-Enhancement und Selbstformung nimmt kaum jemals mehr als ein paar Sätze ein. Sowohl Kritiker als auch Befürworter setzen einen zentralen Punkt als selbstverständlich voraus, der tatsächlich aber tief im theoretischen Dunkel liegt.

Damit klafft in der bisherigen Debatte eine markante Lücke. Ihr fehlt ein zentraler Maßstab und Vergleichspunkt. Es mangelt an der präzisen Einordnung des Phänomens Neuro-Enhancement in das allgemeine menschliche Streben nach Selbstverbesserung. Und damit kann die umfassendere und grundlegende ethische Frage nicht gestellt und nicht angemessen beantwortet werden: Wie wollen und sollen wir uns verbessern? Dazu müssen wir aber genauer wissen, wie die unterschiedlichen Wege der Selbstverbesserung wirklich beschaffen und ethisch zu beurteilen sind. Was machen Menschen mit sich, wenn sie Neuro-Enhancement betreiben? Und wenn sie sich selbst formen? Wir brauchen also eine Untersuchung, die Neuro-Enhancement nicht isoliert, sondern im Zusammenhang des menschlichen Selbstverbesserungsstrebens betrachtet. Wir brauchen einen gründlichen, handlungstheoretisch fundierten, ethisch orientierten Vergleich zwischen Neuro-Enhancement und Selbstformung. Wie solch ein Vergleich aussehen kann, werde ich im Folgenden skizzieren.[1]

Schlussfolgerungen

In welchem Verhältnis also stehen Neuro-Enhancement und Selbstformung zueinander? Zunächst in deskriptiver Hinsicht: Gemeinsam ist ihnen erstens das Ziel der Verbesserung von gesunden mentalen Eigenschaften und zweitens der Hand-

1 An anderer Stelle habe ich diesen Vergleich wesentlich gründlicher durchgeführt: Kipke 2011.

lungscharakter, d.h. es geht nicht um Prozesse, die sich ohne Zutun der betroffenen Person vollziehen. Und sofern hier nur solches Neuro-Enhancement in Betracht gezogen werden soll, zu dem sich die Person freiwillig entscheidet, ist ihnen drittens ein Mindestmaß an Autonomie gemeinsam. Demgegenüber stehen vier Unterschiede:

- *Selbststeuerung*: Bei Selbstformung bedarf es einer erhöhten Selbststeuerung, denn man kann sich nicht auf vertraute Verhaltensweisen und gewohnte mentale Prozesse verlassen, sondern muss diese aktiv umformen. Das ist bei Neuro-Enhancement nicht nötig. Man muss sich zwar dafür entscheiden, die Veränderung jedoch wird passiv erfahren.
- *Selbstaufmerksamkeit*: Selbstformung verlangt eine intensivierte Aufmerksamkeit auf sich selbst. Ich muss meine Aufmerksamkeit von den Objekten meines Handelns auf die eigenen mentalen Eigenschaften umlenken. Auch das ist beim Neuro-Enhancement nicht erforderlich. Ich muss mich nicht selbst beobachten, damit sich die neurophysiologische Wirkung der Tabletten entfaltet.
- Die *Dauer* der Veränderungsprozesse: Mentale Eigenschaften sind dauerhafter Natur und leisten ihrer Veränderung Widerstand. Selbstformungsprozesse brauchen daher Zeit, bedürfen wiederholter Übung und schreiten nur allmählich voran. Neuro-Enhancement dagegen funktioniert schnell.
- Diese drei Differenzen führen gemeinsam zum vierten Unterschied – der *Anstrengung*: Selbstformung ist mühsam. Neuro-Enhancement hingegen ist einfach. Es ist rasch und ohne mentale Aktivität zu bewerkstelligen.

Soweit der deskriptive Vergleich. Die entscheidende Frage aber ist: Sind diese Unterschiede auch ethisch relevant? Die Antwort lautet: Ja, die unterschiedlichen Merkmale von Selbstformung und Neuro-Enhancement sind ethisch relevant, insofern sie große Bedeutung für ein gelingendes Leben haben. Zum Teil ist das direkt der Fall: Anstrengung und Langsamkeit sind kein Wert an sich. Im Gegenteil, wir schätzen es, wenn wir langwierige Entwicklungen abkürzen und Mühe vermeiden können. Diese Wertschätzung von Effizienz liegt unserer alltäglichen Techniknutzung zugrunde. Diese Einsicht ist allerdings noch nicht überraschend, denn die Effizienz macht ja gerade die Anziehungskraft von Neuro-Enhancement aus. Bemerkenswerter sind die *indirekten* Auswirkungen der genannten Merkmale, und zwar auf einige wichtige Selbstverhältnisse, Erfahrungen und Fähigkeiten, die weithin als Bestandteile eines guten Lebens gelten. Diese Auswirkungen zeigen sich erst, wenn man etwas genauer hinsieht. Ich greife vier Beispiele heraus: Selbsterkenntnis, Selbstverwirklichung, Selbstwirksamkeit und Lebenskohärenz.

- *Selbsterkenntnis*: Sich selbst gut zu kennen und zu verstehen ist etwas, das wir schätzen. Selbstformung neigt dazu, zu einer Vertiefung der Selbsterkenntnis beizutragen. Das liegt an ihren spezifischen Merkmalen, v.a. an der Selbstaufmerksamkeit. Wenn ich mich selbst formen will, bin ich darauf angewiesen, mich meinen Persönlichkeitseigenschaften mit Aufmerksamkeit zuzuwenden. Ich kann sie nur ändern, wenn ich sie möglichst genau und immer wieder in den Blick nehme, wenn ich beobachte, wie sie sich äußern. Selbsterkenntnis entsteht vielleicht nicht zwingend bei Selbstformung, aber die Wahrscheinlichkeit dafür ist hoch. Anders bei Neuro-Enhancement: Durch die fehlende Notwendigkeit einer erhöhten Selbstaufmerksamkeit fehlt die Tendenz zu gesteigerter Selbsterkenntnis. Zwar *kann* man Selbstaufmerksamkeit auch bei Neuro-Enhancement aufwenden, aber seine Handlungsstruktur erfordert dies nicht.

- *Selbstverwirklichung*: Darunter ist die Realisierung von Wünschen zu verstehen, an denen uns viel liegt und die wir auch bei eingehender Reflexion bejahen. Es geht also nicht um den plötzlich aufflackernden Wunsch nach einem Stück Sahnetorte, sondern um die subjektiv bedeutsamen, langfristigen und ›echten‹ Wünsche. In diesem Sinne schätzen wir Selbstverwirklichung als Teil eines guten Lebens. Nicht jede Wunscherfüllung ist eine Selbstverwirklichung. Nicht nur liegt uns an vielen Wünschen nicht so viel, wir täuschen uns auch oftmals in ihnen, wir folgen kurzlebigen, unreflektierten Wünschen, die wir bei näherem Hinsehen verwerfen. – Sowohl Neuro-Enhancement als auch Selbstformung können Selbstverwirklichung sein. Die *Wahrscheinlichkeit* dafür ist jedoch sehr unterschiedlich. Bei Selbstformung ist sie hoch. Diese langfristige Aktivität und Mühe auf sich zu nehmen, ist für die betreffende Person rechtfertigungsbedürftig. Und das wiederholte Üben zwingt förmlich zur Reflexion über die handlungsleitenden Selbstverbesserungswünsche, so dass es unwahrscheinlich ist, langfristig Wünschen zu folgen, denen man eigentlich nicht folgen will. Neuro-Enhancement funktioniert anders, ist schnell und einfach durchzuführen, ohne diesen internen ›Zwang‹ zur Reflexion. Somit kann es leicht geschehen, dass man unüberlegten Einfällen, kurzfristiger Unzufriedenheit, sozialem Druck oder schnelllebigen Moden folgt, dass man also nur *scheinbar* Selbstverwirklichung betreibt. Selbstformung hat gewissermaßen einen eingebauten ›Sicherheitsmechanismus‹, Neuro-Enhancement nicht.
- *Selbstwirksamkeit*: Eine wesentliche Bedingung dafür, dass wir unser Leben als gelingend erleben, ist die Erfahrung, dass wir selbst etwas bewerkstelligen können. Diese Erfahrung der Selbstwirksamkeit lässt sich mit diversen Handlungen machen. Aber Selbstformung ermöglicht eine besonders potenzierte Art der Selbstwirksamkeitserfahrung, weil nicht nur einzelne Handlungserfolge selbst bewirkt werden, sondern die dem Handeln zugrundeliegenden Fähigkeiten. Es ist das Glück, sich aus eigener Kraft ändern zu können. Das schafft *Selbstvertrauen*. Neuro-Enhancement gestattet diese Erfahrung nicht. Die erzielte Veränderung wird passiv erfahren. Zwar ist es möglich, aus einem erfolgreichen Tun, das sich aus einer so verbesserten Eigenschaft speist, Selbstwirksamkeitsüberzeugungen zu gewinnen. Aber diese höherstufige Selbstwirksamkeit, diese Erfahrung, Schwächen der eigenen Persönlichkeit selbst beheben zu können, und das daraus resultierende Selbstvertrauen kann Neuro-Enhancement nicht bieten.

- *Lebenskohärenz*: Ein gutes Leben zeichnet sich auch dadurch aus, dass es Sinn hat. Das heißt zum einen, dass es eine Struktur, eine Ordnung hat und somit erzählbar ist. Zum anderen ist das sinnvolle Leben auf dasjenige ausgerichtet, was wir für gut, für erstrebenswert halten. Man kann sagen, ein gutes Leben ist stimmig, kohärent oder es folgt einem ›Lebensplan‹. Selbstformung *ist* eine Art Lebensplan. Ein Selbstformungsprojekt stiftet Ordnung in unseren vielfältigen Wünschen und richtet das Leben auf etwas aus, an dem uns viel liegt. Das kann Neuro-Enhancement nicht leisten. Erneut ist der Grund dafür seine spezifische Handlungsstruktur. Neuro-Enhancement funktioniert rasch, es ist kein allmählich zu verwirklichendes Vorhaben, das Lebensperioden oder gar das ganze Leben zu strukturieren vermag. Die ordnende und sinnstiftende Funktion, die Selbstformung aufweist, kann es nicht bieten. Dieses »Ich lebe mein Leben in wachsenden Ringen«, von dem Rilke spricht, ist dem Neuro-Enhancement fremd (Rilke 1993: 199).

Resumée

Soweit einige Ergebnisse des Vergleichs. Wir sehen, dass zwischen Selbstformung und Neuro-Enhancement eine ganze Reihe gravierender Unterschiede besteht, die von erheblichem ethischen Gewicht sind. Selbstformung ermöglicht und verstärkt Erfahrungen und Selbstverhältnisse, die wir als wichtige Elemente eines guten Lebens verstehen. Neuro-Enhancement tut das nicht. Und während Neuro-Enhancement allein mit dem instrumentellen Wert der Effizienz aufwarten kann, sind die Selbstverhältnisse und Erfahrungen, zu denen Selbstformung führt, für uns inhärent wertvoll. Diese Unterschiede sind nicht dem unausgereiften Entwicklungsstand der heute verfügbaren Mittel geschuldet, sondern den Handlungsstrukturen, die dem Neuro-Enhancement grundsätzlich eigen sind.

Bemerkenswerterweise sind es gerade die Eigenschaften, die auf den ersten Blick als Vorteil erscheinen – Schnelligkeit und Leichtigkeit – und sich erst bei näherem Hinsehen als ungünstig entpuppen. Und die Merkmale, die zunächst wie Nachteile von Selbstformung aussehen, sind tatsächlich bedeutsame Faktoren für ein gelingendes Leben. Das Verhältnis zwischen Neuro-Enhancement und Selbstformung ist damit in ethischer Hinsicht neu und genauer bestimmt. Auf einen Punkt gebracht: Selbstformung ist der bessere Weg der Selbstverbesserung.

Was folgt daraus in normativer Hinsicht? Ist Neuro-Enhancement anstößig, verwerflich, unmoralisch? Sind wir berechtigt, es zu verbieten? Nein. So viele Argumente dagegen sprechen, ein moralisches Verdikt lässt sich aus ihnen nicht ableiten. Sofern Menschen sich autonom für Neuro-Enhancement entscheiden und dabei nicht die Rechte anderer Personen verletzen, können wir es in einer liberalen Ordnung nicht gerechtfertigter Weise verbieten. Wir erlauben auch anderes Verhalten, das wir für unklug halten.

Ist das ein zu bescheidenes Ergebnis? Nein, das sieht nur aus einer einseitigen Perspektive so aus. Bei ethischen Fragen sind wir gewohnt, uns auf die moralische Dimension, auf Rechte und Pflichten, auf Ge- und Verbote zu beschränken. Aber das ist nur die eine Hälfte der Ethik. Die andere ist das gelingende Leben. Urteile auf diesem Gebiet mögen zwar keine universelle Geltung haben, sind aber deshalb nicht weniger wichtig. Im Gegenteil. Auch wenn wir unterschiedlichen Ideen von einem gelingenden Leben anhängen, gibt es einige grundlegende Elemente, die weithin anerkannt sind. Selbstverwirklichung, Selbstverstehen, Selbstwirksamkeit usw. sind solche Elemente. Das heißt: Aus den gewonnenen Einsichten können wir zwar keine moralische Verurteilung von Neuro-Enhancement ableiten, aber wir können mit guten Gründen davon abraten. »Mit guten Gründen« heißt: im Sinne des aufgeklärten Eigeninteresses der Menschen, die vor der Entscheidung für oder gegen Neuro-Enhancement stehen.

Literatur

Kipke, Roland (2011): *Besser werden. Eine ethische Untersuchung zu Selbstformung und Neuro-Enhancement*, Paderborn.

Lieb, Klaus (2010a): »Da macht unser Gehirn nicht mit«. Eine neue Studie zeigt: Auch deutsche Schüler und Studenten sind zum Hirndoping bereit. Ein Gespräch mit dem Psychiater Klaus Lieb. In: *Die Zeit*, Nr. 11 (11.3.2010), 39.

Lieb, Klaus (2010b): *Hirndoping. Warum wir nicht alles schlucken sollten*, Mannheim.

Merkel, Reinhard (2009): »Mind Doping? Eingriffe ins Gehirn zur ›Verbesserung‹ des Menschen. Normative Grundlagen und Grenzen«. In: Nikolaus Knoepffler/Julian Savulescu (Hg.): *Der neue Mensch? Enhancement und Genetik*, Freiburg/München, 177-212.

Rilke, Rainer Maria (1993, 6. Aufl.): *Die Gedichte*, Stuttgart.

Schäfer, Gereon/Groß, Dominik (2008): »Enhancement: Eingriff in die personale Identität«. In: *Deutsches Ärzteblatt* 105 (5), 210-212.

Schöne-Seifert, Bettina (2006): »Pillen-Glück statt Psycho-Arbeit. Was wäre dagegen einzuwenden?« In: Johann S. Ach/Arnd Pollmann (Hg.): *No body is perfect. Baumaßnahmen am menschlichen Körper. Bioethische und ästhetische Aufrisse*, Bielefeld, 279-291.

Repliken auf Roland Kipke

ANDREAS HEINZ & ULRIKE KLUGE

Pharmakologisierte Biopolitik – nur individuelle Einwände?

Neuro-Enhancement, d.h. die Verabreichung von Medikamenten oder Verfahren wie die Tiefenhirnstimulation zur Leistungssteigerung bei Gesunden, ist derzeit rechtlich nicht möglich. Beispielsweise ist es Ärzten nicht erlaubt, Medikamente oder Verfahren wie die Tiefenhirnstimulation bei Gesunden einzusetzen, da die Zulassung dieser Verfahren unter Abwägung ihres Nutzens und ihrer Nebenwirkungen an die Linderung oder Heilung vorliegender Erkrankungen gebunden ist. Sollte der Einsatz dieser Verfahren bei Gesunden ethisch erwogen werden, muss bedacht werden, dass an unerwünschte Wirkungen striktere Maßstäbe angelegt werden, wenn sie bei Gesunden auftreten als wenn sie im Rahmen einer Therapie erfolgen, die krankheitsbedingte, oft schwerwiegende Einschränkungen der persönlichen Lebensqualität lindern soll. Sollte die Erforschung und Erprobung dieser Verfahren also freigegeben werden?

Ein Argument können Wirksamkeit und Nutzen dieser Verfahren sein. Bezüglich der Wirksamkeit der derzeit vorliegenden Medikamente besteht allerdings weitgehende Übereinstimmung dahingehend, dass sie ihren Zweck gar nicht oder allenfalls ansatzweise erfüllen. Einzige Ausnahme bildet zur Zeit das Modafinil, das nach Einschätzung einer angloamerikanischen wie einer deutschen Arbeitsgruppe zumindest kurzfristig Müdigkeit beseitigen kann (Greely et al. 2008; Galert et al. 2009). Wir haben an anderer Stelle dargelegt, dass Modafinil pharmakologisch den Psychostimulanzien (z.B. den Amphetaminen) sowie dem Kokain verwandt ist und dass ein von den genannten Arbeitsgruppen weitgehend unterschätztes Suchtrisiko beim Konsum dieser Substanz besteht (Kipke et al. 2010). Unsere Bedenken wurden kürzlich von der European Medicines Agency bestätigt, welche insgesamt über 400 Fälle von Missbrauch und Abhängigkeitsentwicklungen bei Modafinil-Konsum auflistete (EMA 27.1.2011, http://www.ema.europa.eu).

 © TRANSCRIPT 2012

Die Argumentation der liberalen Befürworter des Neuro-Enhancements verweist an diesem Punkt aber darauf, dass die Frage der Wirkungen und des Nutzens und damit der ethischen Zulässigkeit des Neuro-Enhancements sich nicht an den bestehenden Substanzen auszurichten habe, sondern an der grundsätzlich imaginierten Möglichkeit, weitgehend nebenwirkungsarme oder -freie Substanzen oder Verfahren zu finden. Um dies beurteilen zu können, wird die Förderung der Erforschung solcher Verfahren gefordert. In der Tat ergibt sich für Neuro-Enhancement eine nicht unbeträchtliche Vermarktungsmöglichkeit, und die Diskussionen der genannten Arbeitsgruppen verweisen auf die potenziellen Anwendungsbereiche: So postuliert die deutsche Arbeitsgruppe um Galert et al. (2009), dass bei entsprechend nebenwirkungsarmen Substanzen (bzw. solchen, deren Nebenwirkungen ähnlich gering sind wie bei der Gabe von Vitaminen) die Anwendung auch bei Kindern zugelassen werden müsste. Eine angloamerikanische Arbeitsgruppe bezieht sich positiv auf die Anwendung von Modafinil bei Militäreinsätzen und diskutiert, dass in bestimmten beruflichen Situationen, z.B. bei schwierigen Operationen, die Einnahme von Neuro-Enhancern sogar vorgeschrieben werden könnte, wenn dies beispielsweise das Risiko für Patienten, die einer komplizierten Operation unterzogen werden, deutlich senken würde (Greely et al. 2008). Hier zeigen sich also die potenziellen Anwendungsbereiche – die Erhöhung der Lernleistung bei Schülern, die Anwendung in militärischen Auseinandersetzungen oder bei anderen beruflichen Herausforderungen.

Allerdings wird die Wirkung einer Steigerung kognitiver Fähigkeiten weitgehend überschätzt – wie der bekannte Flynn-Effekt zeigt, nahm der durchschnittliche IQ in den westlichen Industrieländern seit dem zweiten Weltkrieg um eine ganze Standardabweichung (also um ca. 15 Punkte) zu, ohne dass sich entsprechend die sozialen Probleme in diesen Ländern deutlich verringert hätten (Gebhardt et al. 1996). Gesellschaftlich spricht also wenig dafür, dass eine weitere Steigerung kognitiver Fähigkeiten, wenn sie denn möglich wäre, sozial gewinnbringend ist. Individuell ist das anders – wenn Studien- und Arbeitsplätze kompetitiv vergeben werden, können Bruchteile von Noten darüber entscheiden, wer welche individuelle Startchance erhält. Neuro-Enhancement könnte also zu einer Wettbewerbsverzerrung führen und die Menschen vor die Wahl stellen, in einer Testsituation entweder schlechter abzuschneiden oder sich der pharmakologischen Manipulation ihrer Lernleistung zu unterwerfen.

Aber wäre das schlimm? Die liberalen Befürworter der Verfahren betonen, dass diese sich nicht grundsätzlich von alltäglichen Genussmitteln wie dem Konsum von Kaffee oder gar Trainingsprogrammen oder Meditationsverfahren unterscheiden – letztendlich ginge es nur um die Form, in der die Selbstveränderung durchgeführt wird. An dieser Stelle setzt Kipke an und betont Unterschiede zwischen traditionellen Mechanismen der Selbstformung und dem Neuro-Enhancement, wobei der Steuerbarkeit der eigenen Veränderung und der Kontinuität der Lebensgeschichte zentrale Bedeutung zugemessen wird. Aber sind diese Argumente überzeugend? Die existenzialistische Literatur ist voller Diskontinuitäten und Brüche in der lebensgeschichtlichen Entwicklung – verursacht die Entscheidung, ob ich meine todkranke Mutter pflege oder zur Résistance gehe, nicht einen ähnlichen Bruch in der Lebensgeschichte, wie er durch die Einnahme von Modafinil, Amphetaminen oder Kokain ausgelöst werden könnte? Zwar würde eine Entscheidung zum heroischen Widerstand, die zumindest partiell durch Kokskonsum ermöglicht würde, ethisch wahrscheinlich die wenigsten beeindrucken. Aber ist das ein Argument, Individuen darin zu hindern, so zu verfahren?

Kipkes Argumente überzeugen dann mehr, wenn man sie zur Physiologie alltäglicher Entscheidungsprozesse in Bezug setzt und diese physiologischen Anpassungsvorgänge mit Pharmaka-getriggerten zentralnervösen Veränderungen vergleicht. Pharmakologische oder andere Verfahren wie Tiefenhirnstimulation sind ja gerade deshalb attraktiv, weil sie die physiologische ›Langsamkeit‹ alltäglich erlernter Verhaltensänderungen ausschalten. Würden Neuro-Enhancer genau so physiologisch, d.h. mit derselben (geringen) Effektstärke und demselben Zeitverlauf wie ›natürliche‹ Mechanismen kognitiver Veränderungen wirken, gäbe es keinen Bedarf an diesen Substanzen. Die unterschiedlichen zentralnervösen Auswirkungen physiologisch versus pharmakologisch getriggerter Verhaltensänderungen lassen sich in ihrem Ausmaß verdeutlichen, wenn man z.B. die Wirkung des Neuro-Enhancers Modafinil einerseits mit sogenannten natürlichen Verstärkern und Genussmitteln (wie Kaffee) und andererseits mit Drogen vergleicht.

Die natürlichen Verstärker, wie erfolgreiche soziale Interaktionen oder Essensaufnahme und Genussmittel wie Kaffee, wirken in der Regel nur kurzfristig, verändern zentralnervöse Zustände diskret und die Wirkungen lassen sich nicht beliebig oft wiederholen. So erhöhen natürliche Verstärker beispielsweise die Konzentration des Botenstoffs Dopamin, dem zentrale Bedeutung für Motivation und Lernvorgänge zugeschrieben wird, nur kurzfristig um ca. 50%, und bei wiederholtem Konsum derselben Nahrung bleibt die Dopaminfreisetzung in der Regel bald aus. Die Folge: Die zur Dopaminfreisetzung führende Handlung wird weniger belohnt und meist nicht mehr wiederholt. Die Einnahme von Amphetaminen, Kokain und Modafinil steigert demgegenüber die Dopaminausschüttung um 400 bis 1000%, also deutlich oberhalb der physiologischen Gegebenheiten, dauert wesentlich länger an und ist bei jeder erneuten Pharmakaeinnahme wiederholbar (Kipke et al. 2010).

Der Grund für die genannten Unterschiede ist, dass Medikamente pharmakologisch direkt auf das Gehirn einwirken, während natürliche Verstärker dies in der Regel nicht tun – ihre Auswirkungen werden über das System der Sinnesorgane vermittelt, welche eine schützende Funktion für die Beeinflussung des zentralen Nervensystems ausüben. Egal, wie stark ein Umweltreiz ist, er wird durch die Sinnesorgane in einen neuronalen Code umgewandelt, d.h. in eine bestimmte Entladungsfrequenz von Nervenzellen, die ihre physiologische Obergrenze hat. Dennoch können Umweltereignisse, wie beispielsweise schwere Traumatisierungen, zu irreversiblen Veränderungen des zentralen Nervensystems führen – weitaus stärker aber ist die Wirkung, wenn pharmakologische Substanzen unter Umgehung der natürlichen Filterfunktion der Sinnesorgane direkt im Gehirn eingreifen.

Aber tut das nicht auch Kaffee? Das ist in der Tat richtig, Kaffee wirkt direkt auf das Gehirn ein – aber anders als Drogen oder der bisher vielversprechendste Neuro-Enhancer, das Modafinil, wirkt Kaffee nicht auf Bereiche des Gehirns (wie beispielsweise das ventrale Striatum, die Kernregion des sogenannten hirneigenen Belohnungssystems), die zentral mit Motivation und Lernvorgängen verbunden sind. Kaffee ist deshalb keine Droge, durch die eine Abhängigkeitserkrankung auslösbar ist, wie sie demgegenüber beim Konsum von Amphetaminen oder Kokain auftreten kann. Entsprechend dieser ›schwachen‹ zentral-nervösen Wirkung ist Kaffee aber eben auch keine Substanz, die ernsthaft als Neuro-Enhancer diskutiert wird. Untersuchungen unserer eigenen und anderer Arbeitsgruppen weisen nun darauf hin, dass kognitive Leistungs- und Lernfähigkeiten so eng mit motivationalen Systemen wie dem Belohnungssystem verbunden sind (dass wir also so notwendig aus Gewinn und Verlust lernen), dass eine Steigerung der Lernleistung ohne Beeinflussung suchtrelevanter Botenstoffsysteme und Hirnregionen extrem unwahrscheinlich ist (Montague et al. 2004). Neuro-Enhancement könnte also auf Grund des Aufbaus unseres Gehirns notwendigerweise mit einem Suchtrisiko verbunden sein.

Was ist nun, wenn doch Substanzen oder Verfahren gefunden werden, die ein solches Suchtrisiko nicht aufweisen? Wäre der Konsum von Neuro-Enhancern dann nicht der Anwendung plastischer Schönheitsoperationen vergleichbar, die dem Individuum zwar einen ›unfairen‹ Wettbewerbsvorteil verschaffen können, aber eben im Belieben des Einzelnen stehen? Hier liegt die Krux aller ethischen Überlegungen, die sich nur auf das Individuum und seine Entscheidungsfreiheit konzentrieren. Zwar könnte man einwenden, das Schönheitsvorstellungen – anders als messbare Testleistungen – so variabel sind, dass durch Operationen ein eindeutiger Effekt nicht immer zu erzielen ist, was bei der Entwicklung geeigneter Neuro-Enhancer ja gerade anders sein soll. Der entscheidende Einwand aber ist, dass Schönheitsoperationen zwar am Leib stattfinden, jedoch nicht an dem Teil des eigenen Körpers, der – so viel Materialismus sei hier vertreten – die Grundlage bzw. das neurobiologische Korrelat höherer kognitiver Fähigkeiten ausmacht. Neuro-Enhancer greifen also – anders als operative Veränderungen der Nase oder Brustform – direkt in jene Bereiche unseres Leibes ein, die untrennbar mit Motivation und Lernen, Entscheidungsfindung und Urteilskraft verbunden sind – d.h. in jene zentralnervösen Regionen, die – innerviert von Botenstoffsystemen wie dem dopaminergen und serotonergen System – direkt am Lernen aus Belohnung und Bestrafung, an Handlungsplanung und Gedächtnisbildung beteiligt sind. Die genannten Fähigkeiten gehören zum Kern jener Funktionen, die in ihrem Gesamt eine bestimmte Persönlichkeit bestimmen.

Ihre Veränderung durch Pharmaka – die dem Einzelnen durchaus freistehen mag – sollte deshalb unbeteiligten Dritten keinesfalls direkt oder indirekt aufgezwungen werden: Weder um Militäreinsätze zu ›optimieren‹ noch um bei Testleistungen mithalten zu können, sollte deshalb ein Mensch gezwungen werden können, seine über Jahrtausende austarierte Physiologie des zentralnervösen Nervensystems durch Substanzen zu ›optimieren‹, um der Leistungs- und Gewinnmaximierung bestimmter Gesellschaftsformen zu dienen.

Der biopolitische Zugriff auf den eigenen Leib gewinnt hier eine Dimension, die über die Veränderung äußerer Formen und die Disziplinierung der Körper hinausgeht. Er berührt direkt Entscheidungsfindungen und Urteilsvermögen. Deutlich wird dies bei den Suchterkrankungen, bei denen ausgeprägte Diskrepanzen zwischen Wünschen und Tun, automatisierten Abläufen und ihren Zielen auftreten können. Die pharmakologischen Auswirkungen der Drogen können bewusst gefasste und verbalisierte Entscheidungen unterlaufen und in ihr Gegenteil verkehren. Es ist nicht abzusehen, woher der Schutz vor einer solchen pharmakologischen Formierung psychischer Leistungen und Haltungen kommen soll, wenn man die Erforschung und Anwendung von Neuro-Enhancern ermöglicht oder gar erzwingt.

Literatur

Galert, Thorsten/Bublitz, Christoph/Heuser, Isabella et al. (2009): »Das optimierte Gehirn«. In: *Gehirn & Geist*, www.gehirnundgeist.de/memorandum, 12.10.2011.

Gebhardt, Thomas/Heinz, Andreas/Knöbel, Wolfgang (1996): »Die gefährliche Wiederkehr der ›gefährlichen Klassen‹«. In: *Kriminol Journal* 28, 82-106.

Greely, Henry/Sahakian, Barbara/Harris, John et al. (2008): »Towards responsible use of cognitive-enhancing drugs by the healthy«. In: *Nature* 456 (7223), 702-705.

Kipke, Roland/Heimann, Hannah/Wiesing, Urban/Heinz, Andreas (2010): »Neuroenhancement: Falsche Voraussetzungen in der aktuellen Debatte«. In: *Deutsches Ärzteblatt* 107 (48), A 2348-7.

Montague, P. Read/Hyman, Steven E./Cohen, Jonathan D. (2004): »Computational roles for dopamine in behavioural control«. In: *Nature* 431 (7010), 760-767.

JULIKA LOSS & JANINA CURBACH

Neuro-Enhancement versus Selbstformung – der verbesserte Mensch zwischen individuellem Wunsch und gesellschaftlicher Wirklichkeit

In seinem Artikel über Neuro-Enhancement geht es Roland Kipke darum, eine Grundlage für eine kritische Diskussion zu diesem Thema zu schaffen, indem er eine klare Abgrenzung vornimmt: zwischen der Optimierung von Leistungsfähigkeit und Wohlbefinden durch pharmakologisch wirksame Substanzen auf der einen Seite (also dem Neuro-Enhancement im engeren Sinne) und der Persönlichkeitsentwicklung und Verbesserung von Fähigkeiten durch mentale Arbeit an sich selbst (z.B. Meditation, Konzentrationsübungen, Disziplin) auf der anderen Seite. Letzteres beschreibt Kipke als »Selbstformung«, und er führt eine Reihe von überzeugenden Gründen auf, warum Neuro-Enhancement eben nicht als logische Weiterentwicklung von Selbstverbesserungsbemühungen in der Kontinuität zivilisatorischer und technischer Errungenschaften der letzten Jahrhunderte zu sehen ist.

Diese Bemühung um Grenzziehung ist in der aktuellen Debatte gut und wichtig, denn in unserer Gesellschaft lässt sich seit Jahren ein Trend zur »Entgrenzung« der Medizin (Vehling/Viehöver 2011) beobachten. Gesellschaftliche Erwartungen an die Medizin gehen »zunehmend über den Handlungsrahmen und -horizont der Heilung [...] von Krankheiten und der Kompensation körperlicher Beeinträchtigungen hinaus« (Vehling/Viehöver 2011: 9). In diesem Zusammenhang verschwimmen Grenzen oder verschieben sich – z.B. die zwischen normalen Lebensphänomenen und behandlungsbedürftigen Krankheiten: Jemand, der vor einigen Jahren schlichtweg schüchtern war, wechsellaunig oder alt, erhält heute möglicherweise die Diagnose soziale Phobie, Sissi- bzw. Aging-Male-Syndrom, und kann (oder soll) einer Therapie zugeführt werden. In der aktuellen Wahrnehmung verschwimmen aber auch die Grenzen zwischen sozial akzeptierten Optimierungsmöglichkeiten im Alltag (Fitnesstraining, Kosmetik, Konsum von Genuss- und legalen Suchtmitteln) und (bio-)medizinischen Verbesserungsmöglichkeiten wie Schönheitschirurgie oder eben Neuro-Enhancement. »Soweit wir eine Reihe von etablierten Techniken zur Verbesserung des Menschen akzeptieren, stellt sich die Frage, warum wir vergleichbare Möglichkeiten der Humanbiotechnologien anders bewerten sollten?«, fragen beispielsweise Ranisch und Savulesco (2009: 26). An dieser unscharfen Trennung zwischen verschiedenen Formen der Selbstoptimierung setzen die Ausführungen von Kipke an. Die Definition von Bewertungskriterien und Orientierungsmaßstäben, an denen man Unterschiede zwischen Gesundheit und Krankheit, zwischen psychosozialen und medikamentösen Verbesserungstechniken festmachen kann, ist angesichts der eindrucksvollen Tendenz zur Entgrenzung der Medizin dringend geboten. Kipkes Erläuterung leisten dazu einen wichtigen Beitrag.

Es ist allerdings zu berücksichtigen, dass die Entgrenzung der Medizin und damit das Interesse an Neuro-Enhancement und dessen zunehmende ›Normalisierung‹ nicht im luftleeren Raum stattfinden. Vielmehr sind es die sozialen, medialen und politischen Realitäten, die dem jahrhundertealten menschlichen »Streben nach Selbstverbesserung« (Kipke) eine neue Dringlichkeit abzuverlangen scheinen. Der gesellschaftliche Wandel hin zu Flexibilisierung, (sozialer) Mobilität und Individualisierung erhöht die Anforderungen an die Menschen. Das Berufsleben ist vielerorts geprägt durch erhöhte Leistungsanforderung, die sich aus Arbeitsverdichtung und dem Ruf nach Effizienzsteigerung ergibt. Und gerade in Zeiten wirtschaftlicher Unsicherheiten prägen zudem Angst vor Arbeitsplatzverlust und sozialem Abstieg sowie Wettbewerbsdruck den Alltag. Längst ist eine erwerbsbiografische Kontinuität abgelöst worden durch immer schnellere Informationsverarbeitung, Arbeitskraftunternehmertum, lebenslanges Lernen und scheinbar unbegrenzte räumliche Mobilität. Gleichzeitig ist die individuelle Verantwortung für die eigene Biografie gestiegen – auch im privaten Leben. »Da sich durch die allseitigen Entgrenzungen die Lebenssituationen häufiger und schneller ändern als zuvor, wird das Leben des einzelnen Individuums zur Baustelle, auf der ständig gebaut und repariert werden muss« (Münch 2004: 512). In anderen Worten: Heute muss man sich im Beruf, bei der Partnersuche und in der Freizeit wiederholt neu entscheiden, neu beweisen, neu inszenieren und neu vermarkten. Selbstformungsprozesse, wie Kipke sie in Abgrenzung zum einfach zu konsumierenden und rasch wirkenden »Hirndoping« beschreibt, sind mühsam, langwierig und aufwändig. Sind derartige Anstrengungen, die Selbstreflexion, Disziplin und Ausdauer erfordern, überhaupt annehmbar für Menschen, die gerade wegen beruflicher und privater Überlastung zu potenziellen Nutzern von Neuro-Enhancement werden können? Jede Ära, so schreibt Margaret Talbot 2009 in einem Artikel des *New Yorker*, besitze ihre »defining drug«, ein sie definierendes Medikament: »Neuroenhancers are perfectly suited for our efficiency-obsessed, Blackberry-equipped office culture.« (Talbot 2009) Gerade die Eigenschaften des Neuro-Enhancement, die Kipke in seinem Aufsatz kritisch beleuchtet – das unreflektierte, unaufwändige Konsumieren mit unmittelbarem Eintritt der Wirkung – machen es offensichtlich zum idealen Heilmittel gegenüber den spezifischen, strukturell angelegten Stressoren unserer Zeit.

Neben den realen äußeren Ansprüchen und Kulturen in der Arbeitswelt, die den Druck zum Konsum von Neuro-Enhancern erhöhen können, wachsen die eigenen Ansprüche und Erwartungen der Menschen an das, was ein gelungenes und erfülltes Leben insgesamt einlösen soll. Mehr Eigenverantwortung bedeutet auch hier nicht nur Wahlfreiheit und Emanzipation des Einzelnen aus gesellschaftlichen Zwängen, sondern auch, dass sich viele zunehmend ohne Orientierungshilfe neue, medial stilisierte Idealbilder von einem gelungenen Leben verinnerlichen. Für den Einzelnen steigt so der Erfolgsdruck in den verschiedensten Lebensbereichen; Anspruchsinflationen, z.B. an ein harmonisches Beziehungs- und Familienleben, große soziale Netzwerke, körperliche Attraktivität, Jugendlichkeit und Gesundheit, werden geradezu selbstverständlich. In der Tat nehmen beispielsweise viele (US-amerikanische) Studierende Neuro-Enhancer nicht primär deshalb ein, weil die Lern- und Prüfungsbelastung so hoch wäre oder weil sie ein optimales Prüfungsergebnis erzielen wollten. Vielmehr geht es darum, die Prüfungsleistungen zu erbringen, ohne Abstriche oder Kompromisse in Freizeit oder Privatleben machen zu müssen. Neuro-Enhancer sollen helfen, das Idealbild eines studentischen Lebens zu verwirklichen, in dem es darum geht, neben den eigentlichen studienspezifischen Aufgaben noch eine Vielzahl weiterer Ziele zu erreichen: soziales, romantisches, sexuelles und extra-curriculares Engagement (Talbot 2009). Neuro-Enhancer als Mittel zur umfassenden Selbstverwirklichung also? Nein, meint Kipke, wahre Selbstverwirklichung sei eben nicht gleichzusetzen mit dem Folgen schnelllebiger Moden. Wahre Selbstverwirklichung sei nur möglich, wenn man die Mühe der Selbstformung auf sich nimmt, um seine Ziele zu erreichen, denn nur so würde man zur Reflexion über das gezwungen, was langfristig bedeutsame Wünsche seien (Kipke). Man muss allerdings bedenken: Die allgegenwärtigen Medien verhelfen heute in verschiedensten Formaten – Werbung, Fernsehfilm, Videoclip, Podcast – den Abziehbildern eines perfekten Lebens zu einer breiten Aufmerksamkeit. Wie kann es bei dieser Omnipräsenz idealtypischer Lebenssituationen und ästhetischer Fiktionen gelingen, eben nicht dem »sozialen Druck« zu erliegen, sondern »subjektiv bedeutsame, langfristige und ›echte‹ Wünsche« (Kipke) zu identifizieren und anzustreben? Das stellt eine erhebliche Herausforderung dar, die sich noch erhöhen dürfte, wenn Neuro-Enhancement eines Tages vielleicht zur verbreiteten Praxis wird und sich in der Folge gesellschaftliche Normen verschieben: Je mehr Menschen sich mit Neuro-Enhancern optimieren, desto höher wird die Messlatte der Erwartungen aller an eine ›normale‹ Leistungsfähigkeit des Einzelnen liegen – und dadurch wird sich letztlich der gesellschaftliche Konkurrenzkampf und Wettbewerbsdruck zusätzlich verstärken. In diesem hypothetischen Zukunftsszenario erzeugt das gelungene Leben des Einzelnen unabsehbare Nebenfolgen für ein gelungenes Zusammenleben aller.

Bei aller notwendigen Schärfung der Diskussion um Grenzen und Grenzziehungen, wie sie Roland Kipke dankenswerterweise vornimmt, scheint es daher geboten, den Blick wegzulenken vom Individuum, das es vorzieht, zum »quick fix«, zur einfachen Lösung seiner (vermeintlichen) Probleme zu greifen, statt sich einer mühsamen, aber sicherlich sinnvollen Selbstformung zu unterziehen. Stattdessen sollten wir auch das gesellschaftliche System in den Fokus nehmen, das mit seiner in Medien vorgelebten und im realen Leben zunehmend eingeforderten sozialen Anspruchshaltung die Menschen erst dazu bringt, in Neuro-Enhancement einen Ausweg – oder einen Weg zum Glück – zu sehen. Sowohl Neuro-Enhancement als auch Selbstformung haben also nicht nur eine spezifischen »Handlungscharakter« (Kipke), sondern eine spezifische, zugrunde liegende gesellschaftliche Erwartungsstruktur. Warum ein gutes Leben *nicht* ist, den Wunsch nach einem »Stück Sahnetorte« (Kipke) erfüllen zu können, warum es ein Glück ist, »sich aus eigener Kraft ändern zu können«, das bedarf einer breiten gesellschaftlichen Auseinandersetzung mit existenziellen Fragen zu einem gelingenden Leben – und Zusammenleben.

Literatur

Münch, Richard (2004): *Soziologische Theorie*. Bd 3: *Gesellschaftstheorie*, Frankfurt a.M./New York.

Ranisch, Robert/Savulescu, Julian (2009): »Ethik und Enhancement«. In. N. Knoepffler/J. Savulescu (Hg.): *Der neue Mensch? Enhancement und Genetik*, Freiburg i.Br./München, 21-53.

Talbot, Margaret (2009): »Brain Gain. The underground world of ›neuroenhancing‹ drugs«. In: *The New Yorker*, 27. April 2009.

Viehöver,Willy/Wehling Peter (Hg.) (2011): *Entgrenzung der Medizin – Von der Heilkunst zur Verbesserung des Menschen?*, Bielefeld.

JAN SLABY

Modus irrealis und problematische Selbstfokussierung

Zentrale Überlegungen Kipkes vermögen nicht zu überzeugen. Bevor ich auf zwei Problembereiche eingehe, eine allgemeine Bemerkung vorweg. Die in jüngster Zeit boomende philosophische Beschäftigung mit dem Thema ›Neuro-Enhancement‹ (ein Seitenblick auf einige der jüngst erschienenen Parallelarbeiten hätte Kipke nicht geschadet)[1] und insbesondere dessen vermeintlich »tief greifenden Konsequenzen« könnte zu guten Teilen eine Phantomdebatte sein (vgl. Quednow 2010): Oft wird schlicht postuliert, dass sich in der Hirnforschung und der Pharmakologie bahnbrechende wissenschaftliche Durchbrüche ankündigen, welche in absehbarer Zukunft eine nahezu nebenwirkungsfreie, hochselektive Optimierung einzelner menschlicher Fähigkeiten und Eigenschaften möglich machen werden. Ohne den tatsächlichen Forschungsstand und die Komplexitäten der anvisierten Eingriffe groß zu beleuchten, wird sogleich der Übergang zu den vermeintlich »dringend gebotenen« ethischen Bewertungen dieser hypothetischen Sachlage vollzogen. Hier besteht die Gefahr, dass systematisch ein falsches Bild gezeichnet wird und es zu einer unnötigen Verfälschung der tatsächlichen Situation in den relevanten Bereichen der Forschung kommt. Präzise empirische Betrachtungen des *status quo* in der Medikamentenentwicklung und bezüglich des sich faktisch abzeichnenden Verhaltens realer Konsumenten sollten daher in jedem Fall am Anfang von Betrachtungen dieser Art stehen.[2]

1 Ich nenne derer drei: Heilinger 2010, Müller 2010, Nagel 2010.

2 Man kann es auch so sagen: Vor einer etwaigen ›Neuroethik‹ sollten Analysen im Rahmen einer ›kritischen Neurowissenschaft‹ stehen. Diese Analysen betreffen den faktischen Forschungs- und Entwicklungsstand in den Neurowissenschaften und die erwartbaren gesellschaftlichen Konsequenzen, vor allem auch mit Blick auf die leider oft verfälschenden, stark übertriebenen Darstellungen, die von einer wachsenden Zahl unkritischer Neuro-Enthusiasten verbreitet werden. Explorationen in diese Richtung unternehmen die Beiträge in Choudhury/Slaby 2011.

Analysen im *modus irrealis*

Allzu leicht fließt Kipke eine folgenreiche Annahme aus der Feder: Was wäre, wenn »zukünftig Mittel mit einem günstigen Nutzen-Risiko-Profil bereitstehen«, die zudem »keine Nebenwirkungen hätten«? Während es in der Philosophie im Rahmen gewisser Grenzen in bestimmten Kontexten durchaus angebracht ist, stark hypothetische Extremszenarien zu erwägen, ist dabei stets eines zu beachten: dass durch die Idealisierung der Ausgangssituation die zu erwägende »mögliche Wirklichkeit« nicht in einen irrealen Modus gerückt und somit allzu wirklichkeitsfern wird. Das gilt in umso stärkerem Maße für das Feld der angewandten Ethik, zu dem Überlegungen wie die Kipkes gehören. Leider ist jedoch genau dies bei Kipke der Fall: Bei all seinen Überlegungen scheint er davon auszugehen, dass es im Bereich des in nicht allzu ferner Zukunft faktisch Möglichen liege, dass Neuro-Enhancer *zielgenau* ganz bestimmte mentale Eigenschaften optimieren, ohne Nebenwirkungen, schädliche Langzeitfolgen und insbesondere auch ohne, dass zu ihrer Wirkungsentfaltung ein besonderes Einstellen, Einspielen oder Austarieren auf Seiten des Konsumenten erforderlich wäre. Die Wunschwirkung soll sich vielmehr wie von selbst einstellen – anstrengungsfrei und ohne besonderen Einsatz der optimierungsgewillten Person. Das scheint aber, bei allem, was wir heute über leistungssteigernde psychopharmakologische Substanzen wissen, kaum auch nur in der Nähe einer wahrscheinlichen Zukunft der heutigen Psychopharmakologie zu liegen. Der Ausgangspunkt von Kipkes Überlegungen ist somit *science fiction* im schlechten Sinne – alles andere als eine gute Basis für ethische Überlegungen, von denen man sich eine lebensweltliche Relevanz erhofft. Besonders problematisch für die Argumentation Kipkes ist die Annahme, dass die zukünftigen Enhancer ihre Wunschwirkung stets gleichsam »ganz von selbst« entfalten sollen (*magic bullet*-Effekt). Realiter ist es viel wahrscheinlicher, dass es eines Prozesses des Erprobens und genauen Einstellens bedarf, bis ein Medikament eine stabile Wirkung entfaltet, die passgenau gewisse mentale Kapazitäten optimiert. Ein solcher komplexer Prozess des Austarierens – der im Übrigen genau den Handlungscharakter hat und die Selbstaufmerksamkeit erfordert, welche Kipke dem Enhancement insgesamt abspricht – drohte aber die Grenze zu jener emphatischeren Selbstformung zu verwischen, die Kipke als Gegenmodell zum Neuro-Enhancement normativ auszeichnen möchte. Der irreale Ausgangspunkt entwertet insofern zumindest tendenziell die zentrale Argumentation des Textes.

In der Sackgasse des Selbstbezugs

*Selbst*formung ist die gefeierte Bezugsgröße in Kipkes ethischer Abwägung, deren normativen Horizont eine auf Selbsterkenntnis, Selbstverwirklichung, Selbstwirksamkeit und Lebenskohärenz orientierte Vorstellung des individuell guten Lebens liefern soll. Nur wenn eine Person auf nachhaltige Weise an der Formung ihrer selbst aktiv, im Sinne einer bewussten, tätigen Autorenschaft beteiligt ist und zudem sowohl den Optimierungsprozess als auch sein Produkt in der Reflektion als etwas Eigenes und insofern Wünschbares anerkennt – sich also aktiv zueignet – und wenn die optimierten Eigenschaften zudem faktisch in der vom früheren ›Selbst‹ vorgezeichneten Verlaufsbahn (»Lebenskohärenz«) liegen, also spürbar in einer Kontinuität mit etwas der Person bereits originär Zugehörigem stehen, sollen Selbstoptimierungen ethisch unbedenklich sein. Andernfalls drohe Selbstentfremdung, Künstlichkeit, Authentizitätsverlust. Abgesehen davon, dass diese Überlegungen weder sonderlich originell noch hinreichend fallspezifisch konkret ausfallen (der ausgezeichnete Selbstbezug bleibt zumindest in dem hier abgedruckten Textstück arg abstrakt), läuft Kipkes Argumentation auf eine folgenreiche Verengung der normativen Perspektive auf Selbstoptimierung hinaus. Isoliert betrachtet ist ›das Selbst‹ als Horizont ethischer Erwägungen eine Sackgasse. Die abstrakt gefasste Einzelperson bringt nicht genügend normative Substanz mit, um als argumentative Grundlage für ethische Bewertungen zu fungieren. Ethische Bewertungen der relevanten Art verlangen einen Bezug auf ein maßgebendes Gut, das seinerseits mit einschlägigen normativen Kriterien ausgewiesen werden muss. Die bloße faktische Verankerung in einem ›Selbst‹ leistet genau das nicht: Auch ein Kriegsverbrecher, ein KZ-Aufseher, ein Folterknecht kann sehr wohl eine kohärente, authentische, selbstgeformte und sich selbst transparente Persönlichkeit kultiviert haben und seine Selbstoptimierungen unter wohlerwogener reflexiver Kontrolle durchführen – ethisch wünschenswert werden seine Optimierungserfolge (die Folteropfer noch gnadenloser quälen? sich noch sadistischer in seine Opfer einfühlen können? jegliche Residuen von Mitgefühl oder Milde ablegen?) dadurch noch längst nicht. Auf der anderen Seite kann es für den Freiheitskämpfer oder für den sonstwie für die gute Sache Engagierten sehr wohl – gerade auch ethisch – geboten sein, mit seinem bisherigen Leben, seiner gewachsenen und selbstgeformten ›Persönlichkeit‹ radikal und unvermittelt zu brechen, falls dadurch die eigene Handlungskraft im Dienste der guten Sache maßgeblich gesteigert wird: Die gute Sache mag schlicht größer, bedeutsamer sein als die Bewahrung meiner essentiellen Eigenschaften als der Person, die ich bin. Insofern könnte ein Revolutionär, der für die gute Sache streitet, dessen Kräfte aber sehr beschränkt sind, durchaus gut daran tun, zu persönlichkeitsverändernden, harten Enhancern zu greifen, mit allen Konsequenzen, die das haben mag.

Das wäre freilich ein Extremfall. Aber warum soll ich nicht auch sonst eine offenere, transformativere, experimentellere Einstellung meiner eigenen Person gegenüber an den Tag legen? Was außer einer authentizitätsversessenen, im schlechten Sinne bürgerlichen Borniertheit kann uns dermaßen auf den engen Horizont eines Selbstbezugs einschränken? Der tiefere Punkt, der hier zum Vorschein kommt, ist dieser: So etwas wie ein ›Selbst‹ droht stets zu einer fiktiven, im schlechten Sinne abstrakten Bezugsgröße zu werden, weil seine einseitige Betonung den Weltbezug, die konstitutive Verstricktheit einer Person in ihre Umgebung, künstlich ausblendet. Die Frage, *wer* ich sein will, ist unentwirrbar mit der Frage verschränkt, in was für einer Welt ich leben will (so dass im Extremfall selbst die Forderung nach Selbstaufgabe im Dienste einer Veränderung der Welt gerade der ethischen *Selbstreflexion* entspringen kann). Durch die einseitige Fokussierung auf den ›Selbstpol‹ dieser fundamentalen Verstrickung kommt der Aspekt des Weltbezugs bei Kipke nicht zur Geltung. So tritt der Tendenz nach ein inhaltsleerer Subjektivismus, die bloße Beschwörung der Chimäre eines abstrakten ›Selbst‹, an die Stelle der eigentlich zu leistenden umfassenden normativen Überlegungen.

Abschließend sollte ich vielleicht eines klarstellen: Meine Argumentation darf nicht als eine Verteidigung des Neuro-Enhancements gedeutet werden – sie richtet sich vielmehr allein gegen den philosophischen Gehalt von Kipkes Überlegungen. Betrachtet man das Enhancement nicht wie Kipke abstrakt und idealisierend, sondern in seiner faktischen Gestalt, als bislang meist wenig wirksam, dafür potentiell höchst gefährlich, als auf oft irreführende Weise propagiert von einer profitgierigen Pharmaindustrie in unheiliger Allianz mit reduktionistisch orientierten Psychiatern, die einen traurigen Refrain zu einer auf Wettbewerb, Optimierung und zügellosen Konsum getrimmten Gesellschaft anstimmen, dann fällt einem einiges ein, das sich mit Entschiedenheit dagegen vorbringen ließe. *Dies* sind die Themen, die in Bezug auf Enhancement eigentlich diskutiert werden sollten. Sinnvoll kann das aber erst geschehen, nachdem abstrakte, übertrieben idealisierende Argumentationsfiguren vom Tisch sind.

Literatur

Choudhury, Suparna/Slaby, Jan (2011): *Critical Neuroscience: A Handbook of the Social and Cultural Contexts of Neuroscience*, Chichester.

Heilinger, Jan-Christoph (2010): *Anthropologie und Ethik des Enhancements*, Berlin/New York.

Müller, Oliver (2010): *Zwischen Mensch und Maschine. Vom Glück und Unglück des Homo Faber*, Frankfurt a.M.

Nagel, Saskia K. (2010): *Ethics and the Neurosciences. Ethical and Social Consequences of Neuroscientific Progress*, Paderborn.

Quednow, Boris (2010): »Ethics of Neuroenhancement: A Phantom Debate«. In: *BioSocieties* 5, 153-156.

STEPHAN SCHLEIM

Menschliche Selbstgestaltung in menschlicher Gemeinschaft

Roland Kipke vertritt einen innovativen ethischen Ansatz, welcher den Menschen in der Gesellschaft nicht richtig und falsch vorschreiben, sondern sie beim Führen eines gelungenen Lebens begleiten soll. Auch wenn ich ihm in seiner normativen Schlussfolgerung zustimme, will ich seine Argumentation durch empirische und soziale Perspektiven ergänzen:

Kipke und die Autoren der Positionspapiere von Henry Greely und Kollegen (2008) sowie Thorsten Galert und Kollegen (2009) sind sich darin einig, dass Selbstverbesserung etwas Gutes und das Streben danach nicht neu ist. Doch woher kommt dieses Streben und wie allgemein ist es? Kipke diskutiert zwar die Rolle der Selbstformung und damit verbundenen Erfahrungen wie die der Selbstwirksamkeit; gleichzeitig vernachlässigt er aber das menschliche Bedürfnis Anforderungen zu genügen und zur Gemeinschaft dazuzugehören. Insbesondere Wettbewerbe spornen nicht nur zur Leistung an, sondern produzieren reihenweise Verlierer. Entsprechend halte ich nicht nur die von Kipke hervorgehobene Erfahrung, etwas bewirken zu können deren Fehlen tatsächlich mit Gefühlen der Hoffnungslosigkeit und Depressionen in Zusammenhang gebracht wird –, sondern auch die Erfahrung, *gut genug* zu sein, für wichtig. In einer auf Erfolg ausgerichteten Gesellschaft gehört dazu die Erfahrung, Erfolg zu haben.

Korrelationen des nicht-therapeutischen Konsums verschreibungspflichtiger Substanzen mit schlechten Noten sowie mit kompetitiven Umfeldern in der bisher größten Befragung Studierender in den USA unterstützen dies (McCabe et al. 2005). Entsprechend ergab die von Ilina Singh und Kollegen durchgeführte Befragung von Kindern mit diagnostizierter Aufmerksamkeitsdefizits-/Hyperaktivitäts-Störung zum Ritalin-Konsum, dass Kinder im Wettbewerbsland USA Ritalin häufiger zum Erzielen guter schulischer Leistungen verwendeten, während bei den Kindern des von jugendlichem Vandalismus geplagten Vereinigten Königreichs die Kontrolle des Verhaltens im Vordergrund stand (Singh 2011). Wer durch die Erfahrung, den Leistungsansprüchen des Umfelds nicht zu genügen, unglücklich geworden ist, mag durch den medikamentös unterstützten Erfolg durchaus ein Gefühl des Gelingens erfahren – womit ich freilich nichts über den ethischen Wert dieser Erfahrung aussagen möchte.

Würden auf der molekularen und damit subpersonalen Ebene wirkende Mittel der Leistungssteigerung Menschen allgemein der Selbstwirksamkeitserfahrung berauben, dann müssten sich gescheiterte Lebenswege im Sinne Kipkes beispielsweise auch dann bei Leistungssportlern finden lassen, wenn diese erfolgreich gedopt haben – diese These ist also empirisch überprüfbar. Ob ein zumindest teilweise durch Dopingmittel erworbener Erfolg ein gelungenes Leben in dem Sinn ermöglichen kann, dass man zur Spitze seines Umfelds gehört und damit den Verlust zumindest eines Teils des Selbstwirksamkeitsgefühls kompensiert, halte ich daher für möglich.

Roland Kipke kritisiert zu Recht die oberflächliche Diskussion einiger anderer Autoren (vgl. dazu auch Kipke et al. 2010; Schleim 2010a, b). Allerdings halte ich seine Analyse der Wirkungsweise pharmakologischer Substanzen zur geistigen Leistungssteigerung für vereinfacht. Seine Beschreibung des mühelosen Zugewinns trifft für eine Art »Einstein-Pille« zu, die aus einem normal begabten Menschen plötzlich ein Genie macht. Schon bei den häufig in die Diskussion gebrachten Stimulanzien wie Amphetamin, Methylphenidat oder Modafinil halte ich diese Idee aber für weniger plausibel, sofern diese Substanzen nicht nur zum besseren Bestehen einer Prüfung (z.B. durch mehr Aufmerksamkeit), sondern zur Unterstützung des Lernens verwendet werden. Manche Pharmakologen vertreten nämlich den Standpunkt, dass die üblicherweise gebrauchten Stimulanzien weniger das Denken selbst als die Motivation zur Leistung verbessern; Boris Quednow spricht daher von »sekundären Enhancern« (Quednow 2010).

Ein Konsum mit dem Ziel, länger lernen zu können, wäre also nicht mühelos. Entsprechend schlägt Kipkes Punkt im Szenario der Gedächtnisverbesserung nicht durch, denn auch hier ist es wenig plausibel anzunehmen, dass ohne entsprechendes Lernen ein Leistungserfolg erzielt werden kann. Vielmehr dürfte es neben dem Lerneffekt und dem Substanzkonsum selbst auch einen *interaktiven* Zugewinn geben, der sich nur beiden Faktoren gemeinsam zuschreiben lässt, Lernen sowie ›verbesserten‹ molekularen Gedächtnisprozessen; in der empirischen Forschung nennt man dies einen Interaktionseffekt.

Kipkes origineller Diskussion der Ethik als Begleiter zum guten Leben möchte ich daher die stärkere Reflexion des sozialen Kontextes zur Seite stellen. Woher kommt der Wunsch zur Leistungssteigerung? Von der Furcht, den Ansprüchen nicht zu genügen? Psychologische Untersuchungen zum Glück legen nahe, dass beispielsweise der qualitative Wert, den Menschen der Höhe ihres Gehalts beimessen, von der Gehaltsverteilung ihres sozialen Umfelds abhängt (Kahnemann et al. 2006).[3] Diese befragten Menschen wurden also nicht durch mehr Geld glücklicher, sondern waren glücklich damit, in ihr soziales Umfeld zu passen. Dieser Gedanke verdient meines Erachtens auch bei der Diskussion des affektiven und kognitiven Enhancements Beachtung.

Literatur

Galert, Thorsten/Bublitz, Christoph/Heuser, Isabella et al. (2009): »Das optimierte Gehirn«. In: *Gehirn & Geist* 11, 40-48.

Greely, Henry/Sahakian, Barbara/Harris, John et al. (2008): »Towards responsible use of cognitive-enhancing drugs by the healthy«. In: *Nature* 456 (7223), 702-705.

Kahneman, Daniel/Krueger, Alan B./Schkade, David/Schwarz, Norbert/Stone, Arthur A. (2006): »Would you be happier if you were richer? A focusing illusion«. In: *Science* 312 (5782), 1908-1910.

3 Zur Diskussion von psychopharmakologischem Enhancement und Glück vgl. Schleim 2011.

Kipke, Roland/Heimann, Hannah/Wiesing, Urban/Heinz, Andreas (2010): »Falsche Voraussetzungen in der aktuellen Debatte«. In: *Deutsches Ärzteblatt* 12, 548-551.

McCabe, Sean Esteban/Knight, John R./Teter, Christian J./Wechsler, Henry (2005): »Non-medical use of prescription stimulants among US college students: prevalence and correlates from a national survey«. In: *Addiction* 100 (1), 96-106.

Quednow, Boris B. (2010): »Neurophysiologie des Neuro-Enhancements: Möglichkeiten und Grenzen«. In: *SuchtMagazin* 2, 19-26.

Schleim, Stephan (2010a): »Cognitive Enhancement – Sechs Gründe dagegen. [Cognitive Enhancement – Six Reasons Against]«. In: Helmut Fink/Rainer Rosenzweig (Hg.): *Künstliche Sinne – Gedoptes Gehirn. Neurotechnik und Neuroethik. [Artificial Senses – Doped Brains. Neurotechnics and Neuroethics]*, Paderborn, 179-207.

Schleim, Stephan (2010b): »Second thoughts on the prevalence of enhancement«. In: *BioSocieties* 5, 484-485.

Schleim, Stephan (2011): »Glück in der Psychopharmakologie: Affektives und kognitives Enhancement«. In: Dieter Thomä/Christoph Henning/Olivia Mitscherlich (Hg.): *Glück. Ein interdisziplinäres Handbuch*, Stuttgart, 383-387.

Singh, Ilina (epub ahead of print 2011): »A disorder of anger and aggression: Children's perspectives on attention deficit/hyperactivity disorder in the UK«. In: *Social Science & Medicine*, www.adhdvoices.com, 21.09.2011.

Auswahlbibliografie zum Thema ›Essen‹

Althoff, Fritz/Monroe, Dave (Hg.) (2007): *Food and Philosophy. Eat, Drink, and Be Merry*, Oxford.

Ashley, Bob/Hollows, Joanne/Jones, Steve/Taylor, Ben (Hg.) (2004): *Food and Cultural Studies*, London/New York 2004.

Atkins, Peter J. (2007): *Food and the city in Europe since 1800*, Aldershot u.a.

Audehm, Kathrin (2007): *Erziehung bei Tisch. Zur sozialen Magie eines Familienrituals*, Bielefeld.

Backhaus, Helmuth M. (1978): *Das Abendland im Kochtopf. Kulturgeschichte des Essens*, München.

Bär Mätzener, Ruth (1999): *Eating and feeding. The significance of food in Western culture*, Zürich.

Baranzke, Heike (Hg.) (2000): *Leben – Töten – Essen. Anthropologische Dimensionen*, Stuttgart/Leipzig.

Barlösius, Eva (1999): *Soziologie des Essens. Eine sozial- und kulturwissenschaftliche Einführung in die Ernährungsforschung*, Weinheim.

Barthes, Roland (1982): »Für eine Psycho-Soziologie der zeitgenössischen Ernährung«. In: *Freiburger Universitätsblätter* 75, 65-73.

Bauer, Susanne/Bischof, Christine/Haufe, Stephan Gabriel/Beck, Stefan/Scholze-Irrlitz, Leonore (Hg.) (2010): *Essen in Europa. Kulturelle »Rückstände« in Nahrung und Körper*, Bielefeld.

Bell, Rudolph M. (1985): *Holy Anorexia*, Chicago.

Bendiner, Kenneth (2004): *Food in painting. From the Renaissance to the present*, London.

Biswas, Ramesh Kumar (1997): *Götterspeisen. Erkundungen zwischen Mythos und Big Mac*, Wien u.a.

Bourger, Désirée (2003): »Unverdaute Trauer: Zur Interpretation des Kulturthemas ›Essen‹ in George Taboris Holocaustdramen«. In: Peter Wiesinger (Hg.): *Akten des X. Internationalen Germanistenkongresses Wien 2000*. Bd. 9: *Lite-*

 © TRANSCRIPT 2012

raturwissenschaft als Kulturwissenschaft: Interkulturalität und Alterität, Bern, 105-113.

Brumberg, Joan Jacobs (1994): *Todeshunger. Die Geschichte der Anorexia nervosa vom Mittelalter bis heute*, Frankfurt a.M.

Certeau, Michel de/Giard, Luce/Mayol, Pierre (Hg.) (1998): *The Practice of Everyday Life. Vol. 2: Living and Cooking*, Minneapolis.

Coff, Christian (2006): *The taste for ethics. An ethic of food consumption*, Dordrecht (= The international library of environmental, agricultural and food ethics 7).

Cuisine, manières de table et politique, Paris 1998 (= Revue française de science politique 48, 3/4).

Därmann, Iris/Lemke, Harald (Hg.) (2008): *Die Tischgesellschaft. Philosophische und kulturwissenschaftliche Annäherungen*, Bielefeld.

Dell'Agli, Daniele (Hg.) (2009): *Essen als ob nicht: Gastrosophische Modelle*, Frankfurt am Main.

Denneler, Iris (1999): »›Erzähle ich eine Geschichte, so denke ich ans Essen‹. Zur kulinarischen Poetologie Robert Walsers«. In: *Wirkendes Wort* 49/1, 46-62.

Döring, Tobias/Heide, Markus/Mühleisen, Susanne (Hg.) (2003): *Eating Culture. The Poetics and Politics of Food*, Heidelberg.

Engel, Corinna (Hg.) (2009): *Satt? kochen, essen, reden* [Ausstellungskatalog zur Ausstellung »Satt? Kochen essen reden« im Museum für Kommunikation Frankfurt vom 25. Juni 2009 bis 7. Februar 2010], Heidelberg 2009.

Engel, Gisela (2008): *Essenskulturen*, Berlin (= Salecina-Beiträge zur Gesellschafts- und Kulturkritik;8).

Engelhardt, Dietrich (2005): *Geschmackskulturen: vom Dialog der Sinne beim Essen und Trinken*, Frankfurt u.a. (= Kulturthema Essen 4).

Escher, Anton/Koebner, Thomas (Hg.) (2009): *Ist man, was man isst? Essrituale im Film*, München.

Escher, Felix (2003): *Essen und Trinken zwischen Ernährung, Kult und Kultur*, Zürich.

Ethical issues in food and agriculture, Rom 2001 (= FAO ethics series 1).

Fenton, Alexander/Kisbán, Eszter (1986): *Food in Change. Eating Habits from the Middle Ages to the Present Day*, Edingburgh.

Fernández-Armesto, Felipe (2001): *Food. A history*, London u.a.

Fischler, Claude (2001): *L'Homnivore*, Paris.

Flandrin, Jean-Louis (1994): »Der gute Geschmack und die soziale Hierarchie«. In: Philippe Ariès (Hg.): *Geschichte des privaten Lebens*, Bd. 3. Frankfurt a.M., 269-311.

Flandrin, Jean-Louis (1999): *Food. A culinary history from antiquity to the present*, New York.

Forst, Harald (1990): *Essen. Sozialgeschichte Symptom Ernährung*, Münster.

Freedman, Paul (2007): *Essen. Eine Kulturgeschichte des Geschmacks*, Darmstadt.

Friedlander, Michal (2009): *Koscher & Co. Über Essen und Religion. Eine Ausstellung des Jüdischen Museums Berlin, 9. Oktober 2009 bis 28. Februar 2010*, Berlin.

Fulda, Daniel (Hg.) (2001): *Das Andere essen. Kannibalismus als Motiv und Metapher in der Literatur*, Freiburg i.Br.

Furtmayr-Schuh, Annelies (1993): *Postmoderne Ernährung. Food-Design statt Eßkultur. Die moderne Nahrungsmittelproduktion und ihre verhängnisvollen Folgen*, Stuttgart.

Geck, Sabine (2007): »Essen (und Trinken) bei Heinrich Heine. Metapher, Verfremdung und konzeptuelle Integration«. In: Marisa Siguan (Hg.): *Ein Mann wie Heine täte uns Not*, Madrid, 47-62.

Germov, John (2004): *A sociology of food & nutrition. The social appetite*, New York u.a.

Gniech, Gisla (2002): *Essen und Psyche. Über Hunger und Sattheit, Genuss und Kultur*, Berlin.

Goetsch, Paul (1996): »Von Bücherwürmern und Leseratten. Der Motivkomplex Lesen und Essen«. In: *Literaturwissenschaftliches Jahrbuch* 37, 381-406.

Goody, Jack (1996): *Cooking, cuisine and class. A study in comparative sociology*, Cambridge u.a.

Gottwald, Franz-Theo (2005): *Speiserituale. Essen, Trinken, Sakralität*, Stuttgart.

Grewe-Volpp, Christa (Hg.) (2003): *Erlesenes Essen. Literatur- und kulturwissenschaftliche Beiträge zu Hunger, Sattheit und Genuss*, Tübingen.

Hagestedt, Lutz (1995): »Von essenden Sängern und singenden Ochsen. Sprechsituationen bei Uwe Timm«. In: Manfred Durzak (Hg.): *Die Archäologie der Wünsche. Studien zum Werk von Uwe Timm*, Köln, 245-266.

Haider-Pregler, Hilde/Peter, Birgit (2001): *Der Mittagesser. Eine kulinarische Thomas-Bernhard Lektüre*, Frankfurt a.M.

Hausmann, Sibylla (2009): »Ein ›Kosmos im Backofen‹. Zum Motiv des Essens in der zeitgenössischen Lyrik«. In: *Weimarer Beiträge* 55/4, 557-578.

Hesse-Biber, Sharlene Nagy (1996): *Am I thin enough yet? The cult of thinness and the commercialization of identity*, New York.

Hirschfelder, Gunther (2001): *Europäische Esskultur. Eine Geschichte der Ernährung von der Steinzeit bis heute*, Frankfurt a.M. u.a.

Hoffstadt, Christian (2009): *Gastrosophical turn: Essen zwischen Medizin und Öffentlichkeit*, Bochum.

Jauslin, Kurt (1998): *Der magersüchtige Leviathan. Essen und Trinken im Werk Arno Schmidts – ein Versuch zur Mythologie des Alltagslebens*, Wiesenbach.

Jones, Martin Kenneth (2008): *Feast. Why humans share food*, Oxford u.a.

Josuttis, Manfred (Hg.) (1980): *Das heilige Essen. Kulturwissenschaftliche Beiträge zum Verständnis des Abendmahls*, Stuttgart/Berlin.

Journal culinaire. Kultur und Wissenschaft des Essens, Münster, 1.2005 – (vorher: Campus culinaire. Internationale Schriften und Bilder zur Kultur des Tafelns. Stuttgart)

Jung, Loyle Shannon (2004): *Food for life. The spirituality and ethics of eating*, Minneapolis.

Kalaga, Wojciech H. (2005): *Feeding culture. The pleasures and perils of appetite*, Frankfurt a.M.

Kalinke, Heinke M. (2010): *Esskultur und kulturelle Identität. Ethnologische Nahrungsforschung im östlichen Europa*, München.

Karg, Gesa (2008): *Bio für alle? Zur Bedeutung der gesamtgesellschaftlichen Entwicklung einer ökologischen Esskultur auf dem Weg zu einem grünen Lebensstil* [Hochschulschrift].

Kashiwagi, Kikuko (2003): *Festmahl und frugales Mahl: Nahrungsrituale als Dispositive des Erzählens im Werk Thomas Manns*, Freiburg i.Br.

Kaufmann, Jean-Claude (2006): *Kochende Leidenschaft. Soziologie vom Kochen und Essen*, Konstanz.

Keck, Annette (Hg.) (1999): *Verschlungene Grenzen. Anthropophagie in Literatur und Kulturwissenschaften*, Tübingen.

Kershen, Anne J. (2002): *Food in the migrant experience*, Aldershot u.a.

Kiple, Kenneth F. (Hg.) (2001): *The Cambridge world history of food*, 2 Bände, Cambridge.

Kleber, Jutta Anna (Hg.) (1995): *Die Äpfel der Erkenntnis. Zur historischen Soziologie des Essens*, Pfaffenweiler.

Köhler, Michael (1996): *Götterspeise. Mahlzeitenmotivik in der Prosa Thomas Manns und Genealogie des alimentären Opfers*, Tübingen 1996.

Kolb, Jocelyne (1995): *The ambiguity of taste. Freedom and food in European romanticism*, Ann Arbor.

Kolmer, Lothar (2002): *Mahl und Repräsentation. Der Kult ums Essen*, Paderborn.

Korsmeyer, Carolyn (Hg.) (2005): *The Taste Culture Reader. Experiencing Food and Drink*, Oxford/New York.

Korthals, Michiel (2004): *Before dinner. Philosophy and ethics of food*, Dordrecht u.a.

Kunsthalle Düsseldorf/Galerie im Taxispalais Innsbruck/Kunstmuseum Stuttgart (Hg.) (2009). *Eating the Universe. Vom Essen in der Kunst*, Köln.

Kurz, Gerhard (1994): »Das Drama als Ragout. Zur Metaphorik des Essens und Trinkens in Goethes ›Faust‹«. In: Jane K. Brown (Hg.): *Interpreting Goethe's Faust today*, Columbia, 172-186.

Lehmann-Kilic, Christine (2010): *Esskultur in der Migration. Zwischen nationalem Narrativ und Hybridisierung* [Hochschulschrift].

Lemke, Harald (2007): *Die Kunst des Essens. Eine Ästhetik des kulinarischen Geschmacks*, Bielefeld.

Lemke, Harald (2007): *Ethik des Essens. Eine Einführung in die Gastrosophie*, Berlin.

Lemke, Harald (2008): *Essen Wissen. Erkundungen zur Esskultur*, München.

Leonhard, Max (1995): *Neue Aspekte der Literaturwissenschaft: Kulturthema Essen – Intertextualität – produktive Verfahren*, Traunstein.

Lillge, Claudia/Meyer, Anne-Rose (Hg.) (2008): *Interkulturelle Mahlzeiten. Kulinarische Begegnungen und Kommunikation in der Literatur*, Bielefeld.

Lincke, Hans-Joachim (2007): *Doing Time. Die zeitliche Ästhetik von Essen, Trinken und Lebensstilen*, Bielefeld.

Linklater, Beth V. (1998): »›Unbeschreiblich köstlich wie die Liebe selber‹. Food and sex in the work of Irmtraud Morgner«. In: *The modern language review* 93/4, 1045-1057.

Lysaght, Patricia (2010): *Food and meals at cultural crossroads. Proceedings of the 17th Conference of the International Commission for Ethnological Food Research, Oslo 2008*, Oslo.

MacClancy, Jeremy (1995): *Gaumenkitzel. Von der Lust am Essen*, Hamburg.

MacEachern, Patricia A. (1998): *Deprivation and power. The emergence of anorexia nervosa in nineteenth-century French literature*, Westport, Conn. u.a. (= Contributions in women's studies 162).

Mahrdt, Helgard (2000): »Essen. Trinken. Dichten: Zur Bedeutung des Symposiums in Günter Grass' Erzählung *Das Treffen in Telgte*«. In: *Text & Kontext* 22/1-2, 195-211.

Maurer, Elke Regina (2010): *»Sage mir, was dir schmeckt, und ich sage dir, wer du bist«. Soziologische Gedanken zu Phänomenen von Esskultur und Kochkunst*, [elektronische Ressource].

Maxwell, Simon (2004): *Food policy old and new*, London.

McGee, Harold (2004): *McGee on food and cooking. An encyclopedia of kitchen science, history and culture*, London.

Mellinger, Nan (2000): *Fleisch. Ursprung und Wandel einer Lust. Eine kulturanthropologische Studie*, Frankfurt.

Mennell, Stephen (1985): *All Manners of Food. Eating and Taste in England and France from the Middle Ages to the Present*, Oxford.

Mennell, Stephen/Murcott, Anne/Otterloo, Anneke H. van (1992): *The Sociology of Food: Eating, Diet and Culture*, London/Newbury Park/New Delhi.

Mintz, Sidney Wilfred (1996): *Tasting food, tasting freedom. Excursions into eating, culture, and the past*, Boston.

Mohrmann, Ruth-Elisabeth (2006): *Essen und Trinken in der Moderne*, Münster.

Montanari, Massimo (1993): *Der Hunger und der Überfluss. Kulturgeschichte der Ernährung in Europa*, München.

Morel, Andreas (2001): *Der gedeckte Tisch. Zur Geschichte der Tafelkultur*, Zürich.

Moritz, Rainer (2009): »Kutteln in Weißwein. Essen, trinken, lieben in Hanns-Josef Ortheils Romanen *Die große Liebe* und *Das Verlangen nach Liebe*«. In: Stephanie Catani u.a. (Hg.): *Kunst der Erinnerung, Poetik der Liebe. Das erzählerische Werk Hanns-Josef Ortheils*, Göttingen (= Poiesis, 3).

Müller, Klaus E. (2003): *Nektar und Ambrosia. Kleine Ethnologie des Essens und Trinkens*, München.

Muri, Gabriela (2005): *Die Alltagsküche. Bausteine für alltägliche und festliche Essen*, Zürich.

Nahrungskultur. Essen und Trinken im Wandel. Stuttgart 2002.

Neuhaus, Volker u.a. (Hg.) (2007): *Küchenzettel. Essen und Trinken im Werk von Günter Grass*, Frankfurt a.M. u.a.

Neumann, Gerhard (2001): *Essen und Lebensqualität. Natur- und kulturwissenschaftliche Perspektiven*, Frankfurt a.M. u.a. (= Kulturthema Essen 3).

Neumann, Gerhard/Teuteberg, Hans Jürgen/Wierlacher, Alois (Hg.) (1997): *Essen und kulturelle Identität. Europäische Perspektiven*, Berlin.

Novero, Cecilia (2010): *Antidiets of the Avant-garde. From Futurist Cooking to Eat Art*, Minneapolis.

Olson, Greta (2003): *Reading eating disorders. Writings on Bulimia and Anorexia as confessions of American culture*, Frankfurt a.M.

Paczensky, Gert von (1999): *Kulturgeschichte des Essens und Trinkens*, München.

Pekar, Thomas (1994): »Das Essen und die Macht. Zum Diätdispositiv bei Daniel Paul Schreber und Franz Kafka«. In: *Colloquia Germanica* 27/4, 333-349.

Pence, Gregory E. (2002): *The ethics of food. A reader for the 21st century*, Lanham u.a.

Peter, Peter (2008): *Kulturgeschichte der deutschen Küche*, München.

Piatti-Farnell Lorna (2011): *Food and Culture in Contemporary American Fiction*, New York/London.

Pollmer, Udo (2007): *Food-Design. Panschen erlaubt. Wie unsere Nahrung ihre Unschuld verliert*, Stuttgart.

Prahl, Hans-Werner (1999): *Soziologie der Ernährung*, Opladen.

Rath, Claus-Dieter (1984): *Reste der Tafelrunde. Das Abenteuer der Eßkultur*, Reinbek.

Ritzer, George (2001): *Explorations in the sociology of consumption. Fast food, credit cards and casinos*, London u.a.

Ritzer, George (2006): *Die McDonaldisierung der Gesellschaft*, Konstanz.

Römhild, Regine/Abresch, Christian/Nietert, Michaela/Schmidt, Gunvor (Hg.) (2008): *Fast Food. Slow Food. Ethnographische Studien zum Verhältnis von Globalisierung und Regionalisierung in der Ernährung*, Frankfurt a.M.

Roos, Hermann (1988): *Essen und Trinken im Prosawerk Gottfried Kellers. Eine Untersuchung zur Kunst realistischen Erzählens*, [Hochschulschrift].

Röttgers, Kurt (2009): *Kritik der kulinarischen Vernunft. Ein Menü der Sinne nach Kant*, Bielefeld.

Rubin, Lawrence C. (2008): *Food for thought. Essays on eating and culture*, Jefferson, NC u.a.

Ruf, Fritz (1989): *Die sehr bekannte dienliche Löffelspeise: Mus, Brei und Suppe kulturgeschichtlich betrachtet*, Velbert-Neviges.

Sandgruber, Roman (2009): *Mahlzeit! Oberösterreichische Landesausstellung 2009*, Linz.

Schaffner, Martin (Hg.) (1992): *Brot, Brei und was dazugehört. Über sozialen Sinn und physiologischen Wert von Nahrung*, Zürich.

Schirrmeister, Claudia (2010): *Bratwurst oder Lachsmousse? Die Symbolik des Essens – Betrachtungen zur Esskultur*, Bielefeld.

Schlosser, Eric (2002): *Fast-Food-Gesellschaft. Die dunkle Seite von McFood & Co.*, München.

Schmidt-Leukel, Perry (Hg.) (2000): *Die Religionen und das Essen*, Kreuzlingen/München.

Scholliers, Peter (2001): *Food, drink and identity. Cooking, eating and drinking in Europe since the Middle Ages*, Oxford u.a.

Schuller, Alexander (1994): *Verschlemmte Welt. Essen und Trinken historisch-anthropologisch*, Göttingen

Schultz, Uwe (1993): *Speisen, Schlemmen, Fasten. Eine Kulturgeschichte des Essens*, Frankfurt a.M.

Schweikert, Rudi (2009): »Es ist angerichtet. Essen und Trinken aus Zitaten. Zur Literarizität der Nahrung in Arno Schmidts *Die Schule der Atheisten*«. In: *Bargfelder Bote* 321-322, 3-26.

Selbmann, Rolf (1995): »Alles ›reine Menufragen‹? Über das Essen und Trinken in Theodor Fontanes Roman *Frau Jenny Treibel*«. In: *Fontane-Blätter* 60, 103-116.

Singer, Peter (2006): *The way we eat. Why our food choices matter*, Emmaus.

Smith, Joan (1997): *Hungry for you. From Cannibalism to Seduction – A Book of Food*.

Solms, Wilhelm (2004): »Gebratenes und Zugemüs. Essen und Trinken in Grimms Märchen«. In: Johannes Fiebig (Hg.): *Von einem, der auszog...*, Krummwisch, 44-48.

Spinner, Kaspar H. (1999): »Semiotik des Essens und Trinkens in Johanna Spyris ›Heidi‹«. In: Henriette Herwig (Hg.): *Lese-Zeichen. Semiotik und Hermeneutik in Raum und Zeit. Festschrift für Peter Rusterholz zum 65. Geburtstag*, Tübingen u.a., 431-440.

Spinner, Kaspar H. (2004): »Symbolik des Essens in der KJL«. In: *1000 und 1 Buch* 3, 4-8.

Standage, Tom (2010): *An edible history of humanity*, New York.

Stummerer, Sonja (2005): *Food Design. Von der Funktion zum Genuss*, Wien u.a.

Süselbeck, Jan (2003): »GhoulArsch und Frittatensuppe: Essen & Trinken bei Arno Schmidt und Thomas Bernhard. Eine Mitteilung culinärrischer Merkwürdichkeitn«. In: *Zettelkasten* 22, 235-255.

Süselbeck, Jan (2005): »›Strategisch Saufen‹ und andere Angewohnheiten. Einige Nachträge zum Thema Essen und Trinken bei Arno Schmidt, unter besonderer Berücksichtigung Thomas Bernhards«. In: *Thomas-Bernhard-Jahrbuch*, 73-89.

Sutton, David E. (2001): *Remembrance of repasts. An anthropology of food and memory*, Oxford u.a.

Tannahill, Reay (1979): *Kulturgeschichte des Essens. Von der letzten Eiszeit bis heute*, München.

Tannahill, Reay (1989): *Food in history*, New York.

Tanner, Jakob (1996): »Der Mensch ist, was er isst. Ernährungsmythen und Wandel der Esskultur«. In: *Historische Anthropologie* 4, 399-419.

Teuteberg, Hans Jürgen (1997): *Essen und kulturelle Identität. Europäische Perspektiven*, Berlin (= Kulturthema Essen 2).

Teuteberg, Hans Jürgen (2004): *Die Revolution am Esstisch. Neue Studien zur Nahrungskultur im 19./20. Jahrhundert*, Stuttgart.

Toussaint-Samat, Maguelonne (2004): *A history of food*, Oxford Malden, MA u.a.

Trubek, Amy B. (2008): *The taste of place. A cultural journey into terroir*, Berkeley, Calif. u.a. (= California studies in food and culture 20).

Tschofen, Bernhard (2007): »Vom Geschmack der Regionen. Kulinarische Praxis, europäische Politik und räumliche Kultur. Eine Forschungsskizze«. In: *Zeitschrift für Volkskunde* 103/2, 169-195.

Vandereycken, Walter (2003): *Wundermädchen, Hungerkünstler, Magersucht. Eine Kulturgeschichte der Ess-Störungen*, Weinheim.

Watson, James L./Caldwell, Melissa L. (Hg.) (2008): *The Cultural Politics of Food and Eating. A Reader,* Malden/Oxford/Carlton.

Wendt, Angela Maria Coretta (2006): *Eßgeschichten und Es(s)kapaden im Werk Goethes: ein literarisches Menue der (Fr)Esser und Nichtesser*, Würzburg.

Wierlacher, Alois (1993): *Kulturthema Essen: Ansichten und Problemfelder*, Berlin (= Kulturthema Essen 1).

Wierlacher, Alois (2008): *Kulinaristik. Forschung Lehre Praxis*, Berlin (= Wissenschaftsforum Kulinaristik 1).

Wilk, Nicole M. (Hg) (2010): *Esswelten. Über den Funktionswandel der täglichen Kost*, Frankfurt a.M./Berlin/Bern.

Wilke, Sabine (2005): *Die verspeiste Esskultur. Nahrung und Nahrungstabus*, Marburg.

Wilson, Thomas M. (2006): *Food, drink and identity in Europe*, Amsterdam u.a.

Wördehoff, Bernhard (2000): *»Sage mir, Muse, vom Schmause ...«. Vom Essen und Trinken in der Weltliteratur*, Darmstadt.

Zischka, Ulrike (1993): *Die anständige Lust. Von Esskultur und Tafelsitten*, München.

Autorinnen und Autoren

Borkhard, Sebastian, M.A., Eberhard Karls Universität Tübingen, Karlstraße 5, D-71154 Nufringen

Curbach, Janina, Dr., Medizinische Fakultät der Universität Regensburg, Institut für Epidemiologie und Präventivmedizin, Medizinische Soziologie, Franz-Josef-Strauß-Allee 11, D-93053 Regensburg

Griem, Julika, Prof. Dr., Technische Universität Darmstadt, Institut für Sprache und Literaturwissenschaft, Hochschulstr. 1, D-64289 Darmstadt

Grübel, Rainer, Prof. Dr., Carl von Ossietzky Universität Oldenburg, Institut für Slavistik, Fakultät III, D-26111 Oldenburg

Heinz, Andreas, Prof. Dr. med., Klinik für Psychiatrie und Psychotherapie, Charité – Universitätsmedizin Berlin, Campus Charité-Mitte, Charitéplatz 1, D-10117 Berlin

Kashiwagi, Kikuko, Dr., Associate Professor, Kansai University Osaka, Faculty of Foreign Language Studies, Senriyama Campus, 3-3-35 Yamate-cho, Suita-chi, Osaka 564-8680, Japan

Kimmich, Dorothee, Prof. Dr., Eberhard Karls Universität Tübingen, Deutsches Seminar, Wilhelmstr. 50, D-72074 Tübingen, dorothee.kimmich@uni-tuebingen.de

Kipke, Roland, Dr., Eberhard Karls Universität Tübingen, Internationales Zentrum für Ethik in den Wissenschaften (IZEW), Wilhelmstraße 19, D-72074 Tübingen

© transcript 2012

Kluge, Ulrike, Dipl. Psych., Klinik für Psychiatrie und Psychotherapie, Charité – Universitätsmedizin Berlin, Zentrum für Interkulturelle Psychiatrie, Psychotherapie und Supervision (ZIPP), Campus Charité-Mitte, Charitéplatz 1, D-10117 Berlin

Lehmann, Christine, M.A., Stadtmuseum Stuttgart, Tagblatt-Turm, Eberhardstraße 61, D-70173 Stuttgart

Lemke, Harald, Prof. Dr., Leuphana Universität Lüneburg, Institut für Kulturtheorie, Kulturforschung und Künste, Scharnhorststraße 1, D-21335 Lüneburg

Loss, Julika, Prof. Dr., Medizinische Fakultät der Universität Regensburg, Institut für Epidemiologie und Präventivmedizin, Medizinische Soziologie, Franz-Josef-Strauß-Allee 11, D-93053 Regensburg

Michalski, Anja-Simone, M.A., Eberhard Karls Universität Tübingen, Deutsches Seminar, Wilhelmstr. 50, D-72074 Tübingen

Saryusz-Wolska, Magdalena, Dr., Freie Universität Berlin, Osteuropa-Institut, Garystr. 55, D-14195 Berlin

Schahadat, Schamma, Prof. Dr., Eberhard Karls Universität Tübingen, Slavisches Seminar, Wilhelmstr. 50, D-72074 Tübingen, schamma.schahadat@uni-tuebingen.de

Schleim, Stephan, PhD, M.A. Assistant Professor for Theory and History of Psychology, University of Groningen, Faculty of Behavioral and Social Sciences, Grote Kruisstraat 2/1, NL-9712 TS Groningen

Slaby, Jan, Dr., Freie Universität Berlin, Institut für Philosophie, Habelschwerdter Allee 30, D-14195 Berlin

Whittaker, Gwendolyn, Universität Konstanz, Exzellenzcluster Kulturelle Grundlagen von Integration, Fach D 173, D-78457 Konstanz

Wocke, Brendon, M.A., Eberhard Karls Universität Tübingen, Deutsches Seminar, Wilhelmstr. 50, D-72074 Tübingen

X-Texte bei transcript

Harald Lemke

Politik des Essens

Wovon die Welt von morgen lebt

Juli 2012, ca. 240 Seiten,
kart., ca. 22,80 €,
ISBN 978-3-8376-1845-7

■ Nahrungskrisen, Hungerunruhen, Klimakatastrophen, Discountgiganten, Gentechnik-Industrie, Lebensmittelskandale, Fettsuchtpandemie – das Unbehagen in der globalen Esskultur wächst täglich und überall. Und immer mehr Menschen haben diese Verhältnisse offenbar satt.
Harald Lemke beleuchtet zentrale Welt- und Selbstbezüge des Essens, die mit zeitgenössischen Fragen des Politischen in Verbindung stehen. Dabei zeigt er: Ob der Welthunger oder die Klimagerechtigkeit, ob der soziale Kampf um Ernährungssouveränität und das Recht auf Städte aus Gärten – die Zukunft der Menschheit hängt ganz entscheidend vom gesellschaftlichen Umgang mit der Nahrungsfrage ab.

www.transcript-verlag.de

Reihe Sozialtheorie bei transcript

Stephan Lorenz

Tafeln im flexiblen Überfluss

Ambivalenzen sozialen und ökologischen Engagements

■ Tafeln in der Überflussgesellschaft – der Band zeigt die ganze Ambivalenz der neuen Wohltätigkeit, die soziale Ausgrenzung und ökologische Probleme mehr verstärkt als vermindert.

2012, 312 Seiten, kart., 28,80 €
ISBN 978-3-8376-2031-3

Stephan Lorenz

TafelGesellschaft

Zum neuen Umgang mit Überfluss und Ausgrenzung

■ Nirgendwo zeigen sich Exklusion und soziale Spaltung deutlicher als bei den immer zahlreicheren Lebensmittel-Tafeln. Prominente Vertreter aus Wissenschaft und Politik diskutieren dieses aktuelle sozialpolitische Problem.

2010, 240 Seiten, kart., 22,80 €
ISBN 978-3-8376-1504-3

www.transcript-verlag.de

Edition Moderne Postmoderne

Harald Lemke

Die Kunst des Essens

Eine Ästhetik des kulinarischen Geschmacks

■ »[Es] wird eine ›Essthetik‹ kreiert, die wesentliche Zutaten der Ethik und Politik eines besseren Welt-Essens auftischt.«

www.literatur-report.de

2007, 220 Seiten, kart., 20,80 €
ISBN 978-3-8376-686-1

Iris Därmann, Harald Lemke (Hg.)

Die Tischgesellschaft

Philosophische und kulturwissenschaftliche Annäherungen

■ »Der Band serviert dem bildungshungrigen Leser mithin nahrhafte kulturgeschichtliche Häppchen. Ideale Lektüre zur Einstimmung auf den nächsten Philosophenstammtisch.«

Hendrik Werner, Die Welt, 16.08.2008

2008, 244 Seiten, kart., 24,80 €
ISBN 978-3-8376-694-6

www.transcript-verlag.de

Thema Essen bei transcript

Claudia Schirrmeister

Bratwurst oder Lachsmousse?

Die Symbolik des Essens – Betrachtungen zur Esskultur

■ Kultur geht durch den Magen! Essen ist der kulturelle Seismograph schlechthin: Dieses anschaulich geschriebene Buch zeigt die Vielzahl der symbolischen Bedeutungen des Essens.

2010, 230 Seiten, kart., 23,80 €,
ISBN 978-3-8376-1563-0

Susanne Bauer, Christine Bischof, Stephan Gabriel Haufe, Stefan Beck, Leonore Scholze-Irrlitz (Hg.)

Essen in Europa

Kulturelle »Rückstände« in Nahrung und Körper

■ Wenige Dinge sind in Europa so verregelt wie unser Essen. Die hier vereinigten ethnographischen Zugänge werfen ein neues Licht auf die Aushandlungs- und Aneignungsprozesse der europäischen Standards zu Ernährung.

2010, 196 Seiten, kart., 24,80 € ,
ISBN 978-3-8376-1394-0

www.transcript-verlag.de

Sozialtheorie bei transcript

Chimaira – Arbeitskreis für Human-Animal Studies (Hg.)

Human-Animal Studies

Über die gesellschaftliche Natur von Mensch-Tier-Verhältnissen

2011, 424 Seiten, kart., zahlr. Abb., 24,80 €, ISBN 978-3-8376-1824-2

■ Was ist der Mensch im Unterschied zum Tier? Die Human-Animal Studies hinterfragen die Gesellschaftlichkeit des Mensch-Tier-Verhältnisses und zeigen innovative Anknüpfungspunkte zu Themen wie Geschlecht, Identität und politische Praxis. Dieser Band versammelt als eine der ersten deutschsprachigen Veröffentlichungen transdisziplinäre Beiträge, die nicht nur theoretische Fragen, sondern auch daran anschließende Diskussionen aufzeigen.

»Das Forschungsprogrammm ist sicher mehr als der wissenschaftliche Reflex auf die breite gesellschaftliche Bewegung, die – inspiriert durch Bücher wie Jonathan Safran Foers ›Tiere essen‹ – den Vegetarismus zum allgemeinen Stilvorbild gemacht hat.«

Thomas Thiel, Frankfurter Allgemeine Zeitung, 23.11.2011

www.transcript-verlag.de

Kultur und soziale Praxis bei transcript

Isolde Charim,
Gertraud Auer Borea (Hg.)

Lebensmodell Diaspora

Über moderne Nomaden

2012, 280 Seiten, kart.,
24,80 €,
ISBN 978-3-8376-1872-3

■ Die Dynamik der globalen Ökonomie erzeugt eine zusehends grenzenlose Mobilität. Während die Standorte dem Sog der Flexibilisierung folgen können, sind die darin befangenen Menschen nach wie vor an fixe, ›geerdete‹ Identitätskonzepte gebunden. Unsere nationalstaatlichen Kulturen verfügen jedoch über keine mentalen Reserven für das Leben moderner Nomaden.
Dieses Buch – eine Art ›geistige Ölbohrung‹ – begibt sich auf die Suche nach solch einer Ressource. Die Beiträge gehen dabei vom Konzept der Diaspora aus – nicht als Synonym für Leid und Vertreibung, sondern als reicher Erfahrungsschatz. Globales Denken am Puls der Zeit.
Mit Beiträgen u.a. von Benedict Anderson, Zygmunt Bauman, Homi K. Bhabha, Tony Judt und Gayatri C. Spivak.

www.transcript-verlag.de

Zeitdiagnosen bei transcript

Silke Helfrich und
Heinrich-Böll-Stiftung (Hg.)

Commons

Für eine neue Politik jenseits von Markt und Staat

■ Die Welt gehört uns allen! Die nicht enden wollende globale Finanzkrise zeigt: Markt und Staat haben versagt. Wir benötigen nichts dringlicher als eine fundamentale Neuausrichtung von Politik, Wirtschaft und Gesellschaft, die den Umgang mit Gütern anders organisiert.

April 2012, 512 Seiten, kart.,
24,80 €,
ISBN 978-3-8376-2036-8

Christoph Bieber,
Claus Leggewie (Hg.)

Unter Piraten

Erkundungen in einer neuen politischen Arena

■ Piratenpartei – Hype oder echte Erneuerung der Politik? Wird der digitale Wertekanon der Piraten und ihre politischen Stilmittel wie radikale Transparenz und »liquid democracy« die Politik verändern? Namhafte Wissenschaftler und Publizisten versuchen eine erste echte Analyse.

2012, 240 Seiten, kart.,
19,80 €,
ISBN 978-3-8376-2071-9

www.transcript-verlag.de

360° Das studentische Journal für Politik und Gesellschaft

360° ist einzigartig!

Studentisch, mehrfach ausgezeichnet, überregional und mit hohem Anspruch.
Wissenschaftliche Beiträge von Studierenden, aufwendig lektoriert und fachlich begutachtet, richten einen interdisziplinären Blick auf Themen von gesellschaftlicher Tragweite.

Unser Ziel: Den Dialog zwischen junger Wissenschaft und politischer Öffentlichkeit zu fördern. Kritisch und innovativ, als Artikel oder Essay, lassen wir studentische Perspektiven inhaltsreich zu Wort kommen.

360° erscheint halbjährlich! Die Ausgaben gibt es online und über den Buchhandel.

www.journal360.de

neue Ausgabe: 1/2012 »Grenzen«

Jetzt abonnieren!
Neukunden erhalten eine Gratis-Ausgabe als Willkommensgeschenk!

Einzelheft: 6,80 €
Jahresabo: 9,90 €